지금, 여기의 인문학

지금, 여기의 인문학

1판1쇄 펴냄 2010년 6월 17일
1판4쇄 펴냄 2013년 3월 15일

지은이 | 신승환

펴낸이 | 박상훈
주간 | 정민용
편집장 | 안중철
편집 | 최미정, 이진실, 윤상훈
제작·영업 | 김재선, 박경춘

펴낸 곳 | 후마니타스(주)
등록 | 2002년 2월 19일 제300-2003-108호
주소 | 서울 마포구 합정동 413-7번지 1층(121-883)
편집 | 02-739-9929, 9930 제작·영업 | 02-722-9960 팩스 | 02-733-9910
홈페이지 | www.humanitasbook.co.kr

인쇄·제본 | 현문 031.902.1424

값 15,000원
ⓒ 신승환, 2010

ISBN 978-89-6437-117-6 03000

이 도서의 국립중앙도서관 출판시도서목록(CIP)은 e-CIP 홈페이지(http://www.nl.go.kr/ecip)에서
이용하실 수 있습니다.(CIP제어번호: CIP2010002088)

지금, 여기의 인문학

hic et nunc

신승환 지음

후마니타스

일러두기

1. 한글 전용을 원칙으로 했다. 고유명사의 우리말 표기는 국립국어원의 외래어 표기법을 따랐다.
2. 단행본, 전집, 정기간행물에는 겹낫쇠(『　』)를, 논문은 큰 따옴표(“　”)를, 영화, 연극 등을 비롯한 예술 작품에는 홑꺾쇠(〈　〉)를 사용했다.

머리말

인간은 일정한 시간과 공간에서 구체적인 삶을 살아간다. 삶은 그 안에서 느끼고 이해하며, 생각하고 계획하는 조각들의 묶음이며, 그 묶음은 매 순간 살아가는 실존과 사건의 연속이다. 인문학은 이런 인간의 삶에 바탕한 학문이다. 인문학의 토대는 인간과 삶이며, 방법론은 이해와 해석이며, 목적은 의미와 진리에 관계된다. 삶의 묶음은 지금 그리고 바로 이곳에서 이루어지는 구체적이고 직접적인 어떤 것들이다. 거론하기조차 힘든 수많은 삶의 행위 가운데서도 이 삶을 이해하고 해석하는 것은 매우 중요한 일임에 틀림없다. 현재의 인문학은 지금·여기(hic et nunc)에서 현재의 삶을 이해하고 해석하는 인간의 존재에 관계되는 학문이다. 그 인문학은 주어진 근대, 왜곡된 근대 이후를 사유하는 탈근대의 인문학을 지향한다. 그러기에 이 책은 학문의 지금·여기에서 이루어지는 현재의 인문학이며, 탈근대를 지향하는 인문학에 대한 글이다.

인간을 인간이라 말할 수 있는 이유는 현재를 이해하고 해석하는 행위를 한다는 데 있다. 인문학은 이런 인간의 행위에 관계되는 학문으로, 인간의 삶과 역사는 물론, 존재와 실존의 문제, 내적이며 외적인 지평 모두와 관계한다. 그러기에 인문학은 사물에 대한 객관적 지식을 찾는 학문과는 달리 인간이란 존재 전체에 관계된다. 그 학문은 인간존재와 삶의 현재에 대한 이해와 해석의 작업이다. 인문학은 그런 행위에 의한 의미의 학문이다.

이 땅에서 근대적 의미에서의 학문이 시작된 것은 사실 1945년 해방 이후라고 해도 지나친 말이 아니다. 일본 제국주의에 의한 식민지 시대를 거치면서 우리는 전통적인 학문의 틀과 학적 원리는 물론, 그 이전까지 통용되던 학문의 지식조차 포기했다. 전통적 학문 체계와 학적 지식 대신에 일본을 통해 수정되고 변형된, 왜곡된 근대를 수용한 것이다. 이와 함께 그들의 관점에 따라 재정립된, 이른바 근대의 철학과 근대의 학문 체계를 받아들였다. 따라서 지금 여기의 구체적인 삶과 실존의 문제를 해명하는 인문학을 위해서는 변형되고 왜곡된 역사를 반성하고, 새롭게 수용한 근대적 학문 체계에 대해 이해할 필요가 있다.

결코 짧지 않은 학문의 역사에도 불구하고 우리는 이런 의미에서의 인문학적 반성과 성찰을 펼쳐 가는 데 실패했다. 성찰의 진정성이 돋보이는 지성적 작업을 찾아보기 힘든 것이 분명한 예증이다. 존재를 성찰하는 지성과 이를 위한 인문학적 작업이 사라진 곳에는 무의미의 공허만이 자리한다. 성찰적 학문함이 사라진 시대에, 어디로 가는지 왜 가는지 알지 못한 채 다만 질주하는 우리들에게 학문은 공허함을 가리는 잉여의 학문으로 기능하고 있다. 이 맹목과 공허를 넘어설 자리는 어디에 있을까? 인문학은 이런 현재를 해명하기 위해 학문의 과거를 되돌아보는 성찰의 학문이자 나아갈 곳을 찾는 길 위에 선 학문이다. 다시 말해 인문학은 현재의 위기를 경고하면서 미래를 말하는 위기와 예언의 작업이며, 존재의 심연을 바라보는 철학함(to philosophy)이라 할 수 있다.

이 책은 인문학의 사유틀을 위한 본격적인 학적 토대라기보다는 현재와 현재의 인문학에 대해 반성하고 근대 이래의 학문적 토대를 해명하며, 나아가 학문 일반에 대해 이해하려는 탈근대의 인문학적 시도를 담고 있다. 새로운 학문 원리와 체계를 위한 작업은 본격적인 철학적 맥락에서라야 가능하다. 그것은 학문의 문제를 공유하고, 그 문제를 풀어 갈 공동체의 지평을 마련한 후에 이루어져야 할 철학의 내면에서 이루어지는 사유 작업이기 때문이다. 인문학에는 정답이 존재하지 않는다. 인문학은 인간의 존재와 관계해 그 의미와 해답을 찾아가는, 과정의 학문일 뿐이다. 인문학에 완성이란 존재하지 않는다. 그것은 끊임없이 걸어가는 여정의 학문이다.

따라서 이 책은 인문학의 모범을 제시하지 않는다. 또한 이 책만이 그런 문제의식을 드러내고 있거나 이런 문제에 대한 해석학적 반성을 위해 미리 요구되는 학적 근거를 성찰하고 있다는 너스레를 떨고 싶지도 않다. 그것은 분명 학적 오만이며, 인문학의 현재를 앞서 고뇌하고 그 길을 걸어간 이들은 물론, 지금 함께 이 길을 걷는 동학을 무시하는 편협한 생각에 지나지 않는다. 그보다 이 책은 스스로 학문하지 못함으로써 자신과 세계, 역사와 현재를 해석하는 학문을 이루어 내지 못했다는 반성과 그것에 근거해 다시금 인문학적 작업을 시작해야 한다는 제안을 담고자 했다. 이로써 이 책이 이 땅에서 학문하는 우리와 인문학적 소양을 필요로 하는 이들이 공유해야 할 문제를 제시하고, 이런 모색의 길을 함께하도록 재촉하는 글로 받아들여지기를 바라는 마음이다. 진솔한 반성과 학문의 길에 대한 동참의 호소는 아무리 해도 지나치지 않을 것이다. 이 책은 그런 반성을 통해 다시금 우리의 현재와 탈근대를 성찰하는 인문학 본연의 작업을 수행하고자 한다.

이 책은 7장으로 이루어져 있다. 먼저 이 땅의 인문학이 자리한 현재를 분석함으로써 논의를 시작한다. 인문학 위기 담론은 주기적으로 제기되고 있으며, 이를 통해 인문학이 일정 부분 소비되고 있다. 하지만 이 땅의 인문학이 위기에 처해 있다는 말은 참이기도 하고 거짓이기도 하다. 학문으로서 인문학이 위기에 처해 있는 것은 사실이지만, 그런 선언을 통해 인문학을 소비하는 행태로 인해 인문학이 위험에 빠지는 것도 사실이다. 그럼에도 인문학은 그 자체로 위기의 학문이며, 위기를 넘어서면서 또 다른 위기를 향해 가는 학문이기도 하다. 2장에서는 학문 일반에 대한 설명과 이해를 모색한다. 여기에는 학문의 의미와 역사, 동아시아와 근대의 학문에 대한 설명이 포함된다. 왜냐하면 근대의 학문은 그 이전 시대는 물론, 동아시아의 학문 체계와도 분명히 구분되기 때문이다. 오늘날의 학문 체계는 근대의 학문 이해에 입각해 있다. 오늘날 인문학이 처한 자리와 나아가야 할 방향은 서구의 근대와 밀접히 관련되어 있다. 그래서 학문 일반에 대한 이해와 함께 근대 학문에 대한 이해를 바탕으로 3장에서는 근대를 넘어서는 인문학은 어떠해야 하는지를 제시하면서 인문학의 특성을 해명하고자 한다.

4장에서 현재의 학문을 특징짓는 자연과학에 대해 설명하고, 5장에서는 현재의 인문학을 근대와 탈근대의 관점에서 살펴본다. 현재의 학문 체계는 서구의 근대에 의해 확립되었으며, 그러기에 유럽적 보편성을 당연시하기에 이르렀다. 이런 유럽 중심주의와 학문 제국주의가 우리 학문의 현재이다. 이에 대한 반성이 5장의 주요 내용이다. 이는 탈근대적 학문을 위한 기반이 될 것이다. 이어서 6장에서는 현대의 학문 이해에 담긴 특성을 가장 잘 보여 주는 진화 생물학의 논의를 고찰한다. 생명과학의 시대에 진화 생물학은 자신만의 진리 주장을 넘어 자신의 관점에 따라 모든 학문을 통합하려 한다. 여기에 담긴 문제를 제대로 이해해야 인문학이 처한 자리를 올바르게 바라볼 수 있을 것이다. 7장에서는 인문학의 주체이자 지평인 인간에 대한 이해를 인문학과 연결해 설명한다. 그것은 어떤 특정한 인간학을 전개하려는 것이 아니라, 인문학의 존재를 학문함이란 맥락에서 해명하는 작업이다. 인문학적 사유를 전개하는 우리 자신이 바로 인문학의 존재이기에 인문학을 위해서는 그 학문하는 주체에 대한 이해가 반드시 필요할 것이기 때문이다. 마지막으로 인문학의 현재와 탈근대를 위한 과제, 학문함으로서의 인문학을 맺음말로 제시했다. 이것은 결코 어떤 선언적이거나 당위적 결론을 내리려는 것이 아니다. 오히려 인간존재와 이해 일반에 관계되는 인문학을 위한 초대이며, 가야 할 길에 대한 제언으로 읽어 주길 바란다.

이 책은 후마니타스 박상훈 대표의 초대가 없었다면 가능하지 않았을 것이다. 오늘날 이 땅의 대학은 학문하는 곳이 아니라 실용성을 평가받는 자리로 바

꿰었으며, 거기서 인문학은 자본의 논리에 휘둘리고 수치로 값어치가 매겨지는 대상이 되었다. 이렇게 인문학이 과학과 자본의 논리의 빈틈을 메우는 여분의 것 학문, 일면적인 짧은 논문 체계로 퇴락한 시대에 인문학과 학문에 대해 성찰하는 내용을 담은 책을 기획한다는 것은 참 많이 망설여지는 일일 것이다. 학업을 마치고 돌아온 이래 철학자연하면서 10여 년이 지났음에도 이런 체제에 매몰되어 감히 시도하지 못하던 작업에 초대해 준 박상훈 대표에게 고마운 인사를 드린다. 혹시라도 이 책이 학문함에 작은 도움이라도 된다면, 그것은 구체적으로 이런 작업을 이루어 간 후마니타스 출판사와 편집진 덕택이다. 머리말을 빌려 책의 내용과 교정에 큰 도움을 준 안중철 편집장과 편집진에 감사의 인사를 드린다. 이런 과정은 철학자의 난해함이 독자에게 제대로 전달되는 데 편집 작업이 지니는 중요성을 알게 하는 계기가 되었다.

학문은 개인적인 동시에 공동체적이다. 하나의 책은 크던 작던 잠재적인 지성 공동체를 형성하는 매개 역할을 한다. 책을 읽으면서 학문하는 개인의 존재와 사유가 성숙해지며, 나아가 그것을 공유해 가는 공동체적 과정을 통해 우리의 지성이 성숙해지는 것이다. 개인의 사유와 공동체의 지성이 사라진 시대는 야만으로 치닫는다. 시대의 야만과 폭력을 넘어설 계기는 이런 과정을 통해 마련되는 것이기에, 이 책 역시 그 길에 작은 계기와 매개로 자리할 수 있기를 바라는 마음 간절하다.

1. 인문학의 현재

(1) 우리 인문학의 현재

지금 우리는 한 시대를 매듭짓는 전환점에 자리하고 있다. 오늘날 우리는 이 시대를 이끌어 왔던 모든 구조와 체계가 변화하는 시점에 살고 있는 것이다. 이는 근대성으로 대변되던 한 시대와 그 시대 구조 전반의 변화를 뜻하며, 따라서 근대를 벗어나 이루어지는 시대를 위한 생각의 구조, 철학적 사유의 틀이 요구된다. 그러기에 이런 문제에 직면한 인문학은 철학적 특성을 지닐 수밖에 없으며, 철학함에서 올바르게 이해될 것이다. 철학은 언제나 그 시대 그곳에서의 나와 우리가 지닌 문제에 대한 가장 구체적인 사유의 노력이다. 또한 철학은 인간의 본질적인 지평에 관계하기에 가장 보편적인 공동체의 사유 작업이기도 하다. 철학은 앞선 시대를 살았던 사유의 거인들과 씨름하면서 이런 이중적인 사유의 틀을 형성해 가는 '보편적이며 영원한 학문'(philosophia perennis)이다. 이 점에서 오늘날 우리가 직면한 문제는 철저히 이 시대의 산물인 동시에, 이전 시대의 흐름 안에 이미 잉태되어 있던 보편적이며 포괄적인 문제로부터 비롯된 것이다. 그러기에 문제의 답 역시 이런 흐름 안에서 찾을 수 있을 것이다.

우리 시대는 '인문학'과 '인간성'이 위기에 처한 시기라고 말할 수 있다. 그 것은 단순히 매 순간이 위기라거나, 흔히 말하듯이 자신의 시대를 전환기라 부르며 거론하는 위기를 의미하지 않는다. '현재'라고 하는 이때는 이중의 결 핍이 중첩된 시간이다. 흔히 '68혁명'이라 부르는 문화 변동과 1989년 동구권 의 몰락으로 초래된 변화로 인해 이전까지의 철학적 사유틀은 더 이상 유효하 지 않으며, 그 이후의 시대를 해명할 사유틀은 아직 형성되지 않았기 때문이 다. 이런 이중성은 이미 벌써 사라진 전통과 아직 아니 형성된 다가올 사유 사 이의 결핍이며, 그러기에 '이미 벌써'와 '아직 아니' 사이의 갈등을 초래한다. 인문학이 자리한 현재는 이런 이중의 갈등 구조가 중첩된 자리이며, 그 학문 은 이런 이중성을 이해하고 해석하는 과정에서 이루어진다.

현재의 인문학이 자리한 이중의 갈등 구조는 1876년 강화도조약 이래 일 본에 의해 강요된 근대와의 만남과 대결에서 시작되었다. 이때 일본은 1853년 미국의 페리 제독이 이끄는 이른바 흑선(黑船)에 의해 강압적으로 개항을 경험 했던 것과 똑같은 방법으로 조선에 개항을 요구했다. 그 이후 근대화는 구한 말과 해방 공간에서는 물론 지금까지도 한국인들에게는 운명이자 굴레로, 달 성해야 할 과제이자 강박증을 불러일으키는 강제로 다가왔다. 강요된 근대는 그때까지 우리가 지니고 있던 학문 체계와 예술의 정신, 문화의 원리와 사회 체제는 물론, 그 이해의 틀과 지식까지도 폐기하고 계몽주의 이래 성립된 서 구 근대의 체계를 강제했다.

이런 과정에서 생기는 갈등의 축은 두 가지 측면에서 생각해 볼 수 있다. 우선 그것은 '서'(西)라는 힘이 '동'(東)을 침탈한 공간의 갈등, 즉 서구의 사유 체계가 동아시아를 엄습한 이래 우리의 전통과 문화의 틀을 상실함으로써 생 기는 갈등을 의미한다. 또한 여기에는 시간적 갈등의 축이 존재한다. 즉, 부서

진 전통과 강요된 근대에 의해 아직 형성되지 않은 현재의 규범들이 '과거와 현재'의 마찰을 낳고 있다. 지금·여기는 이런 시간적 갈등의 날줄과 공간적 갈등의 씨줄이 교차하는 갈등의 현재이다. 따라서 현재 인문학은 서구 근대성의 수용과 극복을 넘어 삶과 문화, 역사 안에서 우리의 말과 이야기로 새로운 사유틀을 이끌어 내야 하는 이중의 과제를 지니게 된다.

지금 우리에게 필요한 것은 이런 시대에 흘러넘치는 위기의 외침에 무뎌지거나 반대로 지나치게 신경증적으로 반응하는 것이 아니라, 엄격한 사유를 통해 문제의 본질을 직시하면서 다가올 사유의 답을 찾아가는 노력이다. 그것이 바로 지금·여기에서 이루어져야 할 인문학적 성찰의 작업이다. 이것을 현재의 인문학, 또는 현재의 철학이라 규정하기로 하자. 지금·여기에서 이루어지는 이해와 해석의 사유 작업으로서의 인문학은 근본적으로 철학적이며, 철학의 지평에서 이루어진다. 그러기에 현재의 인문학은 철학적 본성을 지니며, 탈근대를 지향하는 철학의 또 다른 얼굴이라 할 수 있다.

나아갈 방향은 위기의 본질로부터 유추할 수 있다. 지난 시대를 틀 지웠던 서구의 근대성(modernity)은 우리가 감내하면서 동시에 극복해야 할 철학적 원리이다. 현재의 인문학에 주어진 중요한 과제 가운데 하나가 근대의 극복이라면, 그것은 근대 이후의 사유틀을 모색하는 철학적 작업과 함께 이루어져야 할 것이다. 이것이 현재의 인문학에서 '근대의 극복'과 '탈근대적 사유틀의 모색'이라는 이중의 과제로 나타나는 것이다. 인문학의 임무는 바로 그런 사유 작업을 이루어 가는 데 있으며, 그 사유가 시작하는 곳은 '지금 그리고 여기'라는 시간과 공간이다. 여기서 이 시간은 단순히 시간적 현재만을 의미하지는 않는다. 이 현재는 인문학을 이끌어 가는 나와 우리가 자리한 곳이자, 인문학에 의해 형성되는 존재론적 터전을 의미한다. 인문학은 실존론적이면서 공동체적이며, 역사와 미래를 현재 이 자리에서 성찰하고 해명하는 학문인 것이다. 이것을 인문학의 현재화로 정의한다면, 인문학은 현재화의 학문이라고도 할 수 있다.

(2) 철학의 현재

유럽의 철학사에서 근대의 전환은 1960년대 후반에 시작된다. 니체의 죽음 이후 근대 철학을 비판하는 하이데거(Martin Heidegger)나 근대사회를 문제 삼는 프랑크푸르트 비판학파(Frankfurt Schule)와는 별개로 이른바 '68혁명'은 근대의 전환을 알리는 상징적 사건이었다. 1968년 프랑스 정부의 교육개혁에 반대하는 학생 시위에서 촉발된 이 사건은 정치적·문화적 측면에서뿐만 아니라, 철학의 지형에도 많은 변화를 초래했다. 잘 알려져 있듯이 68혁명은 이후 유럽의 문화적 주류에 반대하는 비판 운동을 거쳐 수많은 혁명적 변화의 단초가 되었다. 환경 운동이나 녹색당, 정치적 혁명과 여성해방 운동, 히피 문화 등 다양한 대항문화의 움직임은 이런 맥락에서 시작되었다. 또한 학문적 관점에서 이루어진 변화의 측면에서 살펴본다면, 68혁명은 해체주의 내지 후기구조주의(neostructuralism)로 불리는 담론을 탄생시키는 계기가 되었다고 할 수 있다. 철학적 관점에서 이 변화는 근대의 철학 원리(modernity)를 근본에서부터 비판하고 거부하는 움직임으로 확산되었다.

서구 '근대성'은 중세의 존재론적 사유가 인식론적 철학으로 전환된 이래 인간과 사물을 '주관-객관'의 이원론적 구조로 분열시켰으며, 세계와 실재를 수학적이며 기계론적 관점에서 바라보았다. 이에 따라 존재란 파악 가능한 것으로 인식되었으며, 인간은 자연을 비롯한 모든 실재를 장악, 조작할 수 있으며 계산할 수 있다고 믿는 세계관이 성립했다. 여기에 계몽주의 이래 인식 이성 중심의 철학 체계와 뉴턴 이래 과학주의, 프랑스혁명 이후의 시민사회와 자본주의 발전은 중요한 기반이 된다. 이후 서구 근대는 의미와 진리 영역을 객체적 체계로 이해하는 사물화된 인식론과 유럽 중심주의, 즉 유럽 정신의 보편성을 주장하면서 유럽 이외의 인문학은 보편성은 물론 그 자체의 타당성을 상실하게 된다. 유럽의 학문과 문화가 실재를 이해하는 데 준거가 되고 그것이 보편성을 주장하게 되면서 우리에게는 학문 제국주의적 형태로 드러나게 된 것이다. 이런 학문 제국주의는 동아시아는 물론 특히 이 땅의 인문학을 매우 심각하게 식민화했다.

근대의 철학을 인식론적 형이상학과 주체 중심의 철학, 관념론적 존재론으로 거칠게 규정한다면 68혁명 이후의 철학은 근대의 사유 체계를 넘어서는 철학이라 할 수 있다. 이런 철학은 문학비평이나 건축 또는 예술비평의 분야에서 야기된 포스트모더니즘과 결합하면서 근대 후기의 변화된 문화 조류와 철학적 경향을 낳았다. 이런 결합은 결국 근대성 전체를 문제 삼게 되면서, 이후 학문과 예술을 넘어 문화 일반에까지 커다란 변화를 초래했다. '패러다임 전환'이라는 명제로 일반화된 이런 흐름은 근대성을 극복하기 위한 사유틀을 모색하는 학문 일반의 과제로 드러난다.

또한 1989년 동구권의 해체와 함께 나타난 마르크스주의의 종말 담론도 학문적 지형에 많은 변화를 일으켰다. 이 변화는 포스트모더니즘 담론 이후의 학문적 지형에 가세하면서 문화인류학을 넘어 문화 연구를 학문으로 성립시켰다. 또한 철학적으로 이는 현대 철학에 이르러 초래된 '심미적 전환'(esthetical turning) 및 '언어학적 전환'(linguistic turning)과 결합해 현대 철학을 변형시키는 결과를 낳았다. 그리고 이런 특징이 유럽 현대 철학의 토대가 되면서, 이후 우리의 철학계에도 심대한 영향을 미쳤다. 주체의 죽음, 동일성의 해체, 이성 중심주의(logocentrism)의 해체, 진리 이해의 상대성, 다원성 담론 등의 철학적 논의는 이런 변화와 함께 시작되어 인문학 일반으로 크게 확대되었다. 이런 현상은 최근의 학문적 변화에서 우리가 경험한 바와 일치한다.

문제는 이런 경향이 1980년대 이후 과잉 작동하는 근대 체계와 비정합적으로 결합하면서 시작된다. 잘 알려져 있듯이 1980년대 이후, 기존의 자본주의가 안고 있던 한계와 모순을 수정하기보다는 오히려 자본주의의 원리를 극단으로 몰아가면서 수정자본주의적 복지 개념을 되돌리려는 신자유주의가 등장했다.

하지만 68혁명 이후의 학문적 변화는 근대성을 과도하게 구현하는 신자유주의 체제와는 반대로 근대성을 비판하고 극복하고자 하는 의도를 담고 있다. 그런 까닭에 1980년대 이후의 학문적 흐름을 근대 체계와 비정합적으로 결합했다고 말하는 것이다. 따라서 사회 체계적으로 근대의 과잉인 후기 산업사회와 1980년대 이후의 신자유주의적 상황은 1970년대 이후의 학문적 흐름과는 원리적 측면에서 모순되고 상충되며, 그 접점은 근대성에 대한 태도에 달려 있다.

1980년대 이후 유럽과 미국을 중심으로 이른바 인문학의 위기와 철학의 종말 담론이 나타나기 시작했다.[1] 일차적으로 그것은 인문학의 위상이 축소되면서 나타난 논의였지만, 곧 인문학과 철학의 본래적 성격과 의미에 대한 질문으로 이어졌다. 철학의 종말은 철학이 완성에 이르렀기에 생겨난 당연한 결과라는 생각에서부터, 철학의 역할과 의미가 사라진 세계에서 더 이상 철학은 유효하지 않기에 새로운 형태로 전환되어야 한다는 변형의 담론에 이르기까지 다양한 모습으로 나타났다.

이와 같이 인문학 위기 담론이 철학의 종말과 밀접히 연관되는 이유는 인문학의 특성과 의미가 철학적이기 때문이다. 인문학은 근본적으로 철학적 특성을 지닐 뿐 아니라, 인문학이란 이름이 사실 철학을 정의하는 다양한 모습 가운데 하나라고도 할 수 있다. 분과 학문 체계로 인한 명칭의 차이에도 불구하고 인문학과 철학은 인간의 존재론적 층위에서 볼 때 동일한 지평에 자리한다. 그러기에 인문학의 위기 선언은 철학의 종말 담론과 떼려야 뗄 수 없는 연관을 지닌다. 예를 들어 미국의 신실용주의 철학자 리처드 로티(Richard Rorty)는 전통적 철학은 더 이상 유효하지 않기에 철학은 이제 문화학 내지 문예학에 대한 해석으로 바뀌어야 한다고 주장한다. 현대사회에서 데카르트와 칸트

---

1 1960년대 이후 철학의 종말 내지 변형 담론은 광범위하게 퍼져 있다. 개괄적 이해를 위해 Kenneth Baynes ed.(1986), *After Philosophy : End or Transformation?*, MIT Press.

의 철학 체계를 벗어나지 못한 철학적 주장은 타당성을 잃게 되며, 전승된 철학적 인식은 결코 자연을 인식하는 거울로 작용하지 못한다는 것이다.[2]

다른 한편, 독일의 철학자 아펠(Karl Otto Apel)은 언어철학적 맥락에서 철학이 변형되어야 한다고 주장한다. 이런 주장은 이른바 현대 철학의 언어학적 전환 이후 두드러진 경향 가운데 하나이다. 현대의 철학적 경향은 언어에 드러난 의미를 해명함으로써 자신의 과제를 수행한다. 이런 특성과 변화를 흔히 언어학적 전환이라 말한다. 하버마스(Jürgen Habermas)는 이런 경향을 종합해 "근대 이후의 사유"라 규정하면서[3] 자신의 철학을 미완성에 그친 근대성을 완성하려는 작업으로 보고, 이를 의사소통적 해석학을 통해 정립하고자 했다.[4]

이런 철학의 변형과 종말 담론들은, 그 다양한 차이에도 불구하고 그때까지의 학문적 패러다임과 근대성의 원리가 지닌 모순과 한계를 비판하고 그것을 극복할 새로운 계기를 마련해 주고 있다는 점에서는 공통점을 지닌다. 어쩌면 학문의 근본 원리를 추구하는 철학은 이해의 틀이 변화함에 따라 주기적으로 종말에 처하게 되는 것일지도 모른다.[5] 그런 관점에서 본다면 위와 같은 철학의 위기를 둘러싼 논쟁들은 모두 해석의 지평과 현재의 변화를 해명할 새로운 인문학과 철학의 사유틀이 필요하다는 생각을 공유하고 있다. 이런 상황이 철학으로 하여금 해석학적 변용을 강요하고 있기에 그때마다 인문학적 변화까지도 필요해지는 것이다.

오늘날 학문은 분명 전환점에 놓여 있다. 이는 비단 우리만의 문제가 아니

---

2 리처드 로티(1998), 『철학 그리고 자연의 거울』(김동식 옮김, 까치출판사).

3 위르겐 하버마스(2000), 『탈형이상학적 사유』(이진우 옮김, 문예출판사).

4 하버마스는 1980년 프랑크푸르트 시가 제정한 아도르노 상을 수상하면서 근대성을 미완성에 그친 기획으로 규정했다. 근대를 비판하거나 해체하려는 다양한 철학적 노력에도 불구하고 그는 자신의 철학은 이런 기획을 완성하는 노력이라고 생각한다. 이에 대해서는 Jürgen Habermas(1981), *Die Moderne : ein unvollendetes Projekt, Kleine Politische Schriften* I-IV, Frankfurt/M 참조.

5 장 마리 장브(2004), 『학문의 정신 아리스토텔레스』(김임구 옮김, 한길사), 50쪽.

라 세계적인 흐름이기도 하다. 독일과 프랑스, 미국에서도 인문학의 위기 논쟁은 존재한다. 단지 우리의 문제가 더 크고 심각한 이유는, 이런 학문의 전환이라는 세계사적 흐름 속에서 우리 문제를 사유하지 못하고 수입 이론에 종속되어 있는 이중적 상황 때문이다. 포스트모더니즘의 이론적 주장과는 별개로 철학의 변용을 이야기하는 근본적 문제의식은 정당하다. 그들이 말하는 변화와 경고의 메시지는 학문이 처한 위기와 전환의 때를 알리고 있다. 지식을 찾고 지식을 체계화하는 학문의 틀이 변화해야 새로운 실재의 지평을 올바로 이해할 수 있다. 그러기에 인문학에서 문제가 되는 것은 다시금 학문 체계와 원리, 학문의 틀 자체를 새롭게 정립하는 작업일 것이다.

(3) 학문으로서의 인문학

인문학의 학문성을 해명하려는 시도는 학문의 현재와 현재의 인문학에 대한 논의로 전개된다. 여기에는 인문학이 자리한 현재성에 대한 성찰뿐만 아니라 그것을 바탕으로 나아가야 할 길을 올바르게 제시하는 작업까지도 포함된다. 학문 일반은 근본적으로 인문학적 토대에 근거해 이루어진다. 그런 토대를 우리는 일차적으로 철학적 특성에 따라 이해할 수 있다. 인간이 전개하는 지적 행위로서의 학문이 근본적으로 이해와 해석을 통해 이루어진다면, 이는 곧 일반적 의미에서의 철학적 특성을 가리키는 것이다. 그러기에 모든 학문은 근원적으로 철학적 특성을 지닌다.

　여기서 오늘날 우리에게 철학이란 말이 지니는 의미의 지평 때문에 문제가 생겨난다. 그것은 일차적으로 근대 서구의 '철학'이란 말이 번역되어 유입되고 우리가 학문과 철학을 혼동하게 되면서 생겨난 문제이다. 즉, 150여 년 전 철학이란 용어가 유입되어 변형되어 온 역사와 우리가 그전부터 가지고 있던 인문학으로서의 철학적 전통이 혼재되어 있기 때문이다.

두 번째 문제는 자본주의가 과잉으로 치닫는 현재, 인간이 지닌 근본적인 이해와 해석의 행위가 사실에 대한 지식과 실용적 가치만을 추구하는 행동으로 일면화되면서 생겨난다. 이로써 이해하고 성찰하는 인간 본연의 활동인 사유함의 자리를, 파편화된 지식과 부가가치를 추구하는 실용적 행위가 대신하게 되었다. 그래서 지금 개념적으로도 학문 일반과 인문학, 나아가 학문으로서의 철학이 혼용되고 있으며, 학문 내적으로도 명확한 이해가 자리 잡지 못하고 있다. 학문 이해를 위해 지금 필요한 것은 학문 체계에 대한 이해와 구별, 학문에 대한 정의와 이해를 인간의 이해와 해석 행위 일반과 연결해 명확히 제시하는 일일 것이다. 이 작업은 인문학이란 학문의 개념과 의미를 이해하기 위해서도 반드시 해명되어야 할 문제이다. 학문 행위로서의 이해와 해석이 현재란 시간과 공간 지평에서 이루어지기에 인문학을 포함한 학문은 근원적으로 현재의 것일 수밖에 없는 것이다. 학문의 현재성은 바로 여기에 있다.

학문을 정의하는 일은 그리 간단한 문제가 아니다. 예를 들어 하이데거는 말하는 행동에 관련된 지식(episteme logike)과 자연 사물에 대한 지식(episteme physike), 인간의 태도와 관계에 대한 지식(episteme ethos)을 구분한다.[6] 이 세 가지 지식은 이성을 지닌 존재인 인간의 근본 특성인 '로고스'(logos)에 의해 연관되고 의미가 부여될 때 학문으로 정립된다. 그래서 그는 학문을 인간의 의미론적 행위에 근거해, 말함에 관한 학문, 자연에 관한 학문, 인간의 태도에 관한 학문으로 구분한다. 이런 구분에 따라 오늘날의 학문 체계를 살펴보면, 논리학과 문학 등은 첫 번째 의미의 학문으로, 자연과학, 물리학, 화학 등의 과학과 공학 일반, 생명과학 등은 두 번째 의미의 학문, 그리고 사회학 일반과 윤

---

6 마르틴 하이데거(2000), 『논리학 : 진리란 무엇인가?』(이기상 옮김, 까치글방), 들어가기 참조.

리학, 경제학 등은 세 번째 의미의 학문으로 구분해 볼 수 있을 것이다. 학문은 사실의 집합이 아니라 사실에 대한 이해의 모음이다. 그러기에 학문은 인간의 이해와 의미 행위를 통해 이루어지는 체계이다. 그래서 하이데거는 학문들(epistemai)은 의미를 해석하는 행위에 의해 그 근거가 정립되고, 인간의 존재와 연결되어 의미를 지니게 된다고 말한다. 이것을 전통적 개념에 따라 말하자면 철학이라고 할 수 있다.

우리가 말하는 학문과 철학, 인문학은 이런 관점에 따라 설명될 수 있다. 넓은 의미에서 학문은 인간의 지적 행위와 그에 따른 체계 전체를 의미한다. 인문학은 인간의 삶과 행위 일반의 학문을 의미한다. 그것은 주어적이며 소유어적인 목적어를 지칭한다. 즉, 인문학은 인간에 의한 학문이면서 인간에 관한 학문이란 뜻이다. 이런 관점에서 인문학은 자연과학과의 대비 속에서 자리매김될 수 있다. 그래서 잠정적으로 학문이란 넓은 범주 안에 인문학, 자연과학, 사회과학을 하위 범주로 구분해 이해할 수 있을 것이다. 학문의 구분은 일차적으로 대상에 따른 것이지만, 나아가 방법론과 관점에 따른 것이기도 하다. 예를 들어 생명을 이해하는 과학과 생명의 의미를 성찰하는 학문은 같지 않다. 이런 관점에 따라 철학이란 학문의 자리가 결정된다.

인문학과 철학의 관계는 중층적이다. 인문학이 인간의 의미론적 행위라고 말할 때 그것은 근본적으로 철학적일 수밖에 없다. 그래서 흔히 근대 이외의 학문 이해, 특히 동아시아의 학문을 문학과 역사학, 철학이 통합된 체계라고들 말한다. 그러나 이런 이해는 일면적이다. 철학은 학문의 사실적 지식에 관한 것이 아니라 그 사실적 지식의 지평과 의미 전체와 관련된다. 철학은 학문이면서 동시에 학문을 넘어서 있다. 철학은 또한 인문학인 동시에 인문학을 통틀어 의미하는 것이기도 하다. 문학과 역사학의 성찰성을 철학으로 이해할 수 있지만, 철학이 문학이나 역사학으로 축소될 수는 없다. 그래서 인문학, 학문, 철학 등의 용어는 맥락에 따라 달리 쓰일 수 있다. 상세한 학적 맥락과 계보학적 설명은 다음 과제로 넘기고 여기서는 다만 이런 사실을 언급하는 데 그치기로 한다.

현재를 이해하기 위한 학문 체계와 그것을 위한 사유틀을 제시하려는 노력은 근대의 형이상학을 넘어선 학문, 궁극적으로 탈형이상학이라 일컬을 수 있다. 여기서 논의하는 인문학과 학문 이해는 근대의 학적 영역과 그 형이상학을 넘어 탈근대의 지평, 근대 이후의 형이상학적 영역으로 전개되고 있다. 이런 관점에 근거해 학문 또는 철학 일반에 대한 반성과 함께 새롭게 이해해야 할 현재의 인문학과 현재의 철학에 담긴 해석학적 원리를 성찰해 보고자 하는 것이다. 탈형이상학이란 말은 결코 현학적 표현이 아니다.

형이상학이란 인간이란 존재가 보고 듣고 만지는 감각적 차원을 넘어, 이해하고 해석하고 계획하는 존재이기에 가능한 학문이다. 보이는 차원, 형태를 넘어설 때 우리는 그것을 형이상학이라 부른다. 말 그대로 자연현상 위의 학문이다. 인문학이 현재라는 지평에 자리한다면 우리의 인문학은 근본적으로 근대에 이르러 완성된 형이상학을 넘어서는 형이상학, 즉 탈형이상학적 지평을 지향해야만 할 것이다. 다만 여기서는 그런 지향을 숨겨진 영역에 감춰 두고자 한다. 자신의 존재에 근거해 인문학의 과제를 수행하려는 이들은 결국 이런 과정을 통해 이 감추어진 지평으로 나아가게 될 것이라 생각하기 때문이다.

2. 인문학의 위기

(1) 인문학 위기 담론

인문학 위기 선언

덴마크의 철학자 키에르케고르는 현대 문화의 위기를 고발하는 지식인의 모습을 불타는 곡마단의 참상을 알리는 광대에 비유한 적이 있다. 동네 어귀에 자리잡은 곡마단에 불이 났지만, 이를 알리는 광대의 몸짓은 사람들에게 진심으로 다가가질 못한다. 광대가 몸이 달아 할수록 동네 사람들은 더 재미있어 할 뿐, 불로 인해 모든 것이 사라질지도 모르는 곡마단의 위기에는 관심이 없다.

위기를 선언하는 인문학자들의 몸짓은 이런 광대의 모습과 너무나 흡사하다. 2006년에 벌어진 인문학자들의 인문학 위기 선언이 이를 잘 보여 준다. 『동아일보』의 보도를 보면, 그해 9월 고려대 인문학부 교수들의 선언이 계기가 되어 9월 25일 전국 인문대학장단은 이른바 '인문학 주간'을 선포했다. 이들은 "인문학이 우선순위에서 밀려나면 나라 전체가 역병에 감염되는 사태가 벌어질 것"이라고 이야기하면서, 그 현상으로 인문학자들의 열악한 위치와 보잘 것 없는 국가 지원 등을 지적했다. 이 선언식에서 이어령은 인문학을 모든 학문과 정치·경제·사회·기술 분야의 수원지로 이해하고, 이 수원지가 마르면 정치·경제·사회·기술(politics, economic, sociology, technology)이 재앙(pest)으로 변한다고 말했다. 그 말은 정치·경제·사회·기술의 영어 머리글자를 뒤집어 '페스트'로 표현한 것이었다.

여기에는 자본주의의 과잉과 신자유주의의 물결이 몰아친 이래 대학 구조조정의 강도가 높아지면서 인문학과 사회학 분야가 위기에 몰렸다는 인식이 자리한다. 대학에 시장 논리가 팽배해져 이른바 문학·사학·철학 학과는 취업률이 낮거나 가시적인 성과가 적다는 등의 이유로 폐과 대상 1순위가 되었다.

실제로 인문학 관련 학과의 폐과 실태를 살펴보면, 경원대학교와 대구 가톨릭 대학교를 비롯해 3년간 12개 학교의 철학과가 폐과되었고 적지 않은 어문학 계열 학과도 문을 닫았다. 또한 전공보다 취업이 우선인 현상과 인문학에 대한 지원이 부족한 것도 원인으로 지적된다. 학문은 기초 순수 학문과 응용 학문이 균형을 이뤄 발전해야 하는데, 그러기 위해서는 현재 고사 위기에 놓인 인문학에 대한 인식의 전환과 정부의 과감한 지원이 절실하다고 촉구했다. 정부의 연구 개발비 중 인문학 연구 지원비는 매년 감소해 2005년의 경우 7조 7천억 원 가운데 556억 원으로 0.72퍼센트 정도에 지나지 않는다. 그래서 이들 인문학 교수들의 '정부 지원' 촉구 성명은 침체된 인문학의 부흥을 위한 지원을 강조했다. 인문학 진흥 기금과 인문한국위원회 설치 등 인문학 진흥을 위한 정부 지원을 요구한 것이다.

이런 주장은 현상을 지적하고는 있지만 진정성이 결여된 어처구니없는 주장에 지나지 않는다. 인문학의 위기를 벗어나기 위해 반드시 해야 할 일에 대해서는 침묵하면서 다만 인문학과 학자들이 누리던 우월한 위치가 후퇴한 것에 대해서만 염려하고 있을 뿐이기 때문이다. 사실에 대한 지적은 옳지만 해석은 옳지 않다. 멋지게 들리지만 자신의 과제를 회피하는 헛소리에 지나지 않는다.

뒤이어 을유사, 현암사, 한길사 등 67개 국내 대형 출판사 대표들이 인문학 출판에 대한 체계적 지원을 요구했다. 여기서 대중적 인문 서적의 출판을 막는 대학교수 업적 평가제에 대한 비판과 함께, 대안으로 사전 지원제와 인문학적 소양을 위한 강좌 개설 등을 요구했다. 인문학 위기의 원인 가운데 하나가 논문 중심으로 교수들을 통제하는 데 성공했기 때문이다. 논문 중심의 평가는 자연과학에 통용될 수 있을 것이다. 현재에 대한 이해와 해석을 중심으로 이루어지는 인문학의 연구를 자연과학이나 공학에 통용되는 10여 쪽 내외의 논문으로 평가하는 것은 학문의 길을 막는 결과를 낳게 된다.

이런 지적은 사실을 분명히 하고 현상을 명확히 드러냈다는 점에서는 긍정적 의미를 지닌다. 다만 이런 사실을 지적하는 인문학 위기 선언의 정당함이 자신들의 이해관계로 축소됨으로써, 위기를 선언하는 말의 진정성이 왜곡되고, 그 의미의 정당함이 축소되는 역전 현상이 일어난 것이다.

인문학을 지원하는 신입생 감소, 인문학 관련 교양과목의 축소는 물론, 취업난과 정부 지원 부족, 인문학을 전공하는 학문 후속 세대의 위기는 분명 인문학의 외적 규모와 입지를 축소시켰다. 그러나 더 큰 문제는 인문학 자체에서 생겨난다. 주류 학계의 배타성과 안일함은 물론 한국의 고질적인 학문과 교육 현실을 무시한 채 외국의 이론을 맹목적으로 추종하는 경향에 대한 비판은 어디서도 찾아볼 수가 없다. 이런 위기 선언에서 인문학의 위기에 대한 성찰은 존재하지 않는다. 이런 선언에 다른 분야의 사람들이나 일반 대중이 동조했다는 소식은 들리지 않는다. 더욱이 같은 인문학자로서 위기 선언에 담긴 진정성에도 불구하고 이런 해법에 동조하지 못하는 까닭은 무엇일까? 그런 위기 선언은 다만 성찰하지 않으며, 스스로 학문하지 못하는 인문학자의 위기의식과 자신의 위치에 대한 주장만이 담겨 있기 때문이라면 지나친 표현일까. 위기 선언의 진정성은 뒤따르는 행위에까지 일관되게 드러나야 한다. 위기 선언의 진정성에도 불구하고 극복을 위한 노력을 개별적 이해와 관심사로 바꾸어 버린다면, 위기 선언은 진정성을 상실하고 이해관계의 표출에 그치고 말 것이다.

이와 같은 비판은 박정신 교수의 언급에서도 잘 드러난다. 그는 『연합뉴스』와의 인터뷰에서 '인문학 위기'를 언급하는 모습을 "비인문학적 행태"라고 강하게 비판했다. 그는 "한국의 대학교수들이 현재 조선시대 양반들이 하던 생각을 답습"하고 있으며, "학문을 사회 진출과 권력에 이르는 과정으로 보는 사람 또한 많다"고 지적했다. 만약 인문학 위기 선언을 통해 자신의 이익과 생계 수단을 강화하려는 의도가 있다면, 그것은 결코 문제의 본질을 지적하고 있다고 볼 수 없다. 거기에는 인문학의 위기를 진정으로 아파하는 마음이 깃들어 있지 않기 때문이다. 한국 인문학자들의 고질적인 문제들, 학연·지연 등의 연줄에 사로잡힌 관행이 오히려 문제의 본질이다. 그는 '인문학 위기' 선언에 대해 "어리광도 아니고 10년에 한 번씩 '위기'라고 문제 삼고 떼쓰는 것이 문제"라며 "본질로 돌아가 자기 성찰적 자세로 인문학을 반성해야 한다"고 주문했다. 박정신의 언급에서 보듯이 인문학 위기 선언은 인문학의 위기를 드러냈다는 측면에서 정당하지만, 그 문제를 해결하고 스스로 인문학적 작업을 수행해야 할 외롭고 어려운 학문의 길을 도외시했다는 데서 문제가 생겨난다. 더욱이 이를 이용해 자신의 이해를 충족시키려 한다면, 그것이야말로 위기를 심화시키는 행위일 것이다.

인문학 위기의 원인

인문학 위기 선언 이후 지금, 인문학에 대한 대중의 관심은 높아졌다. 그러나 과연 학문으로서의 인문학이 올바르게 나아가고 있는 것일까? 학문으로서의 철학이 과연 우리의 현재를 얼마나 진정으로 철학함(to philosophy)이란 관점에서 고뇌하고 있는가. 진정으로 위기 현상을 넘어섰는지에 대한 공감이 이루어지지 않는 까닭은 그 선언이 일면적이고 위기의 원인에 대한 성찰이 결여되어 있으며, 극복 방안이 지극히 자기중심적이기 때문일 것이다. 정작 그 때문에 고통받는 이들은 배제되어 있기에 어떤 울림도 들리지 않는 것이다. 모든 학부모와 학생들이 지옥과도 같은 입시에 허덕이고, 학벌 체계에 희생되어도 소위 이 나라 최고 대학의 인문학자들이 그런 병을 고치기 위해 나섰다는 말은 듣지 못했다. BK 21(두뇌한국 21)을 비롯한 정부의 각종 지원금과 연구비를 독식하는 구조 속에서 지방대학이나 군소 대학의 절박한 외침은 묻혀 버리고 만다. 영세한 출판사가 각고의 노력을 기울여 만든 책에 판매에서부터 원천적 불이익을 가하는 거대 출판사가 인문학 도서 출판에 대한 정부 지원을 촉구하는 위기 선언에는 그 어디에도 인문학의 현재를 고뇌하는 진정성은 담겨 있지 않다.

대학을 지배하는 자본주의 논리를 비판했다는 소식보다, 그 논리를 내재화하고 더 적극적으로 신봉하는 인문학자, 국가와 거대 기업의 지원금에 자족하는 대학, 영어 강의를 확대하면 학문이 발전하리라 생각하는 교육정책자들, 일방적인 국제화 논의와 자신이 처한 현실의 모순에는 침묵하고 먼 나라의 먼 문제를 대신 고민해 주는 수많은 학자들의 인문학 위기 선언에서 진정성을 느끼지 못하는 것이 어찌 나만의 잘못일까. 그들의 선언 어디에 고뇌에 찬 성찰의 흔적이 배여 있는가. 이 땅의 인문학을 계량화하고 평가와 지원금을 통해 학문 통제에 확실히 성공한 교육 지원 단체와 함께하는 '인문학 주간' 선언에는 인문학의 위기를 아파하는 진정한 고뇌가 담겨 있지 않다. 인문학 위기에 대한 대응은 지극히 비인문학적일 뿐 아니라, 심지어 이를 이용한다는 인상을 지울 수 없게 만든다.

이 땅의 인문학이 위기에 빠져 있음은 분명한 사실이다. 그러나 그 위기는 고뇌하지도, 성찰하지도 않는 인문학 때문에 더욱 증폭되고 있다. 21세기의 첫머리에 우리 주위에는 결코 소홀히 할 수 없는 문제들이 가득하다. 시간이 흐르면서 발전하는 것이 아니라 오히려 퇴행을 거듭하는 민주주의, 신자유주의, 내면화된 물질주의와 정치가·관료 집단의 일상적 부패와 기득권층의 몰염치함, 사회정의가 아니라 사익에 빠진 주류 언론과 일반 대중의 일상적 무규범, 갈수록 심해지는 교육의 파행, 입시가 모든 것인 중등교육, 수조 원에 이르는 사교육의 현실 등, 그 심층적 의미를 곰곰이 반성하기조차 힘들 정도로 많은 문제들이 동시다발적으로 드러나고 있다. 오죽하면 한국은 '재미난 지옥'이란 농담이 유행할까.

사실 이런 사건들이 지닌 개별적인 함의는 그렇게 중요하지 않다. 이 모든 사건들은 결국 우리 사회가 궁극적으로 무엇을 지향하고 있는지에 대한 해명에 따라 달리 이해될 것이기 때문이다. 인문학은 개별 현상에 대한 즉각적 정답이 아니라 그 위기의 본질을 성찰해 가능한 해답을 제시하는 학문이다. 그럼에도 인문학이 이런 문제를 심층적으로 따져 보고 지속적으로 논의했다는 소식은 별로 들리지 않는다.

최종욱은 인문학 위기 담론에 대해 이렇게 말한다. 이 땅의 인문학자들은 "현실에 안주하면서 치열한 문제의식과 성실한 연구 자세도 없이 자신들의 전공으로 간주되는 사상가에 대한 독점권을 행사하면서 그들의 사변적인 사상과 이론에만 매달려 왔다." 그것은 철학의 역사와 맥락을 도외시하고 순수 학문이란 허상에 빠져 있기 때문에 생기는 문제이다. "탈맥락적이고 탈역사적인 연구와 교육은 전문화라는 미명 아래 스스로에 대한 자기반성의 길을 봉쇄하고 관행화"되었으며, 이에 따라 인문학은 "철두철미 현실과 괴리된 사변적 학문으로 전락하고 말았다." 그것은 "가치중립이란 미명과 반공이란 허울" 아래 정당화되었으며, 철학의 고유한 임무인 시대 비판을 포기한 행동에 지나지 않는다. 현실을 외면하고 순수 학문이란 허명으로 후퇴하는 것은 결국 억압적이고 모순된 현실을 정당화하는 데 기여하는 결과를 낳는다. "신자유주의는 '효용성' 또는 '실용성'을 기치로 걸고 모든 지식을 상품화"한다. 그래서 인문학의 현재를 반성하고 자신의 직무유기를 자책하지 못하는 인문학자들이 또다시 "담론의 화두를 '인문학 위기'로 돌리면서 발 빠른 행보를 과시"하고 있다. 이 땅의 인문학에는 서구 철학을 직수입하는 "지적 식민성과 유행성, 학연과 지연에 얽힌 지적 근친상간, 학문적 열광주의와 청산주의"가 활개를 치고 있다.[7]

구체적으로 지난 1990년대 이후의 포스트모더니즘 담론이나 지금의 프랑스 철학에 대한 비판 없는 과도한 집착은 원전에 대한 강박관념, 그의 표현에 따르면 "오리지널 콤플렉스"와 특정한 철학을 통해 자기 가치를 증진시키려는 껍데기 인문학자들의 헛몸짓에 불과하다.[8] 그러기에 서구 학문 전공 학자들이

---

7 최종욱(2002), 『이 땅에서 철학하는 자의 변명』(사회평론), 6, 7-8, 205-206쪽 참조.
8 같은 책, 137-168쪽.

수입상이라면 동양 철학자들은 고물상이란 자조 섞인 조롱이 나오는 것이다. 이 땅의 인문학에는 우리의 학문과 현재에 대한 해석의 틀은 물론 그에 근거한 이론조차도 찾아보기가 힘들다. 불임의 인문학, 현재를 사유하지 못하는 인문학의 서글픈 모습이다.

　인문학의 위기는 근본적으로 이런 자신의 본성을 달성하지 못하는 학문 내적 위기에서 비롯된다. 이를테면 대학이 자본의 내재적 논리에 종속되는 작금의 현실이나 진리의 기준을 과학적 발견에 근거해 이해하려는 현대 문화가 이런 위기의 모습을 너무도 잘 드러내고 있다. 기업이 인수한 대학이 겪는 일방적인 학과 조정의 반학문적이며 야만적이기까지 한 행태는 분명 인문학의 현재를 남김없이 보여 준다. 인문학 본연의 행위를 실용성과 실제적인 지식 체계의 논리에 따라 일면적으로 개진하는 현대 문화가 분명 인문학 위기의 근본 원인이다. 학문을 다만 경제성장의 도구로만 이해하는 이들의 무개념은 야만이며 문화적 폭력이다. 이런 현재의 수많은 문제에도 불구하고 자신의 현재를 의미론적으로 되비추어 보지 못하는 인문학, 자기 성찰성을 잊어버린 인문학이 위기를 증폭시키고 있다. 인문학 위기 선언은 역설적으로 우리의 인문학이 얼마나 비인문학적인지를 적나라하게 보여 주고 있다. 인문학의 위기 선언은 자신의 자리를 지키기 위한 것이 아니라 자신의 현재에 대한 것이어야 한다. 인문학은 위기를 말함으로써 위기를 넘어서는 학문이지, 위기 선언을 통해 자신을 지키는 학문이 아니다.

(2) 위기의 학문

인문학과 위기

인문학은 근본적으로 위기의 학문이다. 인문학은 언제나 위기를 먼저 감지하고 그것을 경고하기에 위기에 자리한 학문이다. 인간은 나아가야 할 길에 의해 현재를 결단하기에 인문학은 근본적으로 자신이 자리한 지평으로서의 '현재'를 위기로 인식한다. 서양에서 위기를 뜻하는 말은 라틴어 갈림길(crisis), 갈라진 길 위에 서있는 모습에서 유래한다. 그래서 위기란 말은 나아갈 길을 살피는 결단의 순간에 놓여 있음을 표현하고 있다. 그 순간에 대한 결단에 따라 한편으로 위험에 빠질 수도 있으면서 동시에 더 나은 길로 나아갈 기회가 되기도 한다. 이런 의미에서 인문학은 철학, 문학, 역사 등의 개별적 학문으로 분류될 수 없는 총체적인 학문이다. 그것은 초월적 지평에서 현재와 과거를 보는 해석학적인 것이며, 자신의 현재를 그 이상의 의미 지평에서 되돌아보는 자기 성찰적이며 의미론적인 학문이다. 철학을 비롯한 인문학은 역사와 미래, 인간이 설정한 의미 지평과 지향성 전체를 반성하고 그에 따라 가야 할 방향 자체를 성찰한다. 자신이 처한 삶의 자리를 의미 지평에 의해 반성할 때 나아갈 길이 새롭게 다가오는 것이기에, 현재에 대한 이해는 미래에 대한 의미 결단에서 이루어진다. 현재는 결단해야 할 선택의 시간이기에 인문학은 현재의 위기를 성찰하고 의미론적 행위를 촉구하는 학문이다. 그런 의미에서 인문학은 위기의 학문인 것이다.

인문학의 위기는 자신이 자리한 현재를 해석하지 못할 때 파멸의 위험에 빠질 수 있다. 자신의 자리를 이해하거나 해석하지 못하는 인문학, 근원을 벗어나 있고 차이에서 보편을 보지 못하며, 보편에서 차이를 담지 못하는 인문학은 위험하다. 중세의 학문은 자연을 창조의 결과로 보면서 창조된 자연을 읽음으로써 역사와 현재를 이해하고 이로써 나아갈 미래를 결정할 수 있다고 생각했다. 그들은 이것을 "자연이라는 책을 읽는다"(legere in libro naturae)라는 명제로 개념화했다. 위기에 자리한 인문학은 자연을 넘어 "현재를 읽음"(legere in libro paesentiae)으로써 자신의 본래적 과제를 달성할 수 있을 것이다. 인간이 의미론적 존재라는 사실은 결코 포기될 수 없다. 지금의 물질적 풍요로움과 그에 따른 행복이란 결국 영원할 수 없으며, 피상적이며 흘러가는 변화 속에 안주하는 것이 결코 진정한 의미를 줄 수도 없다. 이런 진실을 인문학은 끊임없이 경고하고 그에 대한 답을 제시해야 한다. 자본주의적 풍요로움은 유한하며, 경제가 인간의 궁극적 의미를 대신할 수 없음을 드러내 보여야 한다. 현재의 위기를 말하지 못할 때 인문학은 스스로 위기에 빠지게 된다.

우리 사회의 가장 큰 문제는 수없이 밀려오는 사건이 주는 선정성에만 관심을 쏟을 뿐 어디에서도 그 문제를 자신의 존재나 근원적 의미, 또는 나아갈 방향에 견주어 깊이 있게 따져 보지 않는다는 데 있다. 한 공동체가 나아갈 방향에 대한 큰 합의와 그 사회의 규범에 대한 암묵적 동의가 존재하지 않는 사회는 위험하다. 흔히들 진보와 보수의 갈등은 이념적 갈등이나 근본적 규범의 차이 때문에 생겨난 것으로 생각하지만, 현재 우리 사회를 보면 이는 오히려 삶의 관습적 행태나 자신의 위치, 소유와 권력의 관심사에 따른 갈등으로 본다. 이런 생각은 이들의 논쟁이 사회 전체의 규범이나 의사소통의 원론적 측면과는 상관없이 이루어지기 때문일 것이다. 오히려 논점의 배후에 그들의 내밀한 관심사가 담겨 있다는 인상을 지울 수가 없다. 안보를 팔던 진보를 팔던, 또는 그 무엇을 팔던 상업주의적 관심에 따른 주장은 진정성을 지니지 못한다. 그런 주장은 자기 배반의 것일 뿐이다.

위기의 현재

19세기 중엽 이래 소위 서세동점의 시대와 해방 공간을 지나면서 우리 사회의 시대적 규범과 당위는 근대화에 있었다. 구한말 서구의 제국주의적 힘과 과학·기술로 대변되는 학문을 접한 지식인들의 충격은 말할 필요도 없고 당시의 이 나라 백성들에게도 그것은 엄청난 변화였음에 틀림없다. 해방 이후 미국의 질주와 함께 시작된 근대화 역시 시대적 당위로 다가왔다. 미국 문화에 대한 동경과 개발독재 시대가 이를 잘 보여 준다. 이런 상황에서 우리는 근대성에 대해 진지하게 반성하지 못한 채, 근대화를 산업화와 서구화, 경제성장의 문제로 국한시켰다. 정작 무엇을 위한 근대화인지, 근대화의 내용은 무엇인지 성찰하지 않은 채 삶을 소외시키고, 어디로 가는지도 모르면서 그저 뛰기만 하도록 강요했던 것이다. 삶의 의미에 대한 질문은 삶의 도구에 대한 집착과 성과에 대한 욕망으로 대치되었다. 그 안에 사는 사람들은 무엇 때문인지도 모른 채 산업화와 자본주의가 우리의 목표인 양 생각하고 허겁지겁 달려 왔을 뿐이다.

유용성과 실용성이란 잣대로 학문과 교육을 재단하는 것, 인문학과 비판적 지성의 노력을 집단적 이익 투쟁으로 몰아붙이는 치졸함이 현실을 올바르게 성찰하지 못하게 하고, 학문을 황폐화시킨다. 이런 점에서 아리스토텔레스는 철학이 쓸모가 없다고 말하는 것은 문제가 되지 않는다고 말한다. 철학은 유용하지 않다. 그러나 철학은 좋은 것이다. 그래서 그는 철학을 다른 목적으로 사용하거나 실용적 결과를 이끌어 내기 위해서 이용해서는 안 된다고 말한다. 철학은 인간으로서 반드시 해야만 하는 본질적 행위이다. 그 학문은 지혜를 얻고 사용하는 것이기 때문이다. 존재의 진리와 본질에 대한 관조를 포기할 수 없다면, 철학을 포기할 수는 없을 것이다.

자본주의가 사회의 당위인 듯하지만, 그것의 한계나 절제되지 않은 욕망의 문제에 대해서는 아무도 성찰하지 않는다. 오히려 경제성장에 대한 과잉 집착은 질문을 금지하고 반성을 배제했으며, 인간을 억압했다. 노동을 배제하고 억압하며 경제력에 따른 양극화를 심화시키는 신자유주의를 자신의 열악한 삶을 해결해 줄 체계로 여긴다. 한마디로 착취 구조를 구원의 구조로 여기는 것이다. 하지만 경제성장이나 자본주의는 규범일 수 없다. 규범이란 인간의 삶에 내재한 원리이며, 인간이라면 따라야 할 어떤 원칙을 의미한다. 자본을 중심에 두는 주의·주장은 인간의 규범일 수가 없다. 자본주의는 기껏해야 의사 규범에 지나지 않는다. 자본의 과다는 수단과 소유의 문제일 뿐 그것이 삶의 문제를 틀 지우는, 한 사회의 지향점일 수는 없다. 그래서 경제성장이나 경제적 안락함이 자본주의와 동일시되고, 자본의 크기가 삶을 결정하는 준거로 작용하는 사회는 끝없는 갈등이 소용돌이치는 공간일 뿐이다. 그 속에서 우리는 자본의 모습에 일희일비하며, 물질과 욕망에 함몰되어 허덕이는 존재에 지나지 않을 것이다.

이 말이 경제성장이나 삶의 윤택함을 거부하는, 현실을 무시하는 주장은 아니다. 삶의 풍요로움과 윤택함을 원하는 것은 인간의 본성에 속한다. 그럼에도 거기에는 절제와 한계가 있을 수밖에 없다. 그러기에 인문학은 본성에 대한 반성과 절제, 본성과 현실 사이의 중재와 화해에 대해 성찰하는 것이다. 존재의 자리에 자본과 경제가 대신 자리할 때 위기가 생겨난다. 한 사회의 이념적 공허함과 논의의 피상성, 문제의 본질을 다루지 못하는 껍데기 학문은 결국 그 사회를 위험 사회로 함몰시킬 것이다. 이런 무이념의 맹목성과 우리의 문제를 우리의 눈과 능력으로, 바로 이 자리에서 성찰하려는 용기의 결핍이 우리 사회의 진정한 문제이다. 한 사회가 올바르게 기능하기 위해서는 그 공동체의 근본적인 방향과 이념 체계에 대한 진지한 논의가 필요하다. 그것을 위한 반성과 책임 있는 작업은 논쟁을 초래하겠지만 그런 갈등 없이 그 사회는 올바르게 서지 못한다.

조선의 성리학은 시대의 변화를 따르지 못했기에 구한말의 역사에서 보듯이 실패를 경험했다. 그럼에도 성리학은 500여 년을 조선이란 공동체를 유지해 온 규범과 이념으로 작동했다. 우리는 자본과 경쟁이란 의사 규범 외에 어떤 규범을 공유하는가? 인간이 경제적 동물이 아니라, 의미를 돌아보는 인간임은 누가 말하고 있는가? 인간이 인갑답게 살 수 있는 사회에 대해서는 누가 성찰하고 있는가? 성리학과 선비 문화가 파당과 족벌 체제로 귀결되어, 그들만의 집단 이기주의로 매몰되었을 때 조선의 민중은 억압받고, 그 삶은 부서지고 무너졌다. 그 끝이 마침내 식민지 지배와 극심한 수탈로 이어진 것은 우리가 되돌리기조차 싫은 지난 역사가 아니었던가.

현재를 성찰하는 지성의 중요성은 아무리 강조해도 지나치지 않다. 그런 지성을 다만 제도적 학문에서 찾으려는 것은 지식 사회를 대학이나 제도권으로 제한하려는 근대의 한계일 뿐이다. 오히려 이런 성찰적 작업을 전개하는 자리가 바로 인문학적 지성의 자리이며, 그런 작업을 실제로 행하는 이들이 인문학자다. 인문학은 대학을 중심으로 한 제도권에서 이뤄지고 있지만, 인문학은 거기에만 있는 것이 아니다. 현재를 이해하고 성찰함으로써 역사를 해석하고 미래를 현재에 가져와 결단하는 행위가 인문학 본연의 과제이다. 이에 근거해 인문학은 역사와 자연을, 문화와 예술을, 삶과 존재를 해석하고 거기에 의미를 부여한다. 인문학은 매 순간 위기를 감지하면서 그것을 넘어 그 이후의 위기를 경고한다. 인문학은 위기에 자리한다. 위기의 인문학이 무너질 때 위험이 싹튼다.

3. 감내와 극복의 노력

(1) 탈근대의 흐름

이런 문제의식에서 오늘날 철학은 근대성을 극복하기 위한 작업을 지향한다. 이것이 오늘날 널리 쓰이는 탈근대란 말에 담긴 사유의 동기이다. 이런 논의는 탈형이상학, 탈식민주의, 탈역사주의 등의 조류와 일정 부분 맥락을 함께 한다. 여기에는 서구 철학의 전통을 관통하는 이성 중심주의, 동일성의 원리와 주체의 철학, 인간중심주의에 대한 비판과 극복의 노력이 내포되어 있다. 이것은 단순히 근대를 비판한다는 정도의 의미가 아니다. 정치·사회적으로 그런 노력에는 억눌리며 자신의 목소리를 잃어버린 실재들이 드러내는 자기 주장이 담겨 있다.

근대성을 벗어나려는 움직임은 무엇보다 먼저 포스트모더니즘(postmodernism)에 의해 시작되었다. 그러나 포스트모더니즘이 근대와의 관계를 모호하게 표현하는 용어라면, 탈근대 담론은 근대성을 한편으로 감내하고 수용하면서도 한편으로 그 한계를 극복하는 새로운 철학적 원리가 필요하다는 문제의식을 담고 있다. 한국의 일부 인문학자들은 탈근대란 말을 포스트모더니즘에 대한 단순한 번역으로 사용하고 있지만 탈근대란 말은 이런 층위를 넘어선다. 그것은 유럽과 미국의 전통에서 이루어진 포스트모더니즘과는 달리 우리의 현재에서 비롯된 이중적인 근대 극복의 의미를 내포하고 있다. 그것은 근대에 대한 우리와 그들의 경험이 같지 않기 때문이며, 그에 따라 극복의 의미 역시 다르기 때문이다. 탈근대는 포스트모더니즘을 넘어 근대 이후의 사유를 지향한다. 이 말은 포스트모더니즘에 대한 단순한 번역어가 아니다.

이런 움직임은 무엇보다 먼저 인간을 자연과 실재의 주인으로 보았던 인간중심주의에 대한 반발에 따른 것이다. 이는 흑인 운동, 탈식민주의, 환경운동, 여성해방 운동 등과 같은 억압 구조에 대한 저항운동과 그 지반을 공유하고 있다. 여기에는 중심주의에 의해 소외되는 실재는 자신의 본래적 특성을 억압받고 있다는 인식이 담겨 있다.

이런 이해의 예를 환경문제와 연결해 생각해 볼 수 있다. 환경 철학은 단순히 생태계 오염의 문제가 아니라 소외되고 왜곡된 구조를 양산한 사유 체계를 문제시한다. 가장 기본적인 인간 조건인 자연 세계와 생활 세계라는 넓은 의미의 환경이 왜곡됨으로써 인간 또한 왜곡된다는 측면에서 자신의 올바른 모습을 구현하려는 노력이다. 이런 철학의 주된 방향은 궁극적으로 모든 '생명'에 대한 자각과 그들의 정당한 의미와 가치를 되찾으려는 생명철학을 지향한다. 타자를 포함한 모든 생명과 '더불어 함께' 살아가는 지평에서만이 인간과 자연 생명은 미래를 지닐 수 있다는 말이다.

그래서 탈근대적 맥락에서 이해된 환경문제는 환경을 이해하는 새로운 규범에 대한 노력으로 이어진다. 자연에는 자연의 원리(physis)가 있다면 인간의 삶에는 그래야만 하는 가치 척도와 규범(nomos)이 존재한다. 그것은 동서를 막론하고 인류의 시작부터 있어 왔던 보편적 사유이기도 하다. 여기서 규범을 일컫는 윤리는 일반적으로 이해하듯이 단순히 도덕적 덕목을 가리키는 말이 아니다. 윤리의 근본 의미는 인간과 자연 실재, 세계의 규준이 되는 척도를 정초하는 것이며, 인간이 맺는 그들과의 관계 설정을 뜻한다. 넓은 의미에서 인간이 삶에서 마주하게 되는 영역에서 형성되는 관계 일반을 가리킨다.

여기에는 환경과 생태계와의 관계에서 정립될 환경 윤리, 정보사회의 윤리, 의학 윤리와 생명 윤리는 물론, 기술 윤리와 경제 윤리 등이 포함될 수 있을 것이다. 이것은 궁극적으로는 그 모든 근원이 되는 인간성을 새롭게 정초할 때 가능하다. 이에 기초한 새로운 윤리성의 모색을 통해 더 이상 존재하지 않는 규범과 아직 형성되지 않은 규범, '더 이상 아니'와 '아직 아니' 사이에서 갈등을 겪는 현대인에게 새로운 규범을 통합적으로 제시할 수 있다. 이로써 우리는 탈근대성 논의가 어떤 흐름을 지니는지 이해할 수 있을 것이다.

(2) 탈형이상학의 시도

탈형이상학의 자리

서구의 전통적 사유 체계를 감내하면서 극복하려는 이중의 사유 노력을 탈형이상학(post-metaphysics)이라 한다. 이는 전통 형이상학의 틀을 넘어서는 '이후의 형이상학'이라는 뜻이다. 학문 체계들이 개별 대상에 대한 학적 작업을 수행한다면, 형이상학은 형태로 드러나는 대상을 넘어 그 모든 것의 근거와 원리가 되는 영역에 관계한다. 또한 영혼의 문제나 세계의 근거는 물론, 철학하는 인간의 능력으로서의 이성이나 그런 철학적 사유 체계 등에 관계하는 학문이다.

형이상학(metaphysics)은 자연적 영역(physis)을 넘어서(meta) 있는 분야를 다루는 아리스토텔레스의 저서에서 비롯된 이름이다. 그의 저서를 정리하던 안드로니코스(Andornicos von Rhodos)는 자연에 관계되는 학문(physica) 너머(meta)에 자리하는 'meta-physica' 부분을 지금과 같은 이름으로 규정했다. 동아시아에서는, 근대 철학의 수입과 함께 일본에서 수립된 학문 체계를 '형이상학'(形而上學)이라고 옮겼다. 이 말은 『주역』 "계사편"의 "형태를 넘어서는 것을 도라 하고, 형태에 (머물러) 있는 것을 물건이라 한다"(形而上者謂之道, 形而下者謂之器)라는 구절에서 유래한다. 형이상학은 형태를 넘어선 영역에 관계하는 학문이란 뜻이다. 하이데거는 『형이상학이란 무엇인가』에서 형이상학은 철학의 한 분과가 아니라 철학이 본질적으로 형이상학이라고 말한다. 철학은 형이상학적 영역에 관계하는 학문이거나 그것을 형이상학적으로 다루는 학문이다.

탈형이상학은 철학의 전통을 벗어난 전혀 새로운 어떤 형이상학을 의미하는 것이 아니다. 오히려 이 말은 합리주의적 전통과 그에 대한 극복으로 제시된 실존주의와 해체주의, 또한 오늘날 철학의 중요한 자산인 현상학, 해석학 등과 형이상학적 성과를 올바르게 수용하면서 이를 넘어서는 새로운 이해의 틀 전체를 의미한다. 근대의 사유 체계를 초월적으로 극복함으로써 창출해 낼 사유는 근대의 객체 중심의 인식론적 학문 체계를 넘어, 인간의 근원적 체험에 바탕하고, 이를 드러낼 수 있는 사유의 새로움을 지향한다.

　이 말은 1960년대 이후 이루어진 근대성 극복의 노력이 마침내 전통적 형이상학의 틀 전체에 대한 극복의 시도로 이어지면서 탄생했다. 하버마스는 최근 발간한 자신의 저서를 "형이상학 이후의 사유"(after-metaphysical thought)라 부르면서 이런 논의를 다루고 있다.[9] 이와는 별개로 니체와 하이데거 철학에 담긴 전통적인 유럽 형이상학에 대한 비판이 탈형이상학으로 개념화되고 있다. 최근 탈형이상학(post-metaphysics)은 단순히 형이상학 '이후'란 의미를 넘어 철학적 개념으로 정착되기에 이르렀다. 여기서 말하는 '탈'(post-)이란 말은 어떤 사유 체계 이후의 것(after-)이거나 단순히 반대(anti-)하는 차원을 넘어선 의미를 지닌다. 여기에는 근대나 형이상학과 같은 극복의 대상을 한편으로 감내하면서 그 본질적 특성을 이겨낸다는 의미가 담겨 있다. 다른 한편 그것을 넘어서 새로움으로 향하는 움직임, 즉 '초월적 극복'(trans-)이란 의미도 포함되어 있다. 탈형이상학은 전통 형이상학과 단순히 구분되는 형이상학을 가리키는 것이 아니며, 탈근대란 말 역시 근대에 대한 반대나 거부만을 의미하는 것이 아니라 그 이상의 의미를 드러내고자 하는 의도에 따른 표현이다.

　근대의 사유 체계를 초월적으로 극복함으로써 창출해 낼 사유는 인간의 근원적 체험에 바탕하며, 여기에 담긴 진리와 의미를 드러낼 수 있는 새로운 사유를 의미한다. 탈형이상학적 사유에 따르면 개별 학문에서 밝혀진 지식은 인간이 지닌 원형적 진리로부터 파생된 것이며, 그것에 의해서만 의미를 지닌다. 이런 근원적 진리는 서구 이성 중심의 학문과 철학이 아니라, 자연과의 통합적 실재를 간직하고 있는 예술과 신화의 세계, 또는 인간의 지성과 초월성이 함께 작용하는 영역에 자리한다. 현대 철학이 전통적인 인식론과 지식론의 근거로 작동하

---

9 위르겐 하버마스(2000), 『탈형이상학적 사유』(이진우 옮김, 문예출판사).

는 철학을 넘어서기 위해 이런 영역에 관심을 갖는 까닭도 바로 여기에 있다. 탈근대의 사유 노력은 객관적 지식의 근거가 되는 존재론적 진리, 신화의 세계에 담겨 있는 원초적 이해, 예술 행위에서 드러나는 존재론적 체험, 언어의 세계를 통해 드러나는 존재성의 의미 등에 주목하는 되는 결과를 낳게 되는 것이다.

탈형이상학과 존재 진리

여기서 말하는 탈형이상학은 존재론적 체험과 결단에 기반해 정립될 것이다. 그 실마리는 하이데거의 철학에서 찾을 수 있다. 하이데거는 객체적으로 있는 모든 사물을 존재자라 규정하고, 이런 존재자가 있다는 사실을 존재라고 말한다. 존재자는 자연과 세계 안에 객체적으로 있는 모든 것이며, 경험과 역사를 통해 주어지는 것이기도 하다. 철학에서 말하는 존재자란 있는 모든 사건과 물건을 전체적으로 일컫는 말이다. 이에 비해 존재란 이런 존재자가 그렇게 있다는 사건 자체를 가리킨다. 그래서 존재자와 존재는 의미론적으로 같지 않다. 이런 다름을 하이데거는 존재론적 차이라고 개념화한다.

우리가 접하는 존재자가 그렇게 있다는 사실이 바로 존재인 것이다. 그러나 존재는 존재자처럼 사물적으로 있는 것이 아니며, 존재자 편에서 볼 때는 마치 없는 것과도 같다. 그래서 하이데거는 존재를 차라리 없음(無)이라고까지 표현한다. 인간의 세계 이해와 존재자 해석은 먼저 존재자가 있다는 사실에 대한 이해, 즉 존재 이해에 근거해 이루어진다. 존재론적 이해는 사물적이며 객체적으로 자리한 존재자를 이해하는 터전이 되는 것이다. 이것을 여기서는 간략히 존재론적 의미 또는 존재 진리라고 부르기로 하자.

존재론적 의미는 언제나 현재의 실존적 인간에 의해 다르게 드러난다. 이런 존재 의미의 드러남을 '존재론적 체험'이라 하며, 이 존재 의미를 드러내는 실존적 인간의 결단을 일컬어 '존재론적 결단'이라 한다. 존재자가 지니는 존재론적 의미는 이런 존재론적 체험과 결단이라는 지평을 필요로 한다. 그러기에 이런 지평에 관계하는 학문은 존재론이며, 그에 따라 이루어지는 해석학을 여타의 해석학적 경향과 구별해 존재론적 해석학이라 한다.

하이데거에 따르면 진리는 사물적인 존재자에 대한 지식을 넘어서는 존재 의미에 관계할 때 올바르게 제시된다. 진리는 사물에 대한 지식과 함께, 그것의 근거가 되는 가장 근원적인 사건에 대한 이해를 요구한다. 프랑크(Manfred Frank) 같은 철학자는 이런 하이데거의 진리 이해를 진리 1과 진리 2로 구분해 정리하고 있다. 진리 1이란 사물적 존재자의 지식을 말하고, 진리 2는 그 존재의 이해에 자리한 진리를 가리킨다. 진리 1은 진리 2에 근거해 자신의 진리성을 인정받는다.[10] 이런 관점에 따르면 인문학을 비롯한 모든 학문은 존재론적 이해와 의미를 이야기하는 존재론에 근거해야 올바르게 정립될 수 있으며, 학적인 정당성을 보증받게 된다.

존재론에 관계하는 형이상학의 새로운 이해는 곧 진리 이해의 새로움을 의미하기에, 탈형이상학은 존재론적 진리, 생명체로서의 인간이 지닌 근원적 진리를 드러낼 수 있는 사유에 관계하며, 그것을 틀 짓는 체계로 드러난다. 그 형이상학은 우리의 현재에서 드러나는 근원성과 초월성을 감지하고 이해하는 사유의 새로움이다. 탈형이상학은 근원적 진리를 사유하는 것이며, 여기에 근거해 인간의 지적 활동과 지식이 올바른 의미를 지닐 수 있을 것이다. 그러기에 이런 맥락에서 주어지는 탈형이상학은 인류의 원형적 진리와 근원적 진리를 이해하면서, 현재를 해석하는 사유틀로서의 형이상학을 의미한다.

이와 같은 탈형이상학적 이해에 따른 새로운 진리론은 결코 이제껏 모르던 것을 지금에 와서야 알게 되었다는 오만에 찬 선언은 아니다. 그것은, 진리 이해는 물론 인간의 이해와 해석의 행위가 언제나 존재론적 의미 지평에서 이루

---

10 Manfred Frank(1994), *Einführung in die frühromantische Ästhetik*, Frankfurt/M.

어진다는 뜻이다. 그 지평을 시간성과 현존성 등으로 이해할 때, 진리 이해의 지평은 이에 따라 매 순간 새롭게 정립된다. 현존성이란 인간이 실존하면서 이해하는 구체적인 현재의 특성, 지금·여기의 의미론적 특성을 말한다. 그래서 시간과 존재의 현재성이 진리 이해의 지평이며 그에 따라 진리는 새롭게 이해되는 것이다. 이런 관점에서 진리가 영원하며, 시간을 넘어 불변해야 한다는 생각은 플라톤적 철학에 따른 전통 형이상학의 사유 체계라고 말하는 것이다.

이런 이해의 변화를 위해 무엇보다 중요한 것은 이를 이루어 가는 인간의 지성적 능력이다. 그러기에 현재의 인문학을 위해서는 서구의 이성 개념을 넘어서는 새로운 이성 이해, 인간의 존재 전체와 관계하는 이성 개념의 전환이 필요해진다. 이를 통해 인간의 이해와 해석 체계는 전통적 사유를 넘어 새롭게 정립될 것이기 때문이다.

여기에는 근대적 관점에서 이성과 감성, 정신과 마음을 구분하는 이분법의 문제가 존재한다. 학문을 이루어 가는 인간의 지성은 이성뿐만 아니라 감성까지도 결합된 그 이상의 개념이다. 그것은 고대 철학에서 말하는 지성(nous) 개념과 함께, 동아시아 전통에서 강조해 오던 천명을 내재화한 인간의 본성(性)에 기초해 이루어지는 것이다. 탈형이상학의 시도는 이성 이해의 전환 없이는 불가능하다. 어떤 형태로 드러나든 형이상학이라 불리는 체계는 인간의 초월적 영역에 대한 이해에 관계하기에 초월성을 이해할 이성 이해의 정립과 함께하기 때문이다. 현재의 인문학이 자리할 지평으로서의 형이상학은 근대적 체계와 근대적 이성 개념을 벗어날 때 가능하기에 그것을 탈형이상학이라 부르는 것이다.

(3) 이성 이해의 새로움

이성 이해의 역사

탈근대의 철학은 진리와 이성 이해의 새로운 사유틀을 모색하고 전통적 형이상학을 넘어서는 새로운 형이상학 이해를 시도하고 있다. 서양철학의 가장 중요한 주제 가운데 하나인 이성 이해는 새로운 형이상학적 시도에서도 가장 중요한 주제인 것이 사실이다. 그것은 철학의 가장 중요한 주제인 진리와 이성 이해에 대한 새로운 해석틀의 정립을 의미한다. 그리스철학은 헤라클레이토스(Herakleitos)에서 보듯이 그 시작에서부터 'logos'라는 원리를 세계의 근거로 설정하고 이것을 이해할 인간의 지성적 능력을 '로고스'에서 분화된 것, '지성'(nous)이라 규정했다. 플라톤의 철학은 로고스를 세계의 근거일 뿐 아니라, 인간의 존재와 이해 체계에 이르기까지 중심적 개념으로 규정했다.

고대 그리스철학이 로고스에 의한 철학이며, 로고스에 대한 이해의 철학이었음은 신약성서에서도 잘 드러난다. 신약성서의 요한복음서는 기원후 약 100여 년경에 쓰인 것으로 추정된다. 여기서 당시 헬레니즘 문화권에서 그리스도교의 교의를 적합하게 드러내고자 했던 복음서 저자는 그들의 신, 하느님의 아들 예수 그리스도를 로고스와 동일시하는 주장을 펼친다. 요한복음 1장 1절은 이렇게 말한다. "태초에 로고스가 있었다. 로고스는 하느님과 함께 있었으며, 그가 곧 하느님이다." 로고스를 하느님의 말씀이며, 창조된 세계의 근거이자 주인이며, 인간이 지닌 신적 본성으로, 인간이 된 그리스도교의 신으로 바꾸어 옮김으로써 원시 그리스도교는 당시의 철학적 사유에 뿌리내리고자 했던 것이다.

이후의 그리스철학과 중세의 신적 이성 개념을 거쳐 근대 철학에 이르러 인간의 인식 능력의 근거를 이성에서 찾게 된다. 합리주의 철학과 경험주의 철학을 종합한 칸트에서 보듯이 이성 개념은, 인식론적 이성과 오성 개념, 헤겔의 절대 정신에 이르기까지 근대의 인식 이성과 합리성의 근거로 작동하게 되었다. 철학사에서도 잘 알 수 있듯이, 어떻게 규정하든 이성은 유럽 철학에서는 가장 중요한 개념이라 할 수 있다. 예를 들어 칸트는 형이상학을 새롭게 설정하려는 노력을 이성에 대한 반성에서부터 시작한다. 칸트에 따르면, 한때는 모든 학문의 여왕으로 군림했던 형이상학이 이제는 온갖 멸시를 받으며 내쫓기고 버림받은 늙은 왕비 헤쿠바와 같은 처지에 놓이게 되었다. 그는 지금 필요한 것은 그 형이상학의 새로운 근거를 마련하는 철학적 행위라고 말하며, 이것은 이성과 인식의 한계를 밝히는 작업에 의해 가능하다고 한다. 칸트 철학의 중심 저작인 『순수이성비판』은 이런 사유 노력을 담고 있다.[11]

한편, 자크 데리다(Jacques Derrida)는 유럽 철학사 전부를 이성 중심주의(logocentrism)로 규정했다. 독일 철학자 벨쉬(Wolfgang Welsch)는 이성 개념을 해명하면서, 헤겔 이후의 수많은 이성 비판과 이성 이해의 모형을 비판적으로 검토하고 있다. 이를 통해 그는 포스트모더니즘 이후의 철학적 상황에서 가능한 이성에 대한 새로운 개념적 이해를 모색한다. 그 개념을 벨쉬는 다양한 원리를 통합하는 것이 아니라, 그 개별적 원리를 유지하면서 동시에 "가로지르는 이성"(transversale Vernunft)으로 제시하고 있다.[12]

오늘날 유럽 철학의 인식 이성, 정신의 능력으로 축소되어 이해된 이성 개념을 넘어서려는 움직임 가운데 하나가 감성과 영성 개념을 복구하려는 움직임이다. 이런 이해를 통해 이성 개념을 보완하려는 것이다. 예를 들어, 구체적인 '몸'의 발견에 따라 철학의 논의를 전개하려는 경향이 그 하나의 모습니다. 이른바 몸의 현상학을 말하는 철학적 흐름이다. 그런 경향은 우리가 현재 접하고 있는 구체성, 구체적 현실과 몸으로 직접 마주하는 느낌을 중심에 두면서, 그로부터 얻을 수 있는 지성적 능력을 개념화하려는 노력이다.

11 임마누엘 칸트(2006), 『순수이성비판』(백종현 옮김, 아카넷).
12 Wolfgang Welsch(1996), *Vernunft*, Frankfurt/M.

인문학적 이해와 해석의 틀은 이성에 대한 이해의 전환과 함께한다. 근대성에 의해 정형화된 이성 중심주의에 대한 극복은 '또 다른 이성'에 의해 제시되는 것이 아니라, 망각되어 왔던 '이성의 다른 부분'을 긍정함으로써만 가능할 것이다. 그것은 학적 이성, 서구 근대의 인식 이성과는 다른 새로운 이성을 의미하는 것이 아니다. 오히려 이런 이성 이해에 의해 망각되고 감추어져 왔던, 이성에 내재한 또 다른 부분을 회복하는 작업을 의미한다. 그러기에 그것은 다른 이성(the another reason)이 아니라, 이성의 다름(the others of reason)을 가리키는 것이다. 철학이 이해했고 개념화했던 이런 이성을 넘어서는 어떤 다른 이성이 존재한다고 말하기는 힘들다. 오히려 이런 이성 이해의 역사에서, 특히 근대에 이르러 일의적으로 규정된 인식 이성에 의해 망각되었던 이성의 다른 부분을 다시금 드러내고 개념화하는 작업을 의미한다.

예를 들어 근대의 이성은 사물과 현상을 이해하는 인식 이성과 합리성으로 규정된 이성의 일면성을 주장한다. 그러나 사물과 사건에서 느끼는 감수성이나 타자로부터 느끼는 동감과 연민, 초월적이며 미래적인 사건을 감지하는 느낌들은 근대 이성에 의해 은폐되어 왔다. 근대 이성 이외의 것들, 생명성이나 존재성 또는 영성(spirituality)이나 초월성(transcendentality) 등의 내적 특성들은 인간의 지성적 능력 전부를 의미하는 것이다. 감성이나 영성, 초월성을 인간의 주관적인 측면에 관계되는 것으로 이해해, 인식 이성에서 배제한 것은 명백히 한계를 지닌다.[13] 오늘날 철학과 진화 심리학, 뇌과학 등은 이성 역시 인간의 전체적인 생명체적 조건에서 작동하는 총체적 능력임을 주장하고 있다.

이런 철학적 이해는 현대 과학에서도 나타난다. 뇌과학과 진화 심리학을 연구하는 다마지오(Antonio Damasio)는 인간을 몸과 정신으로 구분하고, 정신

---

13 마이클 폴라니(2001), 『개인적 지식 : 후기 비판적 철학을 향해』(표재명·김봉미 옮김, 아카넷).

의 실체를 이성으로 간주한 데카르트의 이원론적 철학을 오류라고 반박하고 있다.[14] 나아가 살아 있는 생명체로서 인간이 생존을 위한 필요에서 느낌과 정서를 포함하는 감정을 진화시켰다고 주장한다. 다마지오는 스피노자(Benedict de Spinoza)의 『에티카』(*Ethica*)에 나타나는 명제 '코나투스'(conatus) 개념을 진화 생물학적으로 정당화하고 있다.[15] 감정은 살아 있는 생명체로서 인간의 생존을 위해 필요한 감각적 사실이다. 이성이라 불리는 지적 능력은 이렇게 촉발된 감정을 통해서만 기능하며, 감정의 영역과 상충될 때 올바르게 작동하지 못한다. 인간존재에 진리로 다가오는 것은 순수한 이성 자체가 아니라 감성과 일치하고 그에 의해 유도된 이성에 따를 때 가능하다. 순수이성은 개념적으로는 가능하지만 인간이라는 생명체적 조건에서는 불가능하다.

다마지오가 진화 생물학적으로 정당화하려 한 '코나투스' 개념은 스피노자의 『에티카』로부터 빌려온 것이다. 스피노자는 이 책을 1677년 『기하학적 질서에 따라 증명된 윤리학』이란 이름으로 발표했다. 5부로 나누어진 이 책은 신과 영혼, 감정과 인간의 정열과 지성적 힘 및 자유에 관한 내용을 다루고 있다. 여기서 코나투스 개념은 각 존재가 자신을 보존하기 위해 기울이는 자기보존의 활동을 의미한다. 이성은 이 '코나투스'에 의해 올바르게 기능한다. 심지어 정서와 느낌 없이는 학문과 예술은 물론 윤리조차 불가능하다. 그래서 다마지오는 정서와 느낌이 없다면 지적 구성은 지금과 전혀 다르게 형성되었을 것이라고 말한다. 인문학은 "신경 생물학 간의 통합된 지식을 근거"로 해서 형성되어야 할 새로운 물결의 연구가 되어야 한다고 말한다. 이처럼 우리는 인간의 감정이나 그 외 생명체적 조건을 벗어난 순수 객관적인 이성이 존재하리란 생각은 합리주의의 잘못된 이해에 지나지 않는다고 말해야 할 것이다.

---

14 안토니오 다마지오(1999), 『데카르트의 오류』(김린 옮김, 중앙문화사).
15 안토니오 다마지오(2007), 『스피노자의 뇌』(임지원 옮김, 사이언스북스), 48, 187-188쪽.

이성은 인간의 모든 생명체적 조건과 상호작용하면서 이루어지며, 그렇게 주어진 상황에 근거해 작동하는 합리성을 의미한다. 그러기에 생명체적 조건에 근거한 인간의 이성을 근대 철학이 규정한 인식 이성을 넘어서는 존재론적 이성이라 한다.[16] 그것은 과학으로서의 학문하는 지적 능력이나 객관적인 추론의 능력을 넘어서는 것, 생명체로서의 인간이 지니는 지성적 능력을 의미한다. 그런 지성은 성찰적이며, 이해와 해석에 관계하는 인간존재의 총체적인 지성을 의미하는 것이다. 인문학은 이런 의미에서의 존재론적 이성에 근거해 이루어진다. 그것은 객관적 인식 능력이나 추론적 지적 능력, 훈련받은 전문성에서 유래하는 이성 이상의 것이다.

---

16 이런 맥락에서 중세철학에서 이유(ratio)를 존재의 이유(ratio essendi)와 인식의 이유(ratio cognoscendi)로 구분한다. 존재의 이유를 사유할 수 있음과 인식의 이유를 알게 됨은 다른 층위에서 가능할 것이다.

2장
학문이란
무엇인가

1. 학문의 의미와 역사

(1) 학문의 자리

학문의 얼굴

유가 철학은 인간의 길을, 궁극적으로 "하늘의 명"을 알고, 이를 본받아 실현하며, 그에 따라 가르치는 과정(天命之謂性 率性之謂道 修道之謂敎)으로 이해한다. 그래서 성리학에서는 사물의 이치를 궁구하는 지식(致知格物)을 토대로 자신의 본성을 닦아 가며 하늘이 명(天命)한 것, 성(性)을 이해하는 과정으로 학문을 규정했다. 주자는 배우고 묻는 행위인 학(學)을, 일차적으로 이런 원리를 모방하고(效), 자기 자신에게 내재화시키며(習), 마침내 깨달음(覺)에 이르는 길이라고 말했다.[1] 학문은 근본적으로 사물에 대한 앎을 깨닫고 이를 통해 궁극적 이치와 일치하는 행위로 이해된다.

우리는 현재 서구 근대에 의해 성립된 실체(實體)론적 문화 이해 안에 자리

---

1 朱熹(1189), 『四書集註 : 中庸章句』, 1장.

하고 있다.[2] 그것은 존재하는 모든 것을 사물적으로 이해하는 관점을 의미한다. 또한 현재는 자본주의와 과학주의의 원리가 진리의 준거점으로 작동하는 시기이다. 이 시대는 전통 형이상학 체계를 넘어서 있는 것은 물론, 근대성이 과잉으로 치달음으로써 근대의 기획 자체가 이중적으로 기능하고 있다. 그것은 근대성 자체가 이런 특성을 지닌 채 이루어진 것이 아니라, 근대가 극단으로 작동할 때 이루어지는 변증법적 특성을 드러내는 것으로 이해할 수 있다.

예를 들어 근대 초기에 학문론을 정립하고자 했던 피히테(Johann Gottlieb Fichte)는, 인간의 궁극적인 목적이 비이성적인 것을 종속시키고, 고유의 법칙에 따라 이 모두를 자유롭게 지배하는 데 있다고 생각했다. 이로써 학문은 사물의 고유한 법칙을 자신과 일치시키며 실천적인 개념에 상응하게 된다. 그것은 인간이 지닌 선한 의지를 따르는 길이다. 학문은 이런 최종 목적을 달성하기 위해 필요한 것이다. 그래서 "자신의 인격을 도야하고, 인류를 드높이지" 못하는 학문은 쓸모가 없다고 말한다.[3] 이처럼 그의 학문 이해에서 후기 근대의 과도함을 찾아보기란 힘들다.

그러나 후기 근대에 이르러 이런 이해는 일면적으로 작동하기에 이르렀다. 시대는 변했고, 전통은 점차 멀어져 갔다. 근대성의 체계인 자본주의와 과학·기술주의에 의해 우리 시대에 존재나 초월의 영역은 점차 배제되기에 이르렀

---

2 서구 철학의 전통은 실체론적 특성을 지닌다. 초기의 학문이 이미 자연과 존재하는 모든 것을 이루는 근원적 원리(arche)를 궁극의 입자처럼 이해하면서 이런 이해는 결정되었다고 말해도 지나치지 않을 것이다. 이후 아리스토텔레스는 플라톤과 달리 실재하는 개별 사물에 내재하는 본질적 요소를 우시아(ousia)라 불렀으며, 이 말이 라틴어 'substantia', 즉 실체로 번역되었다. 개념사를 통해 달리 이해되었지만, 서구 철학을 이루는 근본적 이해 모형임에는 틀림이 없다. 예를 들어 데카르트는 신적인 실체만이 존재하지만, 그럼에도 존재하는 개별 사물의 근거인 사유하는 실체(res cogitans)와 연장의 실체(res extensa)를 인정하기도 한다. 인간은 사유의 실체와 물질적인 연장의 실체가 결합된 존재이다. 요약하면 모든 사물의 근거에 자립하면서 그 사물을 이루는 본질적인 것으로 이해할 수 있다.

3 Johann Gottlieb Fichte(1971), *Einige Vorlesungen über die Bestimmung des Gelehrten*, Berlin, S. 299.

다. 영원한 진리, 도(道), 구도의 삶 따위의 말은 자본과 과학·기술의 논리에 내몰려 박제된 골동품처럼 남아 있을 뿐이다. 오늘날 학문의 얼굴은 반쪽으로 남아 있다. 후기 근대를 사는 지금 학문은 진리를 깨닫고 실천하는 것과는 별개로, 객체적 사물에 대한 지식을 통해 사물을 파악하고, 이를 통해 사물을 장악하는 힘으로 작동할 뿐이다. 이제 존재와 존재의 자리인 현재를 성찰하고 시대정신을 해석하는 학문의 자리는 어디에서도 찾아볼 수 없게 되었다. 도대체 이런 질문 자체가 제기되고 있기나 한 것일까.

학문이 처한 현실이 이런데도 불구하고, 학문을 생각하는 우리는 여전히 지나간 시대의 낡은 사유 구조에 머물러 있는 듯하다. 학문이 단지 실용성과 유용성만 추구하며, 학문의 영역이 객체적 사물, 즉 사건(事件)과 사물(物件)의 세계에만 국한될 때 학문의 주체인 인간과 인간의 생활 세계인 문화 전체는 의미 상실에 빠져 허덕이게 된다. 학문의 현재는 존재론적 진리가 사라지고 다만 존재자적 지식, 사물에 대한 지식만이 실용성의 이름으로 범람하는 모습으로 나타난다.

이런 이해는 실증주의와 실용주의적 지식 이해에 근거해 있다. 실증주의(positivism)는 감각적 경험에 직접 주어져 있는 것, 즉 사실적으로 존재하는 대상에 대한 검증 가능한 지식만을 타당하게 인정한다. 이제 존재 진리를 말하는 형이상학은 부정되고, 철학의 목적은 실증적 지식을 위한 체계로, 그것을 위한 논리 분석의 차원에 머무르게 된다. 비트겐슈타인(Ludwig Wittgenstein)의 말처럼 "말할 수 없는 것에 대해서는 침묵"해야 한다.[4] 철학적 실용주의(pragmatism)에서 지식이란 실재에 적용 가능한 것이어야 하며, 현실에서 필요로 하는 실제적 결과를 이끌어 낼 수 있을 때에만 가치가 있다. 진리는 이런 검증 과정에서 타당성을 인정받게 된다. 철학은 자본주의와 과학·기술주의의 틈새를 메

---

4 Ludwig Wittgenstein(1963), *Tractatus logico-philosophicus*, 7, Frankfurt/M, S. 115.

우는 여분의 것이 된다. 미국의 신실용주의 철학자 로티는 철학의 종말을 외친다. 철학이 종말에 이른 곳에서 진리는 결국 자유주의적 가치관에 따라 합의되는 우연적인 결정의 구성체일 뿐이다.

이럴 때 진리에 대한 초심과 그 이상의 것에 대한 염원, 사람에 대한 믿음이 자리할 그런 성찰적 지식은 삶의 부과물이 될 뿐이다. 그런 것들은 다만 물(物)과 명(名)에 대한 욕심을 치장하는 화장(化粧)에 지나지 않게 된다. 그래서 학문은 단지 고전적인 틀 안에서 빛바랜 왕관처럼 우리를 위안하고 있으며, 지식인들은 이를 수단적 가치로 삼아 현실에서의 욕망을 부풀리고 있는 것이다. 현재를 성찰하는 학문의 열정 따위는 철 지난 노래에 지나지 않게 되었다. 인문학 역시 경제 패러다임의 빈 공간을 채우는 여분의 것이 되었다. 오늘날 거론되는 '희망의 인문학'이 소외된 이들에게 다만 그 자리에서의 위로를 주는 데 그친다면, 이것은 마치 '민중의 아편'처럼 작동하게 될 것이다. 이런 냉소적인 눈길이 아니더라도 지금 이 시대 지식의 의미와 내용, 지식 체계로서의 학문의 틀이 변했음은 우리 모두가 인정하는 사실이다. 이 시대 다시금 지식이란 무엇이며 지식을 찾는 틀로서의 학문이란 무엇인지 물어야 하지 않는가. 학문이 여전히 진리와 의미, 깨달음과 자기실현이란 말과 관련된다면 이 과제는 우리 학문의 핵심이 될 수밖에 없을 것이다.

시대의 변화와 학문

새로운 시대, 시대의 변화에 직면했을 때 수많은 학자들은 자신의 시대를 이해할 새로운 학문의 틀에 대해 고뇌했다. 소피스트의 시대에 플라톤과 아리스토텔레스는 입신을 위한 변론적 지식이 아니라 참된 지식을 추구했으며, 근대가 시작될 때 데카르트는 지식의 확실한 근거가 무엇인지 물었다. 방법론적 회의와 명석판명한 인식을 위한 데카르트의 노력은 근대의 철학을 성립시켰다.

계몽의 시대에 비코(Giambattista Vico) 역시 일면적 이성의 학문에 반해『새로운 학문』(Scienza Nouva, 1774)을 집필했다. 이에 비해 칸트는『순수이성비판』(Kritik der reinen Vernunft, 1781)을 통해 이성의 범위와 한계를 밝힘으로써 선험철학의 가능성과 새로운 형이상학을 위한 지평을 논구했으며, 심리학주의가 지식을 상대화하고 왜곡한다고 판단한 후설(Edmund Husserl)은『유럽 학문의 위기와 선험적 현상학』(Die Krisis der europaischen Wissenschaften und transzendentale Phanomenologie, 1936)을 비롯한 여러 저서를 통해 새로운 학문의 가능성을 타진한다. 여기서 현대 학문의 중요한 경향 가운데 하나인 현상학이 엄밀한 학문이란 이름으로 큰 영향력을 행사하게 된 것이다.

근대가 시작할 무렵 고·중세적 학문 체계를 넘어설 필요를 절감하던 베이컨(Francis Bacon)은『신기관』(Novum oranum, 1680)을 집필해 이에 걸맞은 학문 체계를 시도했다. 이 책은 그 이전의 학문 체계가 기반해 있던 아리스토텔레스의『학문론』(Organon)에 비해 새로운 학문 체계란 의미를 담고 있다. 이런 예는 자신의 시대를 변화로, 새로운 시대로 이해한 학자들에서는 거의 공통적으로 발견된다. 피히테와 베버(Max Weber)의 작업도 이런 관점에서 이해할 수 있다. 또한 근대의 학문 체계가 근거한 플라톤 철학을 비판한 니체(Fridrich Nietzsche)는『즐거운 학문』(Die fröhliche Wissenschaft, 1887)을 집필했으며, 사물에 대한 인식론 중심의 근대 철학을 비판한 하이데거의 철학은 존재론의 사유를 철학의 본 모습으로 드러내고자 했던 학문적 노력이었다.

새로운 세계 이해를 말하기 위해서는 언제나 그에 상응하는 학문의 의미를 반성하고 그 체계에 대해 해명하는 작업이 요구된다. 서구 근대의 학문틀을 해체하려는 일련의 노력이 그 문제의식의 정당함에도 불구하고 어떤 설득력 있는 대안을 제시하지 못한 것은 그에 상응하는 학문 해석학을 정립하지 못했기 때문이다. 이 시대 우리에게 필요한 것은 변화된 실재를 읽어 낼 새로운 지식 체계와 그에 기반한 학문의 틀을 해명하는 작업이다.

조건 지워진 범위에서 일반적이며 논증 가능한 형태를 갖춘, 사태에 대한 학문과 형이상학적인 의미와 태도 결단에 관계되는 학문은 분명 같지 않다. 그것은 대상과 방법론에서, 지성의 매개 과정과 추론에서는 물론, 그 내용과 의미에서도 다른 지평에 속한다. 객관적 지식은 우리 삶의 구체적 문제에 어떤 실제적인 필요를 충족시킨다. 그럼에도 그것은 총체적인 존재 의미에 의해 그 가치와 타당성을 보증받는다. 그래서 우리는 개별적인 지식과 의미 전체에 관계하는 학문, 존재하는 사물의 층위와 그 근거인 존재론적 층위, 그에 따른 지식과 진리를 추구하는 과정에 따라 학문을 달리 이해하게 된다. 사물에 대한 객관적 지식은 이런 전체적 지평 안에서 의미를 지니게 될 것이며, 존재론 역시 개별 지식의 타당성을 무시할 때 올바르게 자리할 수 없게 된다.

실증적 층위에서 이해되는 학문과 의미론의 층위에서 이해되는 학문, 또는 자연과학적이거나 격물치지(格物致知)론적인 학문은 지식의 형태에 따라 구별된다. 사태에 대한 객관적 지식과 진리 자체의 층위와는 별개로 학문은 묻고 답해 가는 과정, 참된 지식의 추구, 진리 전체와 연관된다는 점에서는 공통점을 지닌다. 지식에 따른 학문의 다른 층위와 성격 규정, 학문의 의미 해명은 궁극적으로 이런 작업을 수행하는 인간의 총체적 삶, 존재와 역사적 지평, 현존과 지향성 전부를 포괄하는 가운데 이루어질 것이다. 그래서 학문은 인간의 자기 이해와 밀접히 연관된다. 인간의 자기 이해란 특성에 비추어볼 때 학문은 과정의 것, 길 위에 있는 어떤 체계로 이해된다. 학문은 언제나 과정의 것이기에, 완결된 학문이란 존재하지 않는다. 지식과 학문 이해는 존재 이해의 변화와 함께한다. 학문의 역사는 철학의 역사와 더불어 변화하면서 이해와 해석의 틀로서 새롭게 정립된다.

(2) 학문의 정의

학문 이해의 역사

어원적으로 학문이란 말은 그리스어 'episteme'(ἐπιστήμη), 라틴어 'scientia'에서 유래한다. 그것은 일차적으로 사물에 대한 지식을 의미한다. 지식을 사물 존재자에 대한 객관적 앎으로 이해한다는 말은 지식이 객체적 사물을 보고 아는 것, 그것을 감각 기관으로 인식하는 데서 이루어진다는 이해를 담고 있다. 독일어의 예에서 알 수 있듯이 지식(Wissenschaft)은 '보다'(veid-)는 말에서 유래한다. 그 어원이 되는 'veid-'는 라틴어 'videre'와 그리스어 'idein'(ἰδεῖν)의 의미에서 알 수 있듯이 무엇을 바라보는 행위를 가리키며, 이는 지식이 그 사물을 인지하는 데서 생긴다는 의미를 지닌다. 지식은 감각적 인식, 바라보는 행위에서 시작된다.

학문 논의는 그리스철학에서는 사물에 대한 지식과 함께, 지식을 얻을 수 있는 능력과 가능성, 지식의 타당성 근거 등과 연관되어 이루어졌다. 이와 함께 지식은 무엇을 믿고 그 의미를 아는 것이라는 맥락에서 인간의 존재적 특성으로 이해되기도 한다. 플라톤은 지식(ἐπιστήμη)과 견해(δόξα), 믿음(πίστις)을 구분했다.[5] 견해와 믿음은 그 진실성을 자체로 보증받지 못한다. 견해는 잘못될 수 있지만, 지식은 참인 것을 보증한다. 견해와 믿음은 잘못될 수 있기에 그 자신을 넘어 영원불변한 지식으로 이어져야 한다. 플라톤은 지혜를 사랑하는 학문적 행위는 여기에 있다고 생각했다.

아리스토텔레스 역시 학적 인식을 "보편적이며 필연적인 사물에 대한 참된 판단"으로 보고 이를 위한 지성의 과정으로 학문을 이해했다. 그러면서도 이런 학적 행위는 "논증의 결론과 근본 명제 위에 자리"한다고 생각했다.[6] 학

---

5 Plato, *Politeia*, 477 b-e.

문적 인식과 실천적 지혜, 직관적 지성은 구분된다. 사물에 대한 지식은 존재
론적 바라봄(theoria)의 학문과는 구분된다. 이처럼 의미론적 지식 체계와는 별
도로 사물적 존재자에 대한 체계적 학문을 시작한 것은 아리스토텔레스의 공
로이다.[7] 아리스토텔레스의 학문 체계는 근대적 의미에서의 학문 체계의 전범
으로 간주할 수 있다. 근대에 이르러 자연과학이 성립하기까지 그의 학문 체
계는 학문의 모든 것이었다. 비록 근대의 자연과학이 성립되면서 자연과학이
지식을 이해하는 새로운 방법론으로 대두되었지만, 여전히 아리스토텔레스의
학문 체계는 지식 체계의 원형으로 남아 있었다. 이런 관점에서 라파엘로의
벽화 〈아테네 학당〉은 매우 상징적이다. 여기서 플라톤은 이데아에 대해 설명
하듯 손가락으로 하늘을 가리키며, 아리스토텔레스는 현실의 사물을 설명하
듯 땅을 가리키고 있다. 플라톤은 존재자의 세계를 '이데아'(Idea) 세계가 모사
(mimesis)된 것으로 생각해 이데아 세계의 영원성에 진리의 근거를 두었다. 이
와는 달리 아리스토텔레스는 학문을 현재의 세계에서 접하게 되는 존재자들
의 궁극적 원인에 대한 해명으로서 정립했다.

　　학문 체계에 미친 아리스토텔레스의 공로는 절대적이라고 말해도 좋을 것
이다. 아리스토텔레스의 동일률과 모순율 같은 추론 형식과 삼단논법 같은 논
리학, 범주론 등은 진리 명제를 추론하는 방법론으로 오늘날에도 여전히 유효
하다. 그뿐만 아니라 그는 지식과 지식을 얻는 학문을 체계적으로 구분해 범
주화했다. 삼단논법(syllogism)과 범주론, 명제와 개념에 대한 정리 등은 그 시

---

6 Aristoteles, *Metaphysica* I, 980a 21 ff.

7 그의 저작에는 범주론, 명제론, 분석론, 궤변론을 다루는 논리학 저작인 『학문론』(*Organon*)과 『자
　연학』(*Physica*), 『천체론』(*De ceolo*), 동물론, 『기상론』(*Meteorologica*), 『영혼론』(*De
　Anima*) 등의 자연과학적 저작, 『니코마코스 윤리학』(*Ethica Nicomachos*), 『정치학』(*Politica*)
　등의 윤리·정치적 저작, 『수사학』(*Ars rhetorica*), 『시학』(*Poetica*) 등 언어학적 저작, 그리고 형
　이상학과 관련된 *Physica auscultatio*와 『형이상학』(*Metaphysica*) 등이 있다. 이런 학문 체계는
　오늘날에도 여전히 유효하게 작동한다.

대에는 물론 오늘날까지도 여전히 유효한 방법론적 학문이다. 그 외에도 그는 자연 사물에 대한 관찰을 중심으로 한 학문(physica)과 인간의 삶에 관계되는 정치학과 윤리학, 시학(詩學)과 언어학은 물론 자연 사물의 영역을 넘어서는 그 이상의 세계에 대한 학문인 형이상학(meta-physics) 등 여러 학문을 체계화했다. 아리스토텔레스의 철학에는 전통과 경험, 사유라는 세 가지가 중요한 요소로 작용하고 있다. 그 철학은 "현실을 적절히 파악하는 철학적 인식을 통해 인간에 내재한 신적 정신과 실제 세계가 하나가 될 수 있다는 확신"을 표현한 것이라고 말할 수 있다.[8] 그것은 학문 체계를 철학과 예술, 인문학과 자연과학으로 범주화한 것이다.

근대에 이르러 칸트 역시 확실성을 기준으로 지식과 믿음, 의견을 구분했다. 이에 따르면, 지식은 사실의 문제(quid facti)와 타당성의 문제(quid juris)에 관계되는 두 영역에서 이루어지며, 그러기에 믿음이나 의견과 구분된다.[9] 지식은 이미 플라톤 이전부터 사물에 대한 '앎'만을 의미하지 않고, 앎을 얻을 수 있는 능력과 가능성은 물론 앎의 타당성에 대한 근거에 관한 것으로까지 확대되어 규정되었다.[10]

칸트에 따르면 학문은 "개별 분야에 대한 특수화된 특성 규정과 근거 정립에 대한 진술 전체", 그 대상 일반을 인식하는 보편적 체계를 가리킨다. 그는 학문의 근거로서 형이상학을 새롭게 정립하려 노력한 사람으로도 유명하다. 앞에서 보았듯이 『순수이성비판』에서 칸트는 그 시대의 형이상학을 한때 만학의 여왕이었지만 이제는 쫓겨난, 늙고 추한 트로이의 왕비 헤쿠바에 비유하고 있다.[11] 이것이 그가 살아가던 당시 형이상학의 모습이었던 것이다. 그래서

---

8 장 마리 장브(2004), 『학문의 정신 아리스토텔레스』(김임구 옮김, 한길사), 54, 280쪽.

9 임마누엘 칸트(1781), 『순수이성비판』(*Kritik der reinen Vernunft*), B. 116.

10 Immanuel Kant(1794), *Über den Begriff der Wissenschaftslehre*, Akad.-Ausgabe I/2, S. 112ff.

11 임마누엘 칸트(1781), 『순수이성비판』(*Kritik der reinen Vernunft*), A. VIII.

그는 이성의 정초를 통해 형이상학을 새롭게 건립하고자 시도했다. 그것은 먼저 이성의 범위와 한계를 밝히는 작업에서 시작된다. 나아가 칸트는 인간의 내적 경험, 전통적으로 영혼이라 부르는 영역에 관한 강력한 이해를 표현하기도 했다. 『실천이성비판』에서 "내 마음을 경외와 찬탄으로 채워 주는 두 가지가 있다. 내 머리 위에 반짝이는 밤하늘의 별과 내 마음 속에 빛나는 도덕률이 그것"이라고 말하는 그의 철학은 여전히 이런 내적 경험의 중요함을 강조하고 있는 것이다.

서구 전통에서 학문은 언제나 철학과 연관해 이해되었다. 학문 전체를 철학으로 생각하던 사조와 아리스토텔레스적 학문관에 비해 근대에 이르러서는 인식론적 전환에 바탕한 철학이 정립된다. 특히 관념론의 철학은 개별 학문과 학문 일반의 학문론을 구분했다. 이로 인해 생겨난 문제 가운데 하나가 철학과 학문의 관계에 대한 질문이다. 철학을 학문 일반의 학문론으로 이해하는 피히테의 체계가 대표적이다. 또한 헤겔은 전통적 학문 개념에 대해 철학을 진리의 학문적 인식론으로 정의한다. 개별 학문은 절대정신의 개념적 인식이다. 그것은 자기 자신의 고유한 요소 안에 정립된 자신만의 영역과 실제성을 소유한다.[12] 이에 비해 철학은 절대의 학문이며, 그것은 선험적 행위로서의 절대정신의 인식에 따라 규정된다. 그래서 개별 대상에 관계하는 분과 학문과 달리 철학은 근본 학문 또는 순수 학문인 것이다.[13]

데카르트 이래의 선험 이성에 의한 학문 이해에 반대해 비코는 구체적 삶의 체험과 행위에 관계되는 학문 이해를 정립하고자 한다. 그것은 "새로운 학문의 세계"에 대한 회상과 꿈을 담고 있다. 그것은 형이상학적 세계이다. 이

---

12 Georg Wilhelm Friedrich Hegel(1992), *Enzyklopädia der philosophischen Wissenschaft*, Vorrede, Akad.-Ausg. 20, Hamburg, S. 5.

13 Georg Wilhelm Friedrich Hegel(1978), *Wissenschaft der Logik*, I, Akad.-Ausg. II, Hamburg, S. 7f., 15ff.

형이상학은 "인간과 영혼의 세계, 즉 문명 세계나 민족 세계 안에 존재하는 신의 섭리를 증명하려는" 작업이다. 새로운 학문은 "형이상학의 빛으로 본 인간 통치의 역사와 내용 및 그 의미"를 드러내며, "학문이 토대로 삼은 원리 및 서술 방법을 설명하기 위한 원칙"에 관계하는 것이다.[14] 비코의 학문 체계는 선험 이성에 의한 학문 체계와 수학적이며 기계론적인 학문, 객관적 타당성을 추구하는 학문에 비해 역사와 신화, 언어와 공동체의 삶에 근거한 학문 체계를 정립했다고 할 수 있다.

인간학적 관점에서의 학문

학문은 생물학적 종으로서의 인간(homo sapiens sapiens)이 벌이는 지적 노력에서 시작된다.[15] 진화의 역사에서 인간이라는 독특한 생명체로서의 필요가 일차적으로 자연 세계에 대한 지식을 추구하도록 했을 것이다. 생존을 위해 인간의 지각을 통해 외적인 사물과 다른 생명체에서 얻은 앎을 체계화하고 그 타당성을 보증할 원리를 정립하게 되었을 때 체계로서의 지식과 학문이 성립된다. 그래서 이런 지식과 지식을 위한 체계 전부를 일컬어 학문이라 한다. 여기에는 지식을 찾는 방법론과 내용, 인간의 능력과 의도는 물론 그 의미까지도 포함된다. 인간이 다른 생명체와 구별되는 까닭은 자연에서 무언가를 만들어 내는 능력(techne)을 지니고 있고 그 원리를 성찰하고 반성할 수 있기 때문이다. 그럼에도 인간은 다른 생명체와 동일한 생명의 근거를 지닌다. 인간은 다른 생명체와 같으면서도 다르다. 같은 생명체이지만 합쳐지지 않고, 다르지만 분리되지 않는다. 학문의 의미는 바로 이런 생명으로서의 같음과 다름을 반성하는 데 있

---

14 잠바티스타 비코(1997), 『새로운 학문』(이원두 옮김, 동문선), 9, 13, 28쪽.

15 Aristoteles, *Metaphysika*, I. 980a. "모든 인간은 그 본성에서부터 앎을 원한다."

다. 그런 원리와 의미에 대한 성찰이 또한 학문의 한 축을 이룬다.

학적 노력은 모순된 존재이며 이중적 존재인 인간이 자신의 인식론적 한계와 실존적인 모순, 죽음과 한계상황을 넘어서려는 데서 시작된다. 이런 학문은 존재론적이다. 인간은 욕망과 갈등, 모순과 충돌, 꿈과 이상, 현재와 미래가 뒤섞여 있고 상호 관련되는 존재, 복합적이며 총체적인 존재이다. 학문의 열정은 인간의 존재에 담긴 근원적 모순과 이중성을 넘어서려는 인간의 절박함에서 비롯된다. 죽음을 맞이할 수밖에 없기에, 즉 생물학적 한계와 모순을 지닌 존재이기에 그것을 극복하고 넘어서려는 것이 학문의 내적 동인이다. 인간이 지닌 근본적 한계 때문에, 원초적 모순 상황 때문에 가능해진 앎의 열망, 분열된 존재이며 사이의 존재이기에 그 간극을 메우려는 열망이 인간의 비실재적 창작 욕구(techne)로 재현되었다고 볼 수 있다. 이런 존재론적 열망과 진정성에 바탕하지 않은 학문이 학문일 수는 없을 것이다.

학문은 물음에서 시작된다. 사물은 무엇인가 하는 본질의 문제, 사물에 대한 지식의 의미와 원인, 그 결과에 대한 지식을 찾는 것이 학문이다. 나아가 학문은 그 대상의 숨은 원리, 내재적 질서를 드러내어 보편화하고 체계화한다. 그럼에도 지식은 언제나 어떤 범위, 조건, 정해진 한계 안에 자리한 것, 그래서 부분적이며 조건 지어져 있는 것이다. 여기에 학문이 지니는 안과 밖의 문제가 자리한다. 학문은 내적으로 이런 조건성과 인간존재의 지평을 담지하는 동시에, 외적으로 지식의 타당성과 보편성을 확증해야 한다. 그러기에 학문의 자리와 현재는 이런 이중적 상황을 어떻게 반성하는지에 따라 결정된다.

이런 지적 노력은 단순히 생존의 차원에 머무르지 않는다. 이것은 개별 지식은 물론, 존재 의미에 기초해 지식을 성찰적으로 해석해 나가며 그 의미를 찾는 행위로 이어진다. 인간은 의미론적 존재라는 사실은 결코 포기될 수 없다. 인간은 생물학적이며 문화적이지만, 동시에 의미론적이며 초월적 존재이다. 이 말은 인간이 어떤 초월적 실재라기보다는, 초월해 나가는 과정, 초월성에 근거해 자신을 성찰해 가는 존재라는 뜻이다. 이런 층위를 보지 못할 때 학문은 그가 산출한 지식 체계가 인간의 존재성 안에서 어떤 의미를 지니는지 이해하지 못한다. 그러기에 지식과 학문은 자연이나 세계, 역사에 그 자체로 존재하는 것이 아니라, 선험적인 존재 이해에 근거한 인간의 존재론적이며 지성적 능력에 의해 매개되고 해명되는 것이다. 그 지평은 지성의 매개 작용과 추론, 지성에 대한 이해와 존재론에 근거한 성찰을 포함하는 어떤 초월적 행위까지도 포함하는 것이다.

이런 까닭에 하이데거는, "학문이라는 것이 변혁되기 위해서 …… 현존재는 전혀 다른 어떤 형이상학적 근원을 필요로" 한다고 말한다. 그것은 현존재가 "다른 무엇에 앞서, 존재 전체에 대한 명확한 이해"와 그에 근거한 "어떤 근원적 연관성을 다시 되찾는 것"이다. "학문을 전문 지식으로 이해하는 기술적-실재적 학문 이해"를 비판하고, 이런 "학문으로 정신을 일깨우는 일은 도무지 생각조차 할 수 없다"는 사실을 인정할 때, 존재 이해를 위한 학문의 변화가 시작된다.[16] 학문이 의미론적 존재로서의 인간의 지식 전체에 관계된다면 실체론적으로 밝혀낼 수 없는 부분에 대한 논의가 필요하다.

그러기에 우리는 학문을 각기 다른 층위들로 나누어 이해할 수 있다. 외적 대상으로서의 사물과 그것을 이해하는 **인식론적인 층위**와 인간과 인간이 맺는 **관계론적 층위**가 존재한다. 나아가 학문은 세계와 자연, 역사와 인간 사회의 근거와 원리를 해석하는 **존재론적 층위**에 관계한다. 마지막으로 인간 자신과 자신의 삶이 지니는 내적 세계에 관계되는 **초월론적 층위** 역시 학문의 한 가지 형태라 할 수 있다.

학문은 인간의 인지와 이해의 필요성과 위에서 언급한 층위에서 추론하는 추상화 작업, 그 지식을 체계화하는 내적 작업에서 생겨난다. 이때 학문은 인간

---

16 마르틴 하이데거(1994), 『형이상학 입문』(박휘근 옮김, 문예출판사), 87-88, 178쪽.

이 지닌 지적 능력과 반성적 행위로 체계화한 지식 일반과 그에 대한 '메타'(meta) 차원의 논의를 가리킨다. 종교와 예술 역시 인간의 한계상황을 넘어서려는 열망에서 비롯되었다. 그럼에도 학문이 종교나 예술과 같지 않은 것은 학문이 지니는 보편성과 일반화, 타당성에 대한 보편적 논증 과정 때문이다. 그래서 학문이 학문 일반의 지평에서 논증 가능하게 체계화되고 보편화되며, 공동체에 의해 수용 가능하게 될 때 우리는 그것을 학문이라 할 수 있을 것이다.

체계로서의 학문

학문은 지식을 체계화하며, 그에 필요한 고유한 방법론에 근거해 성립된다. 그것은 문제의식과 방법론의 일관성, 이론의 보편성을 주장할 수 있어야 한다. 학문은 소통 가능성과 논증 가능성에 의해 정초되며, 그에 따른 고유한 학적 패러다임을 지닌다. 이것이 없으면 학문은 단지 개인의 내밀한 신념 체계, 기껏해야 깨달음의 차원에 그치게 된다. 학문을 객관적 존재자에 대한 경험적 지식의 전체 정도로 이해하는 경우도 있으나 지성의 매개와 반성 작용을 거쳐 추론된 체계 없이 학문은 학문으로 성립되지 않는다. 지식 일반이 체계화되고 보편화·일반화될 때, 그럼으로써 문화 공동체에 수용 가능할 때 학문이라 한다.

지식은 우선 실증적으로 증명 가능해야 한다. 그렇지만 그 기준이 어떤 절대적인 객체적 준거를 의미하는 것은 아니다. 예를 들어 체계화된 기술 분야를 학문이라 부르지는 않는다. 그것은 학문의 원리와 체계에 근거해 있는 것이 아니기 때문이다. 증명되지 않은, 증명될 수 없는 명제를 학문이라 말하지는 않는다. 학문은 체계화된 형식과 대상에서 추론된 지식의 총체이다. 학문은 정당화의 근거를 요구한다. 그것은 자신을 넘어 매개된 것이며, 검증을 거쳐 확증되어야 한다. 물론 여기서의 증명을 다만 실증적인 차원으로 국한시킬 필요는 없다. 학문이 증명될 수 있는 명제에 기반한 체계라고 말할 때 이 '증명

가능한 명제'란 다의적으로 이해된다. 존재에 의해 수용됨으로써 증명되는 명제도 있을 수 있기 때문이다.

학문은 대상과 실재에 대한 다양한 이해의 측면을 포괄한다. 이해의 관점과 체계에 따라 다른 형태의 지식 체계가 형성되며, 그것이 학문의 성격을 결정한다. 그럼에도 그것들은 지식 형성의 주체에 의해 독단적으로 구성되는 주관적인 것이 아니다. 그것은 철저히 객체적 실재와 주체의 이해 체계가 상호작용하는 가운데 형성된다. 지식은 주체를 벗어난 순수 객관적인 것이 아니면서, 동시에 실재를 벗어나 형성될 수 없다는 측면에서 그 체계는 이중적이다. 지성의 매개와 추론 없이 존재하지 않기에 학문은 객체적 지식의 단순한 종합 이상이다. 그러면서도 학문은 객체적 지식과 대치되거나 그 세계와 독립적으로 구성되지 않는다.

학문과 인간의 조건

객체적 대상에 관계하는 학문과 이를 수행하는 주체의 행위란 이중성으로 인해 학문은 일정한 한계를 갖게 된다. 그 한계는 인간의 존재론적 조건과 인간의 지(성)적 능력에 내재한 범위에 의해 생겨난다. 인간의 인식 조건과 한계는 인간의 지적 능력에 대한 반성을 요구한다. 지성 작용의 한계를 칸트는 이율배반 논증을 통해 해명하고 있다(『순수이성비판』 2장 "순수이성의 이율배반"). 형이상학은 "인간 이성의 한계에 대한 학문"(A. XII)이며, 이를 통해 "확실한 학문의 길"(B. XV)에 도달할 수 있다. 그것은 존재자의 인식을 위해 이성의 범위와 한계를 규정하기 위한 철학적 작업에서 가능하다. 그래서 칸트는 형이상학의 정립 가능성을 위한 인간 이성의 권한과 한계를 선험적으로 규정하는 작업을 수행했던 것이다. 그의 저서 『순수이성비판』과 『실천이성비판』은 이성의 범주를 규명하고, 이를 바탕으로 계몽이란 원리의 기초를 정립한 작품이다. 이로써 칸트의 철학은 이성의 원리에 근거한 세계 이해와 세계 정립의 가능성을 논의할 수 있게 된다. 이런 한계와 조건성 때문에 우리는 학문을 순수 객관적 지식 체계가 아니라 지성에 의해 인식된 것으로, 영원불변한 것이 아니라 역사적인 것으로 이해하게 된다.

학문 이해의 틀은 역사적으로 규정되며, 실재와 이해의 틀이 지니는 상호작용에 따라 새로운 체계로 전환된다. 문제는 개별 학문의 범위와 내용, 그 진리 주장이 총체적 진리를 담보하지 못한다는 데 있다. 학문으로 밝힐 수 없는 진리 사태가 존재한다는 것은 학문의 진리 주장 전체에 결정적 문제로 남는다. 이것은 학문을 철저히 인간학적인 것으로 규정하게 만들며, 과정의 체계로 이해하게 만든다. 지식 체계와 학문, 학적 능력으로서의 지성 일반에 대한 반성과 해석은 다시금 그것을 넘어서는 어떤 근원성을 지향한다.

간략히 정의하자면 학문은 외적 사물과 사건, 자연 사물과 객체적 사건에 대한 지식이다. 그것은 객체적 지식의 확실성을 의미한다. 나아가 학문은 그런 객체적 지식에 대한 의미와 해명을 넘어 그 객체적 지식을 받아들이는 인간 실존과 삶에 관련된 지식으로 이루어진다. 그러기에 학문은 학문하는 나와의 관계에서 지니는 의미에 대한 해명과 표상된 사물에 대한 해명이란 성격을 지닌다. 그것은 인간의 주관성에 기초한 객관성을 의미한다. 학문이 지식의 체계와 의미에 따라 다양한 형태로 나타난다는 사실은 대립이 아니라 인간의 이해와 해석의 차이에 따른 것이다. 바꾸어 말해 지식과 학문의 분화는 인간의 이해에 따른 분화, 즉 인간의 이해 체계에 따라 다른 모습으로 드러나게 된다.

그런 까닭에 학문은 현재 이루어지는 인간의 이해 행위와 해명의 행위, 즉 지금 여기의 해석학으로 자리하게 된다. 그것은 철학이기도 하며, 인간에 대한 학문이기도 하다. 그것은 학적 작업을 수행하는 지성과 존재의 의미에 관계되는 학문의 모습이다. 학문은 복잡하고 무관한 듯이 보이는 것을 단순화하며 체계화하고 보편화한다. 즉, 학문은 보이지 않는 관계항을 설정하고, 연관

짓는 작업이다. 진리란 이렇게 성찰한 지식의 결과이다. 진리로서의 지식은 문화와 역사, 존재론적 성찰의 결과인 것이다. 진리와 관계되는 지식은 초월성의 지식이며, 이런 학적 매개와 초월의 결과로 이해되어야 한다.

(3) 학문 일반에 대한 반성

과학적 방법론의 등장

현재의 학문 체계는 17세기 이래 서구의 근대가 이룩한 결과이다. 그것은 사물과 그 존재근거에 대한 논의가 인식론적으로 전환된 과정, 그에 따른 방법론의 변화에 기초한다. 수학적 방법론과 '명석 판명한 지각'을 지식의 기준으로 생각하던 근대적 진리 이해가 성립되면서 모든 것을 분류하고 검증하는 체계에서 학문의 패러다임이 정립된 것이다. 근대의 학문은 학문 일반의 내적 방법론에 치중하면서 그 진리 검증의 시금석을 실제성에서 찾고, 실증적인 학적 결과와 그런 지식 체계를 학문으로 이해한다. 이런 사고를 거쳐 마침내 19세기에 이르러 그 방법론의 관점에 따라 학문(scientia)을 '과학'(science)으로 규정하게 된다. 이후 과학은 외연을 확대해 존재하는 모든 것에 자신의 원리와 방법론을 적용했다. 과학은 이런 과정에 근거해 대상을 이해하고 검증하면서, 그 체계를 보편화한다. 과학은 자체의 방법론과 이해 체계를 지닌다. 이것은 궁극적으로는 근대성에 따라 인식 이성과 관념론적 원리에 기반해 과학적 방법론을 매개로 성립된 체계이다. 이후 이런 원리는 실재 일반을 넘어 삶의 역사에서 생겨난 결과 인간의 생명에 내재한 무늬는 물론 존재론적 영역에까지 보편적으로 적용되기에 이른다.

과학은 존재론적 학문을 대치하게 되었다. 그럼에도 과학이 엄격한 의미에서 대상과 방법론에 따라 성립된 특정한 사유 체계이기에, 그것이 인문학이나 정신의 영역에 적용될 때는 이에 대한 해명이 전제되어야 한다. 그렇지 않을 경우 '진리 일반의 영역'이 (자연)과학적 영역으로 축소, 왜곡될 것이기 때문이다. 학문은 사물의 원인에 대한 통찰이며 해명의 이론이다. 그것을 아리스토텔레스는 신화와 구별한다. 이론(theory)이란 말은 일차적으로 존재 질서에 대한 통찰과 관조를 의미하는 'theoria'에서 유래한다. 통찰하고 관조한다는 말이 근대에 이르러 사물에 대한 객체화된 지식을 위한 '이론'으로 개념화된 것이다. 이렇게 지식이 객체화되고 대상의 영역으로 분열된 현상은 지식에 대한 사유가 축소되었음을 잘 보여 준다. 현대 학문의 문제는 일정한 조건 안에서 이루어지는 특정 방법론의 과학 원리가 모든 영역으로 확대 적용되었기에 생겨난다. 과학은 존재론적 영역과 그에 따른 진리를 사유하지는 않는다.

학문의 분리

18세기에 이르러 이루어진 자연과학의 발전과 새롭게 등장한 '과학적 방법론'을 통해 딜타이(Wilhelm Dilthey)는 학문 체계를 이분법적으로 구분했다. 그는 자연과 정신이라는 서구 철학의 전통적 이분법에 근거해 객관적이며 과학적 방법론을 적용하는 학문(Naturwissenschaften)과 역사와 문화, 정신적 영역에 관계되는 해석학적 학문(Geisteswissenschaften)을 구별한다. 여기에는 더 이상 자연 영역에 대한 학문과 정신 영역의 학문이 같은 방법론으로 추구될 수 없다는 인식이 담겨 있다. 이제 학문은 구분되고, 진리 이해와 진리 주장 역시 분열되기에 이른다. 이런 이분법적 체계가 근대 초 이 땅에 유입된 이래 자연과학과 인문학이란 구분을 낳은 것이다.

이런 학문 이해는 마침내 학문을 실용성의 관점에 근거해 재단하는 사유로 과잉 구현되기에 이른다. 마침내 후기 산업사회에 이르러 순수 학문과 응용 학문의 구분이 일반화되었다. 근대성의 결과는 과학이며, 과학 없이 근대성은 논의될 수 없다. 그럼에도 과학은 단순히 근대성의 일면적 결과에 그치지 않고 내적 원리에서 동일화되었다. "근대의 본질적 현상에는 근대 학문이 속하기" 때문이다.[17] 푸코(Michel Foucault)의 말처럼 자연과학은 진리의 약속이자 계약이며, 나아가 진리 생산의 의식화된 프로그램으로서 현재를 지배해 왔으며, 전 세계에 그 보편성을 확산시키고 있다.[18] 과학 지식은 권력으로 작동한다. 그럼에도 우리는 과학이 결코 모든 지식 체계의 합법적 준거가 되지는 못한다는 사실을 말해야 한다. '과학주의' 범주 안에서 초래된 현대 문화의 문제와 과학의 대상에서 배제된 영역의 문제는 과학·기술에 의해서는 어떤 해결의 단초도 얻지 못한다. 과학 체계는 자신의 범위와 영역을 넘어 학문 일반에서 보편화되고 과잉으로 적용되지만, 그 일면성으로 인해 진리 일반을 결정적으로 왜곡하며, 사물적 영역으로 축소시키고 있다.

역사성을 배제한 학문

근대에 이르러 분과 학문 체계로 정립된 학문은 대상과 방법론에 따라 구분된 것이었다. 예를 들어 심리학과 인지과학, 심리철학을 비교하거나 종교학과 신학, 종교철학을 비교해 보면 학문의 대상과 그에 따른 진리 이해의 방식, 진리 주장의 차이를 이해할 수 있을 것이다. 지식은 그런 학문의 형태에 따라 달리 이해되며, 그 체계는 대상과 실재에 대한 다양한 이해의 층위를 포괄한다. 지식 체계는 철저히 대상과 실재, 그에 대한 우리 이해의 상호작용에 의해 형성된다. 지식과 학문 체계는 문화적이며 역사적인 결과물이다. 인문학을 위한

---

17 Martin Heidegger(1980), 'Die Zeit des Weltbildes' in *Holzwege*, Frankfurt/M, Aufl. S. 73-74.
18 미셸 푸코(2000), 『지식의 고고학』(이정우 옮김, 민음사), 246-67쪽 참조.

중요한 터전은 인문학 이해의 역사이며, 계보학적 과정에 대한 이해와 해석이다. 그런 의미에서 학문은 그 자체로 역사적이기도 하지만, 그 역사성에서 반성된다는 의미에서 역사학적인 것이다.

역사성을 배제한 학문이란 말이 학문의 연대기적 흐름이나 계보학적 해명을 소홀히 했다는 뜻이 아니다. 여기서 말하는 역사는 그런 계보학적 흐름에 대한 단순한 해명을 넘어 시간의 맥락, 이해의 역사를 성찰한다는 의미이다. 역사성이란 그런 맥락에서 이해할 수 있다. 그러기에 인문학의 역사성은 이해의 역사와 자기 이해를 규정한 역사를 존재론적으로 성찰한 데서 주어지는 것이다. 이런 성찰과 역사성 이해의 과정을 결여한 학문은 존재론적 맥락에서 공허할 수밖에 없다.

인간이 지니는 인식과 이해의 체계 역시 생물학적이며 문화적인 지평을 떠나 형성되지 않는다. 체계로서의 학문은 결코 보편적이지도 초시간적이지도 않다. 더욱이 유럽의 문화나 그에 따른 근대의 학문 체계가 보편적이란 주장은 마찬가지로 성립 불가능한 명제일 뿐이다. 그런 이유에서 학문의 현재를 보지 못하고, 그들의 삶의 자리에서 해명된 학문을 단순히 수입하는 데 그치는 학문은 학문 이해에서 매우 중요한 역사성을 배제한다는 한계를 지니게 된다. 그 학문의 진리 주장은 허망하다. 학문은 대상에 대한 객체화된 지식의 축적이나 그 방법론 이상의 것이다. 성찰과 존재론적 의미에 기반하지 않는 학문은 단지 낱개의 앎의 단편, 지식의 조각에 불과하다. 성찰을 결여한 학문은 더 이상 학문이 아니다. 자본주의 체계에서 자본의 산출과 그 가치에만 관계하며, 그런 힘으로 제한된 학문은 곧 학문의 죽음을 의미할 것이기 때문이다.

인간의 지식은 그 자체로 한계를 지닌다. 그것은 인간이 지닌 생물학적 한계 때문이다. 이런 까닭에 학문 역시 한계를 지닐 수밖에 없다. 그것은 결코 인간이 당면한 존재론적 결여의 문제가 아니라, 인간의 존재론적 조건이며 경계의 문제이다. 사실 인간의 지식이란 측면에서 순수한 객관적 지식이나 보편적 지식 또는 절대적 지식이란 존재하지 않는다. 지식은 언제나 범위와 조건, 정해진 한계 안에서의 지식이다. 그것은 부분적이며 조건 지워진 이해에 따라 형성된다. 인간의 이해는 결코 보편적이거나 영원하지도 않다. 그것은 신에게서나 가능한 일이다. 지식과 학문은 역사적이며 해석학적이다.

그런 까닭에 학문은 언제나 과정의 것이며, 순수 객관적이며 절대적 지식이 아니라, 이런 체계에 따라 구성된 지식의 체계이다. 따라서 학문 체계가 거꾸로 지식의 형태를 결정한다고 말할 수 있다. 이 말이 곧 모든 지식은 상대적이며 객체적 지식은 불가능하다는 말은 아니다. 학문의 형태와 그것의 진리성에 대한 이해에 근거해서 그 학문이 밝혀낸 지식이 규정된다는 사실을 말하는 것이다.

2. 동아시아의 학문

(1) 천명의 학문

동아시아의 학문은 인간과의 관계에 있어 유럽과는 본질적으로 다른 체계를 지닌다. 지식은 대상을 파악하는 능력과 관계되며 대상에서 추론해 낸 앎의 총체이지만, 그것을 찾는 방법과 내용은 물론이고, 학문의 대상과 방법론의 결정에서도 수없이 다양한 형태로 나타난다. 더욱이 학문의 의미와 목적에 대한 논의에 따라서는 갈래를 따질 수 없을 만큼의 다른 견해들이 존재한다. 나아가 학문의 진리는 객체적 사물에서 추론된 것이며 지성에 의해 매개된 것이기에 학문을 논하기 위해서는 학문 주체의 학적 능력에 관한 논의가 반드시 필요하다. 학문의 성격을 논의하는 데 있어서도 학적 능력과 사물과 지성을 매개하는 매개성, 그에 따른 초실재적 근거 또는 초월성 개념 등을 다루는 작업이 요구된다. 그래서 유럽의 근대에 정립된 학문 체계와 구분되는 동아시아의 학문 체계를 살펴보고자 한다. 이런 과정에서 근대에 완성된 학문 이해를 극복하는 새로운 이해의 실마리를 찾아볼 수 있을 것이다.

동아시아의 학문(學問)은 묻고 배운다는 의미에서 왔다. 그것은 단순히 사물에 대한 지식과 배움을 넘어 사건(事件)에 대해서는 물론, 그에 대한 의미론적 질문까지도 포괄한다. 동아시아의 학문은 무엇보다 먼저 하늘의 명(天命)이란 관점에서 이해된다. 동아시아에서 하늘은 자연적인 측면을 넘어 인격적이며 형이상학적인 측면을 지닌다.『중용』에서 말하듯이 하늘의 명은 사물과 사람, 자연 모두에 내재한 원리이다. 그 원리인 성(性)을 따르는 것이 인간의 길이며, 그 길을 닦고 배워 가는 것을 가르침이라 했다(天命之謂性 率性之謂道 修道之謂教). 인간의 본성(人性)은 물론 사물의 본성(物性)에도 이런 원리가 내재해 있기에 학문은 이 본성을 알고 배우는 것이다.

학문한다는 것은 단순한 앎을 넘어 이렇게 내재한 원리를 깨닫고 수양해 가는 것이다. 따라서 동아시아의 학문에서는 사물에 대한 이치를 아는 것과 자신의 인격을 완성해 나가는 두 가지 축이 함께한다. 학문은 사물 이해를 통한 인성론이며, 사람이 궁극의 이치를 깨달아 완성되는 성인(聖人)의 학문(聖學)이다. 인간과 자연은 물론 사물까지도 같은 존재론적 원리, 존재론적으로 동일한 근원에 바탕해 있기 때문이다.

학문은 사물의 지식과 인성의 완성이 분리되지 않고 천명을 듣는다는 관점에서 통합되어 있다. 나아가 그런 원리에 따라 사회와 인간을 통치하며, 인간에 대한 관계와 정의를 규정하는 것이다. 학문은 사물의 이치(格物)와 자신의 이치를 깨달아 가는 과정(窮理), 즉 격물궁리(格物窮理)의 과정이다. 여기서 학문은 근대 자연과학과는 달리 형이하학적 이법(理法)과 형이상학적 이법의 일치에 기초한다.[19] "인간 마음의 영특함은 인식 능력을 가지고 있지 않음이 없으며, 천하 만물은 이치를 가지고 있지 않음이 없다"고 주희는 말한다.[20] 이를 통해 안으로는 덕을 완성해 성인이 되고 밖으로는 문화를 올바르게 정립하는 역할을 하는 것, 즉 내성외왕(內聖外王)의 과정이 학문의 길이다.[21] 이것을 이루어 가는 데 학문의 궁극적 목적이 있다. 그것은 거듭해 자기 자신을 완성(成己)하고 사물을 완성(成物)해 가는 과정이며, 이 두 가지가 분열되지 않고 함께하는 것이다. 그래서 『논어』에서는 학문으로 벗을 모으고, 그렇게 모은 벗을 통해 도리를 보존한다고 말한다. "이문회우, 이우보인"(以文會友, 以友輔仁)은 현대적으로 이렇게 이해할 수 있을 것이다.

『대학』에서는 학문을 밝은 덕을 밝히는 것(明明德)이라고 보며, 유가 8조목이라 부르는 중심 원리를 제시하고 있다. "성의·정심·수신·제가·치국·평천하"(誠意·正心·修身·齊家·治國·平天下)와 "격물·치지"(格物·致知)의 덕목이 그것이다.[22] 이 강령은 결국 친민(親民)과 지극한 선에 이르기(止於至善) 위한 것이다. 학문의 목적은 바로 여기에 있다. 학문은 사물을 이해하고 지식에 이르는 길(格物·致知)을 바탕으로 자신과 사회를 올바르게 이끌어 가는 것, 결국 치세와 수양이란 두 축으로 이루어진다. 그래서 안으로는 스스로 자신의 본성을 완성한 인간, 즉 성인이 되며, 밖으로는 이 원리로 백성을 다스리는 모습으로 정형화된다. 그러기에 학문은 한마디로 격물·치지(格物·致知)와 거경·궁리(居敬·窮理)의 네 가지 원리로 요약될 수 있다. 치지격물이 자연 사물에 대한 인지상의 공부라면, 거경궁리는 마음을 닦는 의지상의 공부를 의미한다. 경(敬)에 머무르는 것은 의지의 배양과 성찰의 행위, 인성론을 지향하는 학문의 궁극적 목표이다. 이

---

19 성리학의 학문 이해 대해서는 노사광(1987), 『중국철학사 : 송명편』(정인재 옮김, 탐구당), 4장 참조. 성리학 내에서도 학문과 공부론에 대해서는 세부적 차이가 존재한다. 여기서는 다만 넓은 맥락에서 근대 학문 이해와의 차이점을 서술했다.

20 朱熹(1189), 『四書集註 : 大學章句集註』.

21 노사광(1987), 『중국철학사 : 송명편』(정인재 옮김, 탐구당), 360쪽.

22 朱熹(1189), 『四書集註 : 大學章句集註』, "大學是爲學綱目."

와 함께 궁리는 이치를 성찰해 공부하는 것, 지식에 이르고 사물에서 바른 지식을 이끌어 내는 행위와 연결된다.

마음과 뜻을 같게 하여 하늘의 명(天命)을 실현하고, 사물을 올바르게 파악함으로써 지식을 지극히 하는 것이 학문의 길이다. 그래서 『논어』(論語)에서는 학문이 다섯 단계로 이루어진다고 말한다. 먼저 "넓게 배운"(博學) 뒤, 자신이 지닌 문제의식을 분명히 하며(審問) 이를 바탕으로 신중하게 생각(愼思)하며, 이에 근거해 자신의 논리를 명확히 해야(明辯) 한다. 이 점에서는 서양의 학문 이해와 큰 차이가 없다. 그럼에도 동아시아에서의 학문은 이런 지식을 넘어 행동으로 실천(篤行)하는 것까지를 학문의 영역에 속하는 것으로 확대해 이해했다. 깨달음의 실천 없이 학문은 완성되지 않는다. 동아시아에서 학문이란 이런 "박학·심문·신사·명변·독행"(博學·審問·愼思·明辯·篤行)의 다섯 단계를 거쳐야만 하는 것이다. 그래서 정자(程子)는 이 가운데 하나를 벗어나도 학문이 아니라고 말할 정도이다.[23] 주자가 학(學)을 각(覺)으로 읽는 것은 학문이 곧 깨달음에 바탕을 두고 있다고 해석하는 것이다. 이처럼 동아시아 전통에서 학문은 배움을 모방(效)해, 자신에게 내재화(習)시키는 과정을 거쳐 마침내 깨달음으로 나아가는 것으로 이해된다.

학문한다는 것은 스스로 생각하는 것이며, 생각을 통해 배운 것을 새롭게 틀 지우는 작업이다. 그것은 생각하면서 배우고, 배움을 바탕으로 생각하는 것, 즉 생각과 배움이 함께하는 것이다. 그래서 공자는 "생각만 하면서 배우지 않으면 위험하며, 배우기만 하고 생각하지 않으면 허망해진다"(思而不學則殆, 學而不思則罔, 『論語』〈爲政〉)고 말한다. 다만 배움에 머물러 있는 것이 학문이 아니듯이, 깨달음만으로 앎에 도달했다고 생각하는 것도 학문이 아니기는 마찬가지다.

---

23 朱熹(1189), 『四書集註 : 中庸章句』, 20장; "程子曰 五者廢其一非學也".

그래서 왕양명은 학문하는 것은 먼저 마음을 바로 잡는 데 있다고 말한다.[24] '공부'(工夫)의 근본은 사람이 지닌 바른 마음, 양지(良知)를 드러내고 밝게 하는 데 있는 것이지, 다만 사물의 변화와 지식을 연구하는 데 있는 것이 아니다. 양지와 천리(天理)는 합일되는 것이기에 학문은 양지에 이르는 것(致良知)이다. 그것은 마음이 곧 이치이므로(心卽理) "자신의 의지를 순화시키면 …… 사리의 지식을 얻을 수 있다고 생각한", 사물의 원리와 인식 문제를 천리 이해와 같은 맥락에서 파악한 학문과 학문함(工夫)의 이론이다.[25] 학문은 지식에 있는 것이 아니라 공부(工夫)할 때 이루어지는 것이다.

(2) 동아시아 학문의 자연에 대한 이해

근대의 자연과학이 자연을 이용하려는 궁극적 의도에 따라 자연을 지배하고 장악하는 지식을 추구했다면 동아시아의 철학, 예를 들어 성리학적 자연 연구는 이를 천지화육(天地化育)을 돕기 위한 수단으로, 또한 천명의 내재화를 위한 방편으로 이해했다. 이런 점에서 이 두 학문 체계는 자연에서 인식론적 지식을 추구하더라도 그 의미와 목적에서는 본질적으로 구분된다. 성리학의 자연 연구는 근본적으로 형이상학적 의도를 지니고 있으며, 의미론적 관점으로 정초되어 있다.[26]

그래서 성리학의 자연 이해와 근대 서구의 자연과학은 자연과 인간과의 관계 설정, 지식 추구의 목적 등에 따라 구분된다. 자연과학과 달리 성리학의 자연 연구는 형이하학적 이법(理法)과 형이상학적 이법의 일치를 기초로 수립되었다.

---

24 王陽明,『大學問』; 노사광(1987),『중국철학사 : 송명편』(정인재 옮김, 탐구당), 481-507쪽 참조.
25 노사광, 같은 책, 487쪽.
26 야마다 케이지(1991),『주자의 자연학』(김석근 옮김, 통나무), 343-387쪽 참조.

그 자연 이해에서는 "이치(理)만을 논하고 사물(物)을 논하지 않으면 공허해지고, 사물(物)만을 논하고 이치(理)를 논하지 않으면 물건(器)에 국한된다." 물론 여기서 말하는 이치(理)를 성리학에서는 천명으로 이해하고(性卽理), 양명학에서는 마음으로 이해하는(心卽理) 등의 학문적 논쟁이 존재한다. 그럼에도 자연 사물에 대한 지식을 의미와 이치, 형이상학적 원리와 연결 지어 논의한다는 점에서는 동일한 학문적 지평에 자리한다. 이는 "도와 그릇"(道·器)을 분리해서 다루지 않는 데 있다.27 그래서 "격물궁리"(格物窮理)하는 것이 자연 이해의 핵심적 과제이다. 격물궁리의 자연 이해는 과학적 실용성에 바탕을 두고 자연을 지배하고 장악하기 위한 것이 아니라 "천지화육"(天地化育)이란 개념에서 주어진다. 하늘과 땅의 모든 생명을 가꾸고 키우는 것이다. 그것은 수양과 생명의 함양 문제, 천명으로서의 성(性)을 달성한다는 인간의 본성에 관계하는 학문을 의미한다.

서구 근대와의 만남 이후 동아시아는 이런 인성론의 학문을 포기하고, 근대의 과학·기술주의적 학문관을 수용한다. 이에 따라 학문의 의미와 내용은 물론이고 형식적인 측면에서도 학문의 형태는 급격히 변화했다. 서구 자본주의적 세계관의 전 지구적 확산 속에서 과학·기술 지식은 이를 위한 가장 중요한 정당화의 기제로 작동한다. 이 두 사유 체계의 근본적 차이는 자연과 사물 존재자에 대한 이해 방식에 있다. 서구의 근대적 사유 체계는 사물을 단순히 객체적 대상으로 설정해 학문을 그것에 대한 특정한 방법론에 입각한 지식 체계로 변화시킴으로써 성립된 것이다.

이렇게 사물과의 관계 맺음을 서구적 근대의 사유 체계에 따라 이해하게 되면서 동아시아 학문 체계에서 사물을 인간과의 관계 맺음에 의해 논의해 온 전통적 물론(物論)은 사라지게 된다. 『대학』(大學)의 '격물치지'(格物致知), 도가의 '접물(接物)과 응물론(應物論)', 사물과 만나는 자리를 다루는 '축경'(逐境), 장자의

27 왕후이(2005), 『죽은 불 다시 살아나 : 현대성에 저항하는 현대성』(김택규 옮김, 삼인), 285쪽.

'제물론'(濟物論)은 물론이고 조선 후기의 '인·물성동이론'(人物性同異論) 등은 이런 철학에서는 자리할 곳이 없다. 이와 같이 사물에 대한 이해로서의 학문 체계는 동서 철학을 비교하는 중요한 차이 중 하나이다. 그러기에 사물에 관한 지식을 다루는 학문(物論) 이해의 패러다임은 동서의 철학이 만나고 대결하는 중요한 지점이 될 것이다.

예를 들어 하이데거는 사물 존재자에 대한 인식론적 이해와 자연에 대한 주관-객관 도식의 이해 체계를 넘어서려 한다. 사물 존재자에 대한 올바른 이해는 "사물이 사물화하며", "세계가 세계화하고", "언어가 언어화하는" 존재론에 근거해 자리하게 된다.[28] 세계나 언어는 물론, 사물까지도 존재론적으로 이해할 때 그것은 무엇을 존재하게 하는 특성을 지닌다는 의미이다. 사물과 언어, 세계가 존재자처럼 존재할 때는 그 존재에 의해 존재자적으로 이해되지만, 그럼에도 그것들은 존재자를 있게 한다는 의미에서 존재의 특성을 지닌다. 그러기에 세계나 언어, 사물에 대해 존재자적으로 이해하는 것은 그 안에 내재한 존재 의미에 근거해 이루어질 때 타당하게 이루어질 수 있다. 세계와 언어, 사물은 존재자적으로 인식되지만, 동시에 이런 관점에서 존재론적 특성을 지니는 것이다. 이런 의미에서 존재자와 존재는 동일성과 차이에서 이해된다.

이런 자연과 사물 이해는 근대의 학문, 특히 정신 학문과 분리된 자연과학의 이해와는 분명히 구별된다. 오늘날 근대 철학의 인식론을 넘어서는 철학 가운데 하나인 해석학적 경향은 여러 관점에서 근대과학의 자연 이해가 지니는 한계를 드러내고 있다. 이런 이유에서 사물에 대한 인식론적 이해를 존재론적 관점에서 근거짓는 해석학을 존재론적 해석학이라 규정한 것이다. 이런 관점에서 탈근대적 학문이 근대의 학적 체계와 원리를 넘어 존재론적 관점에

---

28 Martin Heidegger(1990), 'Das Ding'(1951) in *Vorträge und Aufsätze*, Pfullingen, Aufl, S. 157-179.

서 논의될 수 있는 지평이 자리한다. 탈근대의 학문은 이런 지평에서 그 가능성이 제시될 것이다.

중국의 경우 학문과 문화는 국가와 사회의 규범과 정당성의 초석을 놓는 데 기여한다. 일례로, 전통적인 경사자집(經史子集)의 서적 분류법은 지식을 분류하는 데서 나아가 이로부터 형성된 문화적 규범을 보여 준다. 학문을 후대 학문의 규범이 되는 근원적 학문인 경학(經學)과 역사학으로 분류하며, 나아가 맹자(孟子), 노자(集老子), 한비자(韓非子) 등의 자학(子學)은 물론 이를 해명한 작품과 시(詩)·부(賦) 등을 모아 둔 집(集)으로 분류해 체계화한 것이다. 이런 분류법은 일차적으로 서적에 대한 분류였지만, 이에 그치지 않고 지식을 분류하고 여기에서 형성된 학적 체계와 문화적 규범을 보여 주는 범례일 것이다. 이런 학문 이해와 그에 근거한 문화는 고대 중국 사회의 정치 구조에 정당성과 합리성을 부여했다. 현대에 이르러서도 인문주의의 여러 담론들이 현대 중국 사회와 국가의 관계에 규범을 제공했다는 측면에서 이런 전통이 완전히 사라졌다고 말하기는 힘들다.[29]

동아시아와 근대의 학문 이해가 지니는 이런 차이는 학적 글쓰기의 형식을 바꾸어 놓았으며 글쓰기의 정당성을 제한하는 결과를 초래했다. 근대에 이르러 논문 형식의 글쓰기만이 학적 문장이 됨으로써 전통적인 글쓰기 형식은 비학문적인 것으로 치부되기에 이른 것이다. 이로써 "시(詩 : 고시, 율시, 근세시), 부(賦), 곡(曲), 사(詞)" 등의 글쓰기 형태는 사라진다. 이것은 유럽에서도 예외는 아니어서 전통적인 단편, 단상, 에세이 등의 다양한 글쓰기는 근대에 이르러 엄격한 '학술' 논문으로 통일되었다.

오늘날 학문의 타당성의 근거로 이런 글쓰기를 강요하는 것은 단지 서구

---

29 왕후이(2005), 『죽은 불 다시 살아나 : 현대성에 저항하는 현대성』(김택규 옮김, 삼인), 285쪽 360-370쪽 참조.

근대의 독특한 형식에 지나지 않는다. 학문의 방법론에서도 의리(義理)적 방법이나 훈고(訓詁)적 방법 등은 자취를 감추고 오직 가설과 검증의 단계를 거치는 '과학적' 방법론만이 학적 정당성을 보장받게 되었다. 특히 오늘날 한국의 대학에서는 이런 논문 중심의 글쓰기만을 강조하는 경향이 갈수록 뚜렷해지고 있다. 그것은 다만 서구 근대의 전통이며, 자연과학의 영역에 속하는 전범을 모든 학문에 확대해 일률적으로 적용하는 행태이다. 이런 과도함이 학문의 영역과 진리 주장의 방법을 축소시키는 잘못을 초래하고 있다.

동아시아의 학문이 이른바 근대화 이후 자신의 전통적 학문 이해를 포기하고 근대과학으로부터 새로운 지식의 힘을 얻게 된 것은 사실이다. 하지만 이런 과정을 거쳐 자연 이해와 함께 이루어졌던 인성론을 포기하게 됨으로써 의미론적 학문과 존재론적 학문은 자취를 감추게 되었다. 자신의 현재와 삶의 지평을 성찰할 해석학적 학문이 자리할 곳이 사라진 것이다. 그럼에도 이런 영역을 사유하고 해석할 학문은 아직 다가오지 않았다. 이 땅의 학문은 나아갈 바를 생각하지 못하는 문화에 갇혀 있지만, 그럼에도 과거로 돌아갈 수는 없는 이중의 어려움에 처해 있다. 그런 가운데 서구의 학문 체계와 과학주의만이 위세를 떨치고 있으며, 학문은 자본주의의 내적 논리에 기여하는 여분의 것으로 작동하고 있다.

(3) 동아시아 학문의 길

동아시아 전통에 근거한 학문을 다음의 일곱 가지 형태로 나누어 보기로 하자. 먼저 제자백가의 학문(諸子學), 즉 유가, 도가, 법가, 음양가, 명가 등을 들 수 있다. 둘째, 사서삼경(四書三經)과 같은 경전에 대한 연구(經學), 셋째, 송명의 이학

(理學), 특히 주자학(朱子學)이 있다. 네 번째, 송명의 이학에 대한 비판으로 제기된 양명학(陽明學)과 다섯 번째로 청대의 실학(實學)을 들 수 있다. 여섯째, 이후의 고증학(考證學)을 거론해 볼 수 있다. 마지막으로 근대 이후 성립한 현대 신유학이 있는데, 이는 동아시아 전통에 근거한 학문과 서구 철학의 만남 이후생겨난 학문이다. 현재의 동아시아 학문을 어떻게 규정하든, 문제는 전통적인동아시아 학문이 당면한 삶의 자리(Sitz im Leben)에 바탕해 새롭게 해석되어야한다는 점이다. 그렇지 않고 다만 전통적 학문 체계와 그 지식을 단순히 제시하는 것은 학문하는 우리의 존재론적 층위에서는 의미를 지닐 수 없을 것이다.동아시아 학문의 현대적 모형이 해석학적 지평으로서의 현재를 성찰하지 못할때 그 학문은 우리의 삶과 존재를 정당하게 정초할 수 없을 것이기 때문이다.유가적 전통에 근거한 학문의 변형이 과연 우리의 현재에 내재한 존재론적 의미와 원리를 드러낼 수 있을 것인가? 이를 위해 이 땅의 학문이 필요로 하는 해석학적 원리는 무엇일까? 우리 학문은 어떤 지향점을 지니고 있는가?

현대에 이르러 이 땅에서 우리의 존재론으로 학문한다는 것은 당연히 학문이 자리한 동아시아 지평과 그 맥락을 연구하는 데서 시작될 것이다. 그것을 떠나서는 학문이 이루어지지 않는다. 그와 함께 현재의 학문이 그런 자리에만 머물러 있을 수도 없다. 그것은 다만 학문을 위한 학문에 지나지 않을 것이기 때문이다. 현재의 학문은 이런 전승에 덧붙여 근대 이후의 학적 모형을해명해야 할 것이다. 이를 위해서는 우리 학문에 자리한 서구 근대의 영향과근대에 의한 변형, 서구 근대성과의 관계가 해명되어야 한다. 그리고 이런 해명을 위해서는 우리 학문 내의 민족주의적 연구 경향이나 그 이념에 따른 연구를 벗어나 지금 여기에서의 보편성에 근거한 공부가 필요하다.

이렇게 이해되는 보편성은 차이의 보편을 의미한다. 이것은 다만 차이만을강조하는 포스트모더니즘적 학문 연구가 아니라 동일성과 차이, 같음과 다름을 함께 바라보는 관점에서 이루어져야 한다. 즉, 이는 우리 현재가 자리한 특수성과 그것을 넘어서는 보편성을 함께 이해하는 연구를 의미한다. 마지막으로 바로 이 땅에서 학문한다는 것의 의미, 지금 세계적 맥락에 따른 학문, 자본주의가 과잉으로 치달은 신자유주의 체제에서 인문학을 수행한다는 의미를 드러내는 작업이 이루어져야 한다. 이것은 근대와 탈근대의 맥락에서 이해되는 학문을 말한다. 여기서 문제는 과학 체계로 확정된 근대의 학문 이해와 그 이후의 학문 체계에 대한 이해이다. 그런 객체적 학문을 넘어 어떻게 존재론적 의미를 밝히고 학문을 정초할 것인지가 문제인 것이다.

근대의 형이상학에 근거한 학문을 넘어서는 체계는 새로운 형이상학에서 시작된다. 그것은 자연과학적이라기보다 존재론적이며, 과학을 정초한 형이상학, 초월론적 형이상학에서 정립되어야 할 것이다. 그러기에 서구 철학의 형이상학적 틀을 넘어서는 새로운 형이상학의 모습, 탈형이상학의 사유가 중요해지는 것이다. 개인적으로는 그것을 인간존재의 총체성에 근거한 원리에서 찾으려 한다. 생명 형이상학은 이를 위한 중요한 모형이 될 수 있다. 이런 탈형이상학적 사유가 근대의 형이상학을 넘어서는 곳에서 시작된다는 말이 곧 동아시아의 형이상학에서 주어진다는 뜻은 아니다. 어쩌면 그것은 그 모두에서 시작되어 그 모두를 벗어나는 곳, 또는 인간존재에 대한 근원적 반성에서 시작될지 모른다. 이런 인간존재는 생물학적 존재로서 지니는 조건과 역사적이며 정신적으로 이루어지는 경험에서 찾을 수 있을 것이라 생각한다. 그 형이상학은 전통적이며 근대적 형이상학의 범위와 지평을 벗어나기에 탈형이상학적일 것이며, 삶과 생명에 관계되기에 생명학 내지 생명 형이상학으로 정의할 수 있을 것이다.

경제 발전과 함께 동아시아 세계와 문화는 스스로의 해석 원리를 제시해야 할 필요를 절감하게 된다. 그것은 서구 근대의 체계가 지닌 한계와 모순에 대한 이해와 함께한다. 해석학적 원리는 형이상학적 틀에 근거해 이루어지기에 지금 동아시아 학문을 위해 요구되는 것은 이를 위한 새로운 형이상학이다.

그럼에도 그것은 전승되어 온 형이상학 체계와의 관계는 물론, 근대 이래 이 땅에 엄습해 온 서구의 형이상학 체계와 이중적이며 중첩된 관계를 지닌다. 물론 형이상학과 해석학의 원리는 사물에 대한 객체적 지식과 과학적 학문 체계를 떠나 이루어지지 않는다는 것은 분명하다. 이런 관점에서 학문 체계는 차이를 지니지만, 그럼에도 불구하고 인간으로서 지니는 보편성에 근거해 본다면, 형이상학적 존재로서 지니는 보편성 역시 분명한 사실이다. 그러기에 차이를 넘어 지식과 학문의 원리에 따른 동일성을 배제할 수는 없을 것이다. 이런 까닭에 학문 체계와 원리에 따른 동일성과 차이를 논의할 수 있게 된다.

이런 동일성과 차이 문제 때문에 탈형이상학적 원리와 그것에 근거한 해석학은 보편성과 차이를 함께 볼 수 있는 지평으로 형성되어야 할 것이다. 그것은 동아시아란 지평의 차이를 고려하면서도 그것에 내재한 인류의 보편성을 함께 고찰하는 것이다. 같으면서 다르고 다르면서 같음을 보는 것, 철학적 원리에서 말하자면 동일성과 차이의 원리에 대한 고찰을 의미한다. 서구의 근대가 이성을 보편적 원리로 주장했지만, 결국 서구 중심적인 차이와 배제를 낳은 것이 지난 역사였다면, 이제 필요한 것은 차이를 수용하는 보편성이다.

그러기에 그런 해석학은 차이를 드러내는 원리의 학문을 의미한다. 차이를 생성하고, 보편성의 관점에서 이를 수용하는 원리를 지닌 형이상학이 요구된다. 이제 이런 탈형이상학이 새롭게 시작할 시간에 와있다. 탈형이상학이란 말은 그런 관점을 나타낸다. 서구의 형이상학을 배제한 이후의 형이상학이 아니라, 그 형이상학의 터전 위에서 이어지는, 그럼에도 그것을 극복하고 넘어서는 형이상학이기에 탈형이상학이라 하는 것이다. 이미 앞에서 언급했듯이 이런 관점에서 탈근대의 학문론과 그것의 근거가 되는 탈형이상학을 논의해 볼 수 있다.

3. 근대의 학문

(1) 학문 이해의 전환

근대 세계의 변화는 학문 이해의 전환을 요구한다. 아리스토텔레스와 중세적인 우주관 및 자연관이 변화함에 따라 사물 인식의 틀이 현저히 변화한 것이다. 또한 철학이 중세적인 존재론에서 인식론으로 전환함에 따라 학문관의 변화가 불가피해진다. 그것은 고전적 의미의 학문 체계가 경험 세계를 이해하는 체계로 변화한다는 의미이다. 자연학은 존재론적 관점의 자연학과 경험 세계의 대상적이며 객체적인 자연학으로 분리된다. 자연철학과 자연과학의 구분이 그것이다. 지식의 변화와 함께 진리 이해 역시 변화하게 된 것이다. 그것은 기계론적 세계상, 경험적이며 수학적으로 정립된 세계관을 의미한다. 이에 따라 학문은 경험 사실과 그것에서 추론해 낸 학적 지식, 그에 따른 새로운 학문 체계를 형성했다.

근대 초기까지만 해도 자연에 대한 지식(scientia naturalis)과 자연에 대한 철학(philosophia naturalis)은 개념적으로 명확히 구별되지 않았다. 단지 방법론적으로 개념 규정과 가설, 검증 체제 및 수학적 측정과 실험 등의 기능에서 차이를 지녔다. 하지만 베이컨과 데카르트에서 시작된 학문 방법론의 변화는 학문 체계의 변화까지 초래하게 된다. 베이컨은 학문을 '경험적-귀납적 방법'에 근거해 이해했다. 이것은 이후 영국 경험철학의 중심 원리로 작용했다. 이에 비해 합리주의 철학의 학문 이해는 분석과 종합 및 범주-연역적 방법론에 근거한다. 이런 방법론적 차이에도 불구하고 이 두 철학 조류는 이후 근대 학문 체계를 형성하는 근간이 되었다.

베이컨은 의미론적 맥락에서 자연을 바라보던 중세 시대까지의 학문 이해와는 구별되는 새로운 학문의 길을 시도한다. 이후 그는 논리학에 기초한 기존의 학문과는 달리 자연을 바라보는 관점을 새롭게 바꾸어 놓았다. 『학문의 진보』(The Advancement of Learning, 1605)와 1620년 출판된 『신기관』(*Novum Organum*)이 그것이다. 특히 『신기관』은 아리스토텔레스적인 학문론(Organum)에 대항해 학문을 자연에 대한 새로운 체계로 설정한 저작이다. 이 책의 부제는 "자연의 해석과 자연 지배에 관한 잠언"이다.[30] 자연철학은 존재 의미를 해석하는 학문이 아니라 자연현상을 관찰하고 검증해 인간에게 자연을 정복하고 지배하는 "힘"(『신기관』1권)을 주는 학문이다. 새로운 학문은 이런 "자연철학으로 돌아가야" 한다. 이 학문이야말로 제일 철학이며 "모든 학문의 위대한 어머니"이다. "현재의 학문은 성과를 얻는 데 전혀 쓸모가 없고, 현재의 논리학은 학문을 인도하는 데 도무지 도움이 되지 않기"에 새로운 학문이 필요해진 것이다.[31]

근대의 학문론에 담긴 단편적 성격은 베버의 학문 이해에서 잘 드러난다.[32] 그에 따르면 문제는 "인간 생활에서 학문의 사명과 가치가 무엇"인지에 대한 것이다. 학문은 자연에 도달하는 길이다. 학문은 이를 위한 기술적 지식과 방법론으로 이해된다. 나아가 학문의 작업이 가치중립성을 지닌다고 보며, 학문을 이런 체제를 위한 전문적인 영역과 관련지어 이해한다. 이제 학문은 전문적 직업이거나 그것을 위한 전문성으로 규정된다. '직업으로서의 학문'은 단편적으로 이해된 근대성이라는 특수한 세계관에 기초해 있다. 근대 학문은 "모든 사물을 계산을 통해 기술적으로(technisch) 지배할 수 있다는 믿음"에서 출발한다. 이는 "주술적 수단이 아닌 기술적 수단과 계산에 의한 학문", 즉 세계의 탈주술화를 목표로 한다. 근대의 학문이란 대상을 객체화하는 체계이다. 그것은 실증적이며 실용적인 지식의 총체, 모든 사물을 계산을 통해 지배할

---

30 프랜시스 베이컨(2001), 『신기관: 자연의 해석과 인간의 자연 지배에 관한 잠언』(진석용 옮김, 한길사).

31 같은 책, 1권 80, 79, 11쪽.

32 Max Weber(1995), *Wissenschaft als Beruf*, Reclam, Stuttgart, S. 25, 19.

수 있다는 확신에 근거한다. 학문에서 핵심은 이를 위한 개념과 방법론을 설정하는 데 있다. 베버의 관점에서 학문이란 이렇게 분화된 체계의 전문 직업을 형성하는 토대로 이해된다.

(2) 자연과학으로서의 학문

데카르트에 의하면 모든 지식은 인간의 지식이며, 그런 한에서 보편적 지식(sapientia universalis)이라 할 수 있다. 학문은 수학적 방법에 근거하며, 그 안에서 자신의 확실성을 보장받는다.[33] 그는 태어나면서부터 이미 지니고 있는 관념, 즉 생득관념(Ideae innatae)에 의한 분석과 종합의 학문 및 그런 이성의 적용 규칙을 규정함으로써 근대 학문 체계의 또 다른 한 축을 이루게 된다. 그에 따르면, 학문은 나무에 비유할 수 있다.[34] 학문은 형이상학을 뿌리로 해 물리학이란 줄기와 개별 과학들이 가지로 분화되는 체계이다. 그 학문이 뿌리를 둔 형이상학은 실체론적이다. 그것은 거칠게 말해 객체에 대한 보편화되고 일반화된 지식 체계로서의 학문과 그 근거로서 학문의 학문론을 철학에서 정립하는 체계이다. 그 방법론은 인식 이성과 도구적으로 이해된 이성의 내적 원리를 근거로 한다.

이에 대한 논의와는 별개로 이런 철학은 칸트와 피히테, 딜타이에 이르러 완성된다. 그것이 바로 근대의 학문 체계이다. 중세철학을 지배하던 자연 이

---

33 René Descartes(1701), *Regulae ad directionem ingenii* regula I,1; René Descartes(1637), *Discours de la methode*.

34 Martin Heidegger(1978), 'Einleitung zu 〈Was ist die Metaphysik〉', in *Wegmarken*, Frankfurt/M, 2. Aufl., S. 361; 그는 여기서 데카르트의 『철학의 원리』(*Principia philosophia*) (1644)를 인용하고 있다.

해는 "자연이란 책을 해석"(legere in libro naturae)한다는 명제로 표현된다. 이 것은 자연이란 책을 읽음으로써 존재 일반의 의미를 발견할 수 있다는 의미이 다. 이런 자연 이해가 근대에 이르러 극적으로 변하게 된다. 자연은 의미의 지 평이 아니라, 인간에게 지배의 힘을 주는 객체로, 인간의 필요에 따라 이용할 수 있는 대상으로 자리하게 된 것이다. 이런 학적 이해를 특히 자연과학이라 한다. 과학적 세계관은 이후 실천적 기술과 결합해 뉴턴 이래 전 세계와 역사에 서 가장 강력한 지식과 학문 체계로 자리하게 되었다. 근대과학을 태동시킨 결정 적 작품으로 꼽히는 그의 저서 『자연철학의 수학적 원리』(*Philosophiae Naturalis Principia Mathematica*, 1687)는 이름에서 보듯이 자연에 대한 학문을 수학의 원 리에 따라 정리한 것이다.

일면적으로 과학으로 정형화된 근대의 학문은 분석하고 종합하는 도구적 이성의 합리성이란 원리에 근거하며, 이를 실증적으로 체계화한다. 그러기에 과학으로서의 학문은 하나의 방법론이 아니라 근대성이란 원리가 궁극적으로 구현된 것이다. 그것은 근대의 이상이며 근대의 시대정신에 따른 것, 근대 자체 라고 말할 수 있다. 근대 학문의 원리는 무엇보다 실체론적이며, 인식론적 주체 와 객체 도식에 자리한다. 이를 통해 자연을 인식 대상으로, 나아가 기술적 응 용의 대상으로, 소유와 장악의 대상으로 객체화하기에 이르렀다. 즉, 존재하는 모든 사물을 인식 주체와 인식 대상이라는 이분법적 도식으로 정립해 구분하는 체계이다. 결국 근대의 학문은 과학을 자연에 대한 사물화와 자연의 지배를 통 한 이념으로 구현된다.

과학적 지식의 타당성에 대한 판단은 전형적인 과학주의적 태도에 입각해 이루어진다. 조건 지워진 범위에서 일반적이며 논증 가능한 형태를 갖춘, 사 실과 그 현상에 대한 학문과 형이상학적인 태도 결단과 관련된 학문은 구별된 다. 삶에서 중요한 것은 객관적 지식이 아니라 우리에게 주어진 존재론적 문 제이다. 학문이 그 문제에 대한 나름대로의 응답이며 그런 지적 과정이라면,

학문은 객관적 사물에서 지식을 추구하는 학문과는 외연과 내포에서 구분된다. 이런 의미에서의 학문은 영원불변의 진리를 추구하는 것이 아니라, 문제와 그에 대한 해답의 시도라고 할 수 있다.

자연과학은 자신의 정당성을 물화(reification)된 사물에서 추론한 지식과 그에 대한 검증 가능성에서 찾는다. 그러면서도 자연과 세계, 인간을 보는 존재론적 관점으로까지 자신의 방법론과 진리 주장을 확대하고 있다. 이로써 과학은 진리 산출과 검증의 특별한 철학적 체계가 되었다. 이런 이해를 과학주의(scientism)라고 말한다. 정당한 지식 체계를 위해서는 과학주의의 타당성과 유효성의 범위, 그리고 그 한계에 대해 고찰해야 할 것이다. "과학은 사유하지 않는다"는 하이데거의 발언은 과학이 존재론적 의미에 대해 사유하지 않음을, 그것이 존재를 존재자로 환원시켜 존재 진리를 도외시하는 사유로 전개된다는 비판이다. 과학이 사유하지 못하는 학문의 의미와 목적, 지성의 행위 자체를 반성하는 작업은 과학적 학문의 범위를 넘어서 있다. 그것은 자신의 추론 행위와 지성의 작용을 반성하지 못한다. 이런 반성은 구체적인 경험과 대상의 영역이나 거기서 추출한 지식의 범위를 벗어난다.

(3) 학문론으로서의 학문

학문이란 구체적으로 현실에서 성찰해 낸 인간 지성의 노력이다. 그것은 체계화하며 일반화하고 보편화한다. 학문은 개별 사물에 관계한다. 그것은 구체적 대상과 영역을 지니며, 특정한 방법론에 근거한다. 그래서 학문은 과학과 같은 말로 이해되었다. 예를 들어 독일어에서 보듯이 학문을 지칭하는 단어(Wissenschaft)는 과학과 동의어로 쓰이기도 한다. 그럼에도 과학(science)은 엄격한 의미에서 경험 사물에 관계해 지식을 얻는 특정한 방법론과 그 근거가 되는 특정한 사유 체계이다. 그러기에 과학을 인문학이나 정신의 영역에 적용할 때는 이에 대한 해명이 전제되어야 한다. 또한 과학은 자신의 존재론적 의미를 자신으로부터 이끌어 낼 수 없다. 그것은 과학의 영역을 넘어선다. 그래서 과학이 학문으로서의 정당성과 그 지적 타당성을 보증받기 위해서는 개별 학문의 영역을 넘어서는 어떤 근거를 필요로 하게 된다. 여기서 학문적 인식의 근거, 학문 일반의 동일성을 보장하는 근거로서의 보편적 학문론, 학문에 대한 학문론으로서 '메타 학문'(meta-science)이 제기되는 것이다.

피히테는 학문론을 학문 일반의 근거 명제를 정립하는 것으로 보았으며, 이것을 자연과학에서의 경험적 인식을 위한 근거 명제 정립과는 구분했다. 지식이란 대상으로부터 얻어 낸 것이며, 이를 위한 체계화를 학문이라 말할 수 있다. 그럼에도 그런 체계는 학문의 본질이라기보다는 지식을 위한 우연적인 특성이며, 학문이 학문으로 정립되기 위한 최소 조건일 뿐이다. 학문의 체계적 형식은 단지 학문의 목적을 달성하기 위한 수단에 지나지 않는다. 결국 개별 학문의 내용과 형식은 학문 일반을 반성하는 것으로부터 타당성의 근거를 마련할 수 있다. 그것은 학문 일반의 목적과 원리에 대한 해명을 의미한다. 경험적 사실로부터 지식 일반을 추론해 낸다고 해서 학문이 타당성을 얻는 것도 아니고, 논리학이나 경험 가능한 검증 과정을 거친다고 해서 타당한 것도 아니다.

여기서 피히테는 학문 일반에 대한 이런 반성을 철학으로 이해하며, 이를 학문의 학문론이라 규정한다. 그에 따르면, 개별 학문은 언제나 학문론의 학문, 즉 메타 학문을 필요로 하며 그것에 근거해 진리성을 보증받는다. 학문론의 근거가 되는 학문은 자신의 존재에서 스스로의 근거를 정립하는 학문이기에 자기 회귀적이다. 또한 자신의 근거를 스스로 정립하기에 자기비판적인 학문이라 할 수 있다. 그것은 인간의 존재론적 이해에서 주어진다. 개별적인 학문이 객체에 대한 지식의 획득을 목적으로 한다면, 자신에게 되돌아와 자신을 비판하는 학문, 자기 성찰적 학문은 그런 범위를 넘어서 있다. 이를 통해 지식과 학문이 의미를 지니는 한에서 학문의 근거 일반을 반성하는 학문론은 실재에 대한 반성이 아니라 자신의 존재근거를 반성한다. 그러기에 학문의 근거에 대한 논의에 관계하는 학문은 자기 회귀적이며, 자기 성찰적이다.

이와 같이 철학을 학문 일반에 대한 학문론으로 이해할 때 몇 가지 질문이 제기된다. 먼저 그것은 학문의 타당성의 근거로 작동할 수 있는가 아니면 학문들의 의미론으로만 작동하는가? 또는 이성의 의미와 규칙에 대한 해명이나 언어적 분석과 의사소통의 원리 분석에 그칠 것인가? 철학은 단지 분과 학문이 성찰하지 못하는 영역에 대한 이성의 논증이나 학문의 의미에 대한 성찰, 이성적 인식의 근거 일반에 대한 논증에 국한되는가? 이것은 철학의 자기 이해에 관계되는 것이 아니라 학문 일반의 정체성 문제와 연결된다. 철학은 학문 일반의 근거와 관련해 논의되는 것이다. 학문과 철학의 관계, 학문 행위에 대한 해석과 재구성에 관한 논의는 학문을 수행하는 인간의 존재론적 영역, 이성과 학문적 자율성 등과 관련된다. 그럼에도 학문론은 학문 일반을 위한 선(先)학문(Propädeutik)일 수 없다는 피히테의 말은 철학이 학문 일반의 기초 정립 이상의 존재론적 의미를 지닌다는 것을 나타내는 말이다.[35]

참된 지식을 획득하는 체계화된 지식의 구조로 학문을 파악할 때 그 기준은 타당성 논증에 기초한다. 타당성에 대한 명제와 진리 가정, 보편성, 논리적 연역과 명증성이란 네 가지 성격에 따라 학적 근거가 보장된다. 학문은 "궁극의 원리에 근거한 필연적 진리 전체"이다. 그것은 범주적이며 연역적인 체계를 지니며, 그러기에 "그 자신의 원리에서 인식된(cognitio ex principiis) 논리적 명확성과 원리의 직접적 명증성" 안에서 학문의 진리와 타당성이 보증된다.[36]

---

35 Johann Gottlieb Fichte(1794), *Über den Begriff der Wissenschaftslehre*.

36 Hans Michael Baumgarten(1974), u.a. (hrsg.), 'Wissen', in *Handbuch philosophischer Grundbegriffe*, Bd. 6 Kösel, S. 1723-1739; S. 1740-1764.

그런 타당성 논증은 학문을 학문 이외의 분야와 결정적으로 구별한다.

인간의 산출적 능력(techne)은 매우 다양한 창조적 행위로 재현된다. 이런 맥락에 따라 고찰할 때 학문은 기술과 실천, 또는 예술과 관련되어 이해할 수 있다. 고대 그리스인들은 인간 지성에 의한 창조 행위와 그 결과를 '테크네'(techne)란 말로 규정했다. 이 말이 이후 기술적 행위와 예술적 행위를 뜻하는 두 가지 말의 어원이 된다. 이 두 가지 행위는 동일한 인간의 능력에서 유래하는 원초적 체험이다. 하지만 이는 이후 실천적 맥락에서 타당성을 검증받는 기술과 존재론적 층위에서 정당성을 보증받는 예술로 분화한다. 이에 비해 학문이 학문일 수 있는 것은 그 체계의 논증 가능성에 있다. 학문의 정당성 근거 요구와 내용과는 별개로 이런 논증 가능성과 그에 따른 타당성을 벗어난 체계를 학문이라 말할 수는 없다. 예를 들어 체계화된 기술과 실천(praxis)을 학문이라 부르지 않는 이유는 그것이 실증될 뿐, 그 근거가 증명되어야 한다는 요구를 충족시킬 필요는 없기 때문이다. 마찬가지로 예술적 행위와 결과물 역시 존재론적으로 수용됨으로써 정당성을 검증받을 뿐 학문의 정당성과 같은 맥락에서 이해되는 것은 아니다.

학문이 증명될 수 있는 명제에 기반한 체계라는 말에는 다양한 의미가 포함되어 있다. 학문이 충족시켜야 할 타당성의 기준은 결코 어떤 절대적이며 객체적인 준거를 의미하는 것이 아니다. 인식론적 측면에서의 지식은 이론에 따라 검증될 때 타당하다. 즉, 경험적 사실에 대한 학문은 이론에 대한 객관적 검증을 거쳐 그 타당성이 보장된다. 조건 지워진 범위에서의 검증은 이런 학문의 유효성을 보증하는 준거점이 된다.

개별 학문을 넘어 학문 일반이 지니는 타당성의 근거는 인간의 존재론적 이해에 따라 결정된다. 예를 들어 자연과학의 정당성은 가설과 검증에 근거해 주어진다. 그래서 포퍼(Karl Popper)가 말하는 반증주의의 원리(principle of fal-sifiability)를 개별 학문의 타당성을 근거짓는 원리로 정립할 수 있을 것이다.

형이상학적 원리는 반증이 불가능하지만, "경험과학의 체계는 경험에 의해서 반증 가능해야 한다."[37] 객관적이며 과학적인 지식은 일정한 조건과 범위, 시간 안에서 그 타당성이 보증되며 반증되기 전까지 유효하다. 이런 기준에 상응하는 근본적이며 불변하는 지속적 구조로 구성될 때 이를 (과학적) 학문이라 한다. 이에 비해 학문 일반의 타당성은 그런 반증의 영역을 넘어 존재론적 이해에 근거한다.

이런 반증 가능성의 원리에 덧붙여 학문을 실용성이란 맥락에 따라 구별해서 그 타당성을 고찰해 볼 수 있다. 예를 들어 후기 산업사회에 이르러 순수 학문과 응용 학문의 구분이 일반화되었다. 그럼에도 이런 구분 역시 타당성의 맥락에서는 한계를 지닌다. 이것은 학문을 실용성의 관점에 근거해 구분하는 전형적인 근대적 사유가 학문의 성격을 규정하면서 생겨난 결과이다. 반증 가능의 영역은 사물적이며 객체적인 맥락에 자리한다. 근대는 학문을 객체적 대상에 따른 지식의 층위로 축소했으며, 그에 따라 지식과 학문은 과학적으로 이해되거나 이용 가능성이란 관점에서 이해되기에 이르렀다. 이것이 오늘날 학문을 실용성으로 이해하는 맥락이다.

이런 이해의 변화는 예술조차도 순수예술과 인간의 실용성에 따른 예술, 예술 자체를 위한 예술과 값어치로 매겨지는 예술로 구분해 바라보게 만든다. 그것은 고대에서 보듯이 예술과 기술을 구분하는 방법에 따른 것도, 의미론적 관점에서 구별하는 것도 아니다. 오히려 후기 산업사회에 이르러 극대화된 실용성의 관점이 최대화된 것이라고 할 수 있다. 그런 근대의 과잉에도 불구하고 예술이 무엇인지 묻는 질문은 인간존재의 의미에 대한 질문과 연결되어 이해되어야 할 것이다. 인간의 산출 행위(techne)에서 이해한다면 예술과 기술이 유래한 동일한 기원과 함께 학문 역시 이런 동일한 근원성에서 이해된다. 그

---

37 Karl Popper(1968), *Logic of Scientific Discovery*, Routledge, p. 421.

러기에 예술과 기술을 근거짓는 존재론적 지평처럼 학문 일반에 대한 질문 역시 궁극적으로 이런 지평에서 제기되고 규정되며, 그런 맥락에 따라 이해되어야 할 것이다.

그럴 때 비로소 학문은 존재론적 진리에 관계하는 학문으로 자리할 것이다. 존재론적 진리는 반증의 영역을 넘어서 있으며, 개별적 행위 이전에 결단되는 것이다. 앞에서 말한 학문의 체계화된 형식과 추론된 지식은 학문이 학문으로 존재하기 위한 외적이며 최소한의 조건일 것이다. 이에 덧붙여 학문은 그것이 존재하는 목적과 의미의 측면에서 본질적으로 이해된다. 그래서 학문 일반이 요구하는 정당성의 근거는 그 형식이나 대상, 또는 거기서 추론한 지식 체계에 근거하지 않는다고 말하는 것이다. 이런 존재론적 진리의 학문, 존재론적 의미를 추구하며, 초월성을 내재화하고 이를 해석할 원리를 제시하는 작업은 자연과학적인 학문이나 추론적 지식 체계의 관점에서 형성되지 않는다. 학적 지식과 학문이 인간에게 의미를 지니는 것은 그 자체에서 유래하는 것이 아니라, 그것을 추구하는 인간의 존재 자체에서 유래하기 때문이다. 그렇지 않을 때 철학은 다만 자연과학의 틈새를 메우는 여분의 학문으로만 존재할 것이며, 인간존재는 객체적 영역에 제한될 것이다. 그럴 때 철학은 오늘날 우리가 보듯이 현대 문화에 대한 해석학이나 과학 기술 문명이나 자본주의사회에 대한 해석학적 원리로 작동하게 될 것이다. 그것은 철학의 죽음과 종말을 초래할 것이며, 존재 의미 역시 그런 영역에 제한시키는 결과를 낳을 것이다.

철학이라 하든, 하이데거에서 보듯이 "다가올 새로운 사유"라 하든, 또는 로티처럼 철학의 종말 이후의 문예학이라 하든, 이런 관점에서의 학문의 근거는 학문 이상의 학문으로 자리해야 한다. 그것은 존재론적 의미에 관계하며 인간의 근원적 초월성과 내재성을 성찰할 수 있는 형이상학을 지향한다. 그런 지향성을 지닌 지평을 떠나 인간은 의미론적 삶을 이끌어 갈 수 없을 것이기 때문이다.

지금까지 이야기한 바에 따르면, 학문은 일차적으로 사실 발견의 맥락(context of discovery)에서 정립되지만, 이를 넘어 그 지식의 정당성을 논의하는 정당화의 맥락(context of justification)을 필요로 한다. 그런 영역은 근대의 일반적 학문 이해에서 보듯이 다만 객체적 대상의 영역에 머물러 있거나 그에 따른 가설과 검증의 지식, 실체적이며 객체적인 체계에 한정되지 않는다. 정당성의 맥락은 그것을 보증하는 인간의 존재 없이 성립되지 않는다. 학문을 말하면서 인간의 존재에 대한 성찰이 요구되는 이유가 여기에 있다. 인간의 실존과 존재 의미를 성찰할 때 주어지는 특성을 존재성이라고 말한다면, 결국 학문은 이런 존재성의 지평을 근원적으로 성찰할 때 근원적 정당성을 지니게 될 것이다.

(4) 근대 학문 비판과 해석학

학문의 정당성과 학적 지식의 타당성을 논증하기 위한 중요한 원리 가운데 하나는 인간의 지성적 능력 혹은 전통적인 개념으로 이성에 관한 이해일 것이다. 여기서 이 지성적 능력 혹은 이성 개념을 근대적 인식 이성의 범위에 제한해 이해할 수는 없다. 근대 이성 이해의 한계와 극복을 위한 논의는 별도의 장으로 다루어야 할 문제이다. 그것은 중요하면서도 정치한 논의를 필요로 하기 때문이다. 여기서는 간략히 새로운 이성 이해가 필요하다는 사실만을 전제하기로 하자. 학문의 존재론적 지평을 논의하는 맥락에서 거론되는 이성은 흔히 말하는 학적 이성 또는 지성의 영역을 넘어서 있다. 그것은 칸트에서 보듯이 인식 이성과 실천이성, 심미적 이성에 관여하는 이성의 구조와 성격 규정의 범위는 물론, 헤겔적 지평을 넘어설 것을 요구한다. 그것은 근대의 합리적 이성 개념을 거부하는 새로운 이성이 아니라, 그 개념에 의해 배제되었던 이성의 다른 부분을 회복하는 작업이다. 이런 이성 이해의 전환이 새로운 학문 이해를 위한 전제가 될 것이다.

후기 근대의 문화적 배경에서 학적 체계를 위해 필요한 이성을 의사소통의 규범적 구조와 선험적 조건에 관한 궁극적 근거 정립과 연결해 논의하는 하버마스의 철학은 많은 의미를 지닌다. 하버마스는 현대 언어철학적 전환에 근거해 의사소통 이론과 합의의 과정에 대한 논의를 이런 요구에 대한 응답으로 제시한다. 그것은 미완성에 그친 근대의 기획을 이룩할 철학으로서의 해석학을 의미한다.[38] 그 학문은 근대 학문 체계와 학문 이해를 보완하고 완성하려는 의도를 지니고 있다. 아펠 역시 같은 맥락에서 언어철학을 통한 철학의 변용을 주장한다.[39] 현대 철학의 가장 큰 특징 가운데 하나는 언어에 대한 이해를 통해 학적 작업을 수행하는 데 있다. 언어에 대한 다양한 이해와 이에 바탕한 수많은 철학적 차이에도 불구하고 이것이 현대 학문의 중요한 흐름임에는 분명하다.

이런 흐름 가운데 주목할 만한 것은 하이데거와 가다머(Hans-Georg Gadamer) 이래의 해석학(hermeneutics)이다. 해석학은 18세기에 이르러서야 명확한 학문의 형태로 제시되었지만 고전적 해석학은 그 이전부터 성서를 연구하던 학자들에 의해 문자 그대로 성서를 이해할 때 생기는 문제가 인식되면서 시작되었다고 할 수 있다. 축자영감설이라 일컫는 근대 이전의 성서 이해는 자구 하나하나에 신의 영감(성령)이 깃들어 있다고 생각했다. 그래서 성서는 오류를 지닐 수 없으며, 그 자체로 진리를 말하고 있다고 보았다. 그러나 인간의 이해가 발달하면서 성서가 말하는 진리는 존재론적 진리이지, 객관적인 사실로서의 진리가 아니라는 사실을 알게 된다. 성서에는 많은 비유와 상징이 담겨 있으며, 성서가 쓰인 당시의 문화적 지평을 떠나서는 이해할 수 없다. 또한 성서

---

38 위르겐 하버마스(2000), 『탈형이상학적 사유』(이진우 옮김, 문예출판사), 43-70쪽.
39 Karl Otto Apel(1976), *Transformation der Philosophie,* Frankfurt/M, Bd. II.

는 역사서, 시와 문학작품, 예언서, 복음서, 편지, 교훈서 등의 다양한 양식을 지니고 있어서, 이런 양식에 따라 읽고 이해하는 방식을 달리해야 했다. 법조문과 아이폰 광고문을 비교해서 생각해 보라. 어떻게 읽어야 하며, 그들이 말하는 사실이 어떤 차이가 있는지 금방 이해할 수 있을 것이다.

해석학은 이런 과정을 거치면서부터 학문으로 정립되기 시작했다. 해석학(hermeneutics)이란 말은 그리스신화에 나오는 신의 사자 헤르메스(Hermes)에서 유래한다. 신의 말씀(oracle)은 인간이 알아들을 수 없기에 해석되어야 한다. 그 역할을 담당한 헤르메스가 해석학의 원조인 셈이다. 초기의 해석학은 바로 이런 반성을 담은 성서 해석학의 문제의식을 철학의 텍스트(text)로 옮겨 오면서 시작되었다. 성서 해석학의 역사에서 중요한 위치를 차지하고 있는 불트만(Rudolf Bultmann)은 마부르크 대학 시절 동료였던 하이데거의 영향으로 성서에 대한 탈신화화(Entmythologisierung)와 실존론적 해석학을 주장하기도 했다. 처음으로 철학 영역에서 해석학을 이야기하기 시작한 것도 독일의 신학자 슐라이어마허(Friedrich Schleiermacher)였다. 그는 쓰인 텍스트는 이해되고 해석되어야 한다고 생각했다. 슐라이어마허에 이어 딜타이는 학문을 정신의 학문과 자연의 학문으로 구분했다. 정신의 학문은 자신만의 방법론을 요구한다. 그것을 딜타이는 역사성과 해석학의 방법론으로 제시했다.

이전까지 문헌 해석과 텍스트 이해에 머물렀던 해석학을 학문의 선행 근거가 되는 존재론적 지평으로 확장한 것은 전적으로 하이데거의 공로이다. 하이데거는 『존재와 시간』(Sein und Zeit, 1927)에서 현상학적 해석학을 개념화했다. 그러나 이 해석학은 현상학적이지만 현상학을 넘어 존재 의미에 대한 해석으로 전개되고 있다. 인간은 이해하며 해석하는 존재이다. 그 이해와 해석은 존재론적 의미에서 주어진다. 개별 학문이 존재하는 사물과 관련하면서 학적 작업을 수행한다면, 존재론적 해석학은 개별 사물이 존재하는 그 의미 자체에 관계한다. 그러기에 개별 학적 지식은 이런 근원적 존재의 지평에서 의미를 지니게 되는 것이다. 그 말이 존재론적 의미가 곧 개별 사물의 지식에 관여한다는 뜻은 아니다. 오히려 그것은 개별 지식이 지니는 의미 자체에 관여하는 학문을 말한다.

하이데거의 제자 가다머는 이 해석학을 유럽의 전통 철학, 특히 관념론과 연결시키면서 새롭게 발전시켰다. 그의 저서 『진리와 방법』(*Wahrheit und Methode*, 1960)은 해석학의 역사에서는 아주 중요한 의미를 지닌다. 또한 하버마스와 벌인 일련의 논쟁을 통해 해석학의 현대적 의미를 분명히 했다는 점도 그의 업적 가운데 하나이다. 현대의 학문은 해석학의 맥락을 떠나서는 올바르게 이해할 수 없다. 기존의 해석학이 단순히 텍스트 해석에 머물러 있었던 것과는 달리 이는 존재 의미에 기초한 존재론적 해석학이다. 그것은 근대의 인식론적 전환과 실체론적 학문 체계를 넘어 존재 이해에 따른 학문 체계로 드러난다. 여기서는 진리를 '존재 드러남'으로 규정한 뒤, 객관적 타당성을 요구하는 학적 체계는 이런 존재 진리에 근거해 의미를 지닌다고 말한다. 그러기에 객관적 학적 체계는 존재론적 학문에 의해 그 타당성을 보증받게 된다. 이에 비해 존재론적 학문은 존재 의미에 따라서 논증되며, 그에 따라 타당성을 지니게 된다. 그것은 객관적으로 검증될 수 있는 차원을 넘어서 있다.[40]

존재론적 의미에서의 학문은 그 자체의 원리에서 자기 회귀적으로 논증될 수 있을 때 타당하다. 그런 학문은 그 세계에 존재론적으로 참여할 수 있을 때 타당성을 보증받는다는 말이다. 학문의 근원적 의미를 논의하는 지평은 존재의 참여 없이 유효하지 않게 된다. 그에 관계되는 학문은 개별 실존의 참여와 초월성에 의한 결단에 따라 타당성을 지닌다. 참여하는 실존이 그 학문의 유효성을 보증한다는 말은 지식의 형성에 존재론적 이해가 필수적이라는 의미

---

40 학문론을 논의하는 피히테 역시 이런 맥락에서 "절대적인 제1원칙은 발견해야만 하지 [……] 증명되거나 규정될 수 있는 것이 아니"라고 말한다. 요한 고틀리프 피히테(1996), 『전체 지식론의 기초』(한자경 옮김, 서광사), 16쪽.

이다. 즉, 실존과 존재에 대한 해명을 모색하는 학문은 이런 존재성에 의해 진리로 보증된다는 뜻이다. 이런 이해는 객체적 지평과 인식의 층위를 초월해 이루어지기에 그것은 초월적이다. 그럼에도 그 초월은 어떤 선험적 세계를 향하는 것이거나 초월 세계를 전제하는 것이 아니기에 내재적이다. 이를 초월하되 내재하는 것이기에 내재적 초월성으로 개념화할 수 있다.

이런 학적 지식은 사실로 판명되었기에 진리인 것이 아니라, 존재에 타당하기에 진리이다. 객관적인 과학적 지식은 논증될 수 있을 때, 즉 사물과 인식이 정합적으로 논증될 때 참이 되듯이, 존재의 진리는 인간의 존재에 의해 수용될 때 참이 된다. 이 학문은 자신에서 시작되어 자신에 대해 규정하는 행위가 바로 자신의 학적 과정인 학문이다. 그러기에 그 학문은 자기 회귀적이며, 자기 이해에 기반한다. 존재론적 진리는 사실적 타당성을 요구하는 것이 아니라 자신의 존재에 의해 결단된 지평에 관계한다. 존재론적 진리는 자신의 경험 일반이나 사실의 영역에 자리하지 않고 그것을 넘어서는 초월성의 지평에 자리한다. 그럼에도 그 원리는 자신의 존재에서 이루어지기에 초월적이면서 내재적이며, 내재적이면서 초월적인 것이다. 존재성에 관계하는 영역은 내재적 초월의 진리를 필요로 하며, 인간의 존재성이 참여하는 근원적 초월성을 필요로 하기 때문이다.

이런 이중의 원리는 학문이나 예술은 물론, 인간의 존재가 관계하는 영역에서는 공통적으로 포함되어 있다. 인간이란 존재 자체가 이런 특성을 지니고 있다고 해야 할 것이다. 학문이 이해하고 해석하는 인간 고유의 행위인 한, 그 원리는 내재적이면서 초월적인 특성을 지닌다. 학문의 궁극적인 존재 기반은 이런 내재적 초월성에 있다. 이를 초실재적 세계와 같은 맥락에서 이해해야 할 필요는 없다. 이런 학문에는 자신과 타자의 존재에 대한 근원적 이해와 해석이 담겨 있기에 그것을 존재론적 해석학으로 정의하는 것이다. 그것은 존재에 대한 이해를 통해 자신과 타자를 이해한다. 타자라는 거울을 설정해 자기 정체성을 확립하는 것이 아니라, 타자와의 존재론적 관계 안에서 자기 이해를 규정하는 것이다.

이처럼 학문의 타당성 논의에 따라 고찰할 때 학적 진리의 존재론적 특성은 인간의 이성과 존재 자체에 대한 이해를 요구한다. 그것은 실재를 넘어서는 층위는 물론, 존재 의미와 인간의 지적 능력에 대한 새로운 사유를 의미한다. 나아가 이렇게 이해된 초월의 내재성을 학문적으로 규정하고 그 근거를 정립할 수 있을 때 새로운 사유는 가능할 것이다. 이것은 결국 이성 이해의 새로움과 존재 이해의 전환을 지향한다. 이에 대한 이해가 형이상학의 영역이기에 이런 지향은 결국 형이상학의 변화를 의미한다. 그래서 탈근대 논의는 곧 탈형이상학 논의로 이어지는 것이다. 넓은 의미에서 인문학을 비롯한 학문 일반은 이런 지평에 자리한다.

3장
인문학의 의미

1. 인문학의 특성

(1) 인간의 학문

삶의 학문

인문학(人文學)은 말 그대로 인간에 관계되는 학문이다. 여기서 '문'(文)이란 말은 학문을 뜻하지만 무늬(紋)란 뜻도 지닌다. 고대의 한자 사전인 『설문해자』는 '문'을 '무늬'(紋)와 같은 뜻으로 풀고 있으며, 이는 '결'(理)이라는 의미를 지닌다고 말한다. '결'(理)은 옥의 결, 삶의 결, 흐름의 일정한 방향과 지향성을 의미한다. 인문학은 일차적으로 살아 온 삶의 흔적과 역사의 경험이 만들어 내는 무늬를 나타내며, 이는 우리가 현재 인간다운 삶을 위해 해야 할 일과 해서는 안 될 일을 내포하고 있다. 나아가 여기에는 그런 현재를 딛고 나아가야 할 미래가 숨어 있다. 무엇을 알 수 있고 알아야 하는가에 관계되는 학문, 무엇을 향해 나아가는지에 관한 이해와 성찰이 들어 있는 것이다. 또한 그 삶의 실존과 경험에 대한 해석과 성찰이 재현되어 있다. 즉, 인문학은 인간과 인간의 삶에 관한 것이며, 그 의미를 해석하고 성찰하는 작업을 의미한다. 따라서 우리는 인문학을 인간과 삶의 역사적 경험, 그 초월적 지평에 관계하는 학문이며, 인간의 존재 자체에 대한 학문이라고 정의할 수 있다.

하지만 인간의 앎과 삶에는 한계가 있으며, 근본적인 대립과 갈등이 존재한다. 인간은 불가피하게 이런 갈등과 모순 속에 자리하는 존재이다. 인간은 몸을 지닌 생명체이면서 그것을 넘어서려고 하며, 땅 위에 있으면서도 하늘을 바라보는 존재이다. 인간은 몸을 지닌 생명체이면서, 그것을 넘어서려는 존재이기에 근본적으로 모순된 존재이다. 인간은 하늘과 땅 사이에 자리하며, 선을 향하지만 악과 함께하며 몸과 마음, 어제와 내일 사이에 자리하는 존재이다. 그러기에 인간은 그 사이와 틈새에서 모순과 씨름하면서 걸어가는 길 위의 존재이기도 하다. 따라서 인문학은 모순 사이에 존재하는 틈새를 해석하는 여백에 자리한다. 인문학은 이런 중첩과 여백의 상호작용을 거치면서 확장되며, 새롭게 해석되는 과정의 학문이다.

현대 철학의 중요한 업적 가운데 하나는 인간과 학문의 역사성을 밝힌 데 있다. 인간은 철저히 역사적 존재이며, 그러기에 학문 역시 역사적이다. 인문학은 역사의 길 위에 자리한다. 그럼에도 인문학은 그 역사를 해석하며, 인간은 이를 통해 역사를 넘어서려 한다. 인간이 역사적 존재이면서 동시에 그 역사를 넘어서는 초월의 존재이기 때문이다. 자신의 삶의 흔적, 역사의 경험과 그것에 대한 해석 없이 인간은 현재의 인간으로 자리하지 못한다. 또한 역사적 존재인 인간은 자신의 현재성을 넘어서려는 초월적 동기를 지닌다. 그러기에 인문학 역시 이런 성격을 지닌다.

역사적으로 인간을 정의하려는 숱한 논의들이 존재했다. 그리스도교에서는 인간을 신의 창조물이며, 그에 따른 인격성(personality)을 지닌 존재로 이해했다. 서구 전통 철학에서는 인간을 본질과 실존 개념에서 바라보았으며, 현대 생물학에서는 유전자 차원에서 인간을 정의하기도 한다. 한편으로 동아시아 철학에서는, 성리학의 인간의 본성에 대한 논쟁에서도 알 수 있듯이. 인간을 하늘의 명(天命)을 내재화한 '성'(性) 개념을 통해 규정하기도 한다. 하지만 그 어떤 정의에도 불구하고 인간의 역사성과 나아갈 미래를 현재화하는 초월성에 대한 해명 없이는 결코 인간을 정확히 이해할 수 없다. 따라서 인간을 제대로 이해하기 위해서는 인간의 조건(conditio humana)과 그 한계를 초월하는 문제를 다루는 인문학에 대한 이해가 필수적이다.

인문학은 철저히 인간에 의한 학문이며 인간에 대한 학문이다. 천사나 신은 학문하지 않는다. 그들은 학문할 필요가 없다. 우리가 아는 한 동물도 학문하지 않는다. 학문은 인간의 지성이 벌이는 이해의 노력이며, 해석의 지적 작업이다. 그것은 세계와 역사, 사회와 문화, 인간과 자연에 대한 스스로의 이해와 해석을 의미한다. 그러기에 학문은 오직 인간의 것이며, 인간의 작업인 것이다. 이처럼 인간이 인간으로서 이루어 가는 자기 이해의 학문이 인문학이기에 그것은 인간의 본질적 행위이다. 인간이 이루어 가는 현재의 모든 이해와 해석 행위가 체계화되고 개념화된 것을 우리는 인문학이라 정의할 수 있다.

인간존재와 인문학

학문은 지적인 욕구, 알고자 하는 인간의 본성에서 기인하는 것이다. 아리스토텔레스는 이미 2,300여 년 전 그의 가장 중요한 철학 저서인 『형이상학』 서두에서 "인간은 그 본성에서부터 알기를 원한다"고 말하지 않았던가.[1] 그럼에도 불구하고 인문학은 좀 더 깊은 층위에서 이루어지는 존재론적 의미를 지닌다. 인문학적 성찰은 죽어야 하는 유한한 존재로서의 인간이 그것을 극복하려는 노력이라 할 수 있다. 죽음에 처한 인간, 그 존재의 종말이 결정되어 있는, 죽음으로 처형된 인간이 절대적인 무의 상태인 죽음에 대한 극복의 관점에서

---

1 Aristoteles, *Metaphysica*, I, 980a, 21.

이루어 가는 해명과 죽음의 수용이 학문과 예술을 낳은 것이다. 인문학은 절대적인 무의 상태인 죽음에 마주선 인간의 실존적 지평에서 이루어진다.

인문학은 인간의 지성적 작업이다. 칸트는 자신의 철학 전체를 돌아보는 과정에서 결국 철학이란 다음의 네 가지 질문과 그에 대한 대답이라고 정의한다. 그는 "나는 무엇을 알 수 있는가"에 이어 "나는 무엇을 할 수 있는가", "나는 무엇을 해도 좋은가"라는 세 가지 질문을 제시한다. 그것은 각각 인식론과 윤리학, 나아가 종교 철학의 질문이라 할 수 있으며, 이에 대한 철학적 노력이 이른바 『순수이성비판』을 비롯한 3대 비판서에 담겨 있다. 이런 세 가지 질문은 궁극적으로는 "인간이란 무엇인가?"로 귀결된다.[2]

한편으로 인문학은 인간의 전 존재를 건 투신 행위라 할 수 있다. 버트런드 러셀은 자서전에서 자신의 삶이 세 가지 충동에 의해 이루어졌다고 말한다. "단순하지만 누를 길 없이 강렬한 세 가지 열정이 내 인생을 지배해 왔다. 사랑에 대한 갈망, 지식에 대한 탐구욕, 인류의 고통에 대한 참기 힘든 연민이 그것이다. 이런 열정이 마치 거센 바람처럼 나를 이리저리 제멋대로 몰고 다니며 깊은 고뇌의 대양 위로, 절망의 벼랑 끝으로 떠돌게 했다." 인간과 관련된 학문으로서의 인문학은 자신의 존재뿐만 아니라, 타자의 존재에도 관계한다. 바꾸어 말해 사람에 대한 배려와 함께하며, 사람에 대한 공감과 함께하는 행위 없이 이루어지지 않는다. 학문은 인간의 것이기에 인간존재의 본질적 특성인 공존재(Mitsein, 共存在)를 배제한 학문은 무의미하다. 그런 학문은 다만 자연과 타자를 객체화하고 사물화(reification)하는 것일 뿐이다. 배려와 공감, 함께함(공존재)은 뛰어난 인간의 내적 특성이다. 그것은 지성적 특성을 지닌다. 흔히 느낌을 지성과 무관한 것으로 이해하지만, 지성은 생각하고 느끼는 정서적 측면, 타자와 보편적 인간에 대한 공감과 함께하는 것이 사실이다.

---

2 임마누엘 칸트, 『논리학 강의』 서문(WW. VIII, S. 343).

이런 인문학은 자연 사물(事物)의 영역, 즉 사건(事件)과 물건(物件)에 관계되는 학문에 비해 그 의미와 해석에 관계되는 학문을 가리킨다. 인문학은 자연과 사회현상에 대한 객관적 지식과 과학적 방법론에 관한 학문이 아니라, 그와 관계하는 인간의 존재에 의한 해석학을 의미한다. 인문학이 '인간의 학문'이라는 것은, 인간이 주체가 되는 동시에 대상이 된다는 뜻으로, 인간에 의한, 인간에 관한 학문이라는 의미이다. 즉, 인간이 주체가 되어 이끌어 가는 학문이기에 주어적이며, 인간에 대해 이야기한다는 점에서 목적어적인 학문이다. 그러기에 인문학은 결코 인간에 대한 '과학'일 수가 없다. 인문과학이란 말은 인문학의 의미를 전혀 이해하지 못하기 때문에 생긴다. 대학이나 언론에서 무분별하게 사용하는 인문과학이란 용어는 오늘날 인문학에 대해 얼마나 오해하고 있는지를 잘 보여 준다. 그런 조어는 결국 근대 이래의 자연과학에 대한 인문학의 열등감을 드러내는 표현에 지나지 않는다.

문제는 구체적으로 '지금·여기', 즉 현재를 사는 인간으로서 우리가 어떻게 학문하고, 세계를 이해하고, 역사를 해석하며, 미래를 기획하는가이다. 중요한 것은 학문의 자리와 학문에 대한 이해, 학문이 나아갈 길에 대한 생각이다. 이는 좁게는 한 사람의 지적 존재로서 나 자신이 이 사회에서 지닌 몫을 다하기 위한 것이며, 크게는 학문이란 결국 인간의 자기 이해이며 이에 기반해 세계와 역사, 자연과 문화의 이해 체계가 형성되기 때문이다. 인간의 외적인 행위, 기술과 자본, 인간이 이룩한 모든 성과는 결국 이런 자기 이해에 의해 원초적으로 결정될 것이다. 오늘날 우리 학문 사회의 문제, 인문학의 위기, 대학과 교육의 실종, 규범 상실 등은 궁극적으로 인간의 근본적이며 원초적인 지적 행위로서의 학문이 자리한 터전과 내용, 의미와 방향이 잘못 설정되고 흔들리고 있기에 일어난다.

(2) 자기 이해의 학문

인문학은 인간에 의한 학문이면서 인간에 관한 학문이기에 자기 이해의 학문이라 말할 수 있다. 그런 인문학은 본질적으로 자기 지시적이며 자기 회귀적이다. 이 말은 인문학의 진리가 선험적으로 자리하고 있거나 어떤 초월적 세계에 의해 주어진다는 뜻이 아니다. 이는 인문학이 인문학적 행위를 전개하는 그 자체의 과정으로부터 의미가 발견되고 생성된다는 뜻이다. 이런 인문학의 자기 지시적이며 자기 회귀적인 특성을 '자기성'(selfness)이라 한다. 이런 특성은 인문학에 대해서는 어떤 이념이나 독단적 올바름, 당위적이거나 선험적인 지평을 요구하지 않는 데서도 잘 드러난다. 인문학은 삶의 역사와 경험, 삶의 초월성과 미래를 현재화시키는 과정, 즉 시간적 과거와 미래가 지금 여기에서 중첩되는 학문이다.

인문학은 사물의 숨겨진 비밀스러운 매듭을 보는 눈이며, 자연의 숨은 소리를 듣는, 존재 들음의 학문이다. 이로써 감춰져 있던 새로움을 발견하고, 그것을 주제화해 있음의 세계로 드러내는 학문이다. 이를 통해 존재의 세계를 열어 가는 지성적 작업이 인문학의 본성이다. 존재의 세계를 열어 간다는 것은 있는 것에 대한 객체적 이해를 넘어 그 안에 담겨진 사물의 진실을 이해하는 것이며, 그것이 인간존재에 지니는 의미를 이해한다는 뜻이다. 그러기에 인문학은 존재 의미에 대한 질문에서 시작된다.

질문이 금지된 시대, 금지된 질문은 이해의 금지와 해석의 금지를 의미한다. 질문이 금지된 시대에 인문학은 불가능하다. 인문학은 사회와 존재의 금기를 넘어서는 위반의 학문이다. 그러기에 인문학은 비판과 위반을 떠나서는 존재할 수 없다. 우리 시대는 한때 반공이나 조국 근대화란 이름으로 질문이 금지되었다. 그 시대에 인문학은 불가능했다. 그런 시대는 지나갔지만 당시 우리가 내면화한 금기는 인문학을 불가능하게 만들고 있다. 지금 다시금 경제성장

이든 어떤 권위든, 또는 다른 그 어떤 이름으로든 질문이 금지된다면 인문학적 사유는 불가능하다. 오늘날 스스로를 이런 금지의 이름에 묶어 두려 한다면, 그는 인문학을 한다고 말할 수 없다. 자신의 자리를 지키기 위해 스스로 금지의 영역으로 침잠하는 인문학은 인문 정신에 대한 배반에 지나지 않는다.

(3) 구원과 해방의 학문

인문학의 자리는 진부함에 매몰된 것을 깨뜨리며, 존재의 신비에 대한 놀라움을 드러내는 현재라는 터전이다. 여기서 창출되는 인문학은 깨달음과 삶의 구원을 가져다주는 학문일 것이다. 인문학은 성찰의 작업을 통해 인간을 이해하고 의미를 부여하는 지적 노력이기에 그것은 인간의 자기 구현 과정이며, 그에 따라 이루어지는 구원과 해방의 학문이다. 그것은 인간 내면에서 주어지는 구원이며, 무지의 억압에서 벗어나는 해방을 의미한다. 인문학은 존재론적 해방의 길을 열어 주는 구원의 인도이다. 그러나 그 구원과 해방은 신적인 것을 의미하지는 않는다. 여기서 구원과 해방은 인간이 자신의 존재에서부터 자신을 이해하고, 그렇게 자리할 수 있도록 이끌어 가는 것이다. 그래서 인문학은 의미 체험과 존재 이해를 통해 인간을 바로 그 길로 나아가도록 재촉한다.

인문학이 말하는 해방과 구원은 이해를 통해 주어지는 것이다. 그것은 인간이 자신의 무지와 어두움에서 벗어나는 해방, 권위와 인습의 진부함으로부터의 구원을 말한다. 구원은 존재론적 해방을 의미한다. 그것은 인문학의 이해와 해석이라는 지성적 노력을 통해 얻어진다. 학문의 목적은 그것을 통해 깨달음을 얻고 존재론적 변화를 꾀하는 데 있다. 학문은 학문하는 동기와 학문을 통한 깨달음은 물론 학문을 통한 존재론적 변화에 자리한다. 그러기에 학문으로서의 인문학은 지성적 노력이면서 동시에 존재론적 결단이다. 그것은 구원과 해방을 원하는 인간의 마음이 함께하지 못하면 이루어지지 않는다. 학문은 이런 마음으로 하는 것이기에, 인간의 존재론적 참여 없이는 불가능하다. 따라서 이런 점에서 본다면, 인간으로 존재하는 한 우리는 누구나 학문하고 있는 것이다.

이때의 학문은 당연히 명시적이며 주제화된, 체계적인 학문을 의미하는 것이 아니다. 그것은 오히려 존재론적이며 철학적 관점에서 이해되는 학문을 말한다. 이런 의미에서 인문학은 근원적으로 인간의 자유와 관계된다. 자유는 존재 의미를 이해할 때 가능하다. 존재론적 진리는 우리를 자유롭게 한다. 존재론적 학문은 자유로운 존재로서 인간이 하는 지성적 작업에서 이루어진다. 학문은 한편으로 해방과 계몽, 실존적 차원과 사회적 차원, 공동체와 이웃, 그에 대한 연민과 헌신이란 관점에서 이해된다. 개인의 자유와 진리는 공동체를 떠나 존재하지 않기에 학문의 구원과 해방은 개인적이면서 동시에 공동체적이다. 우리의 인문학은 유럽 중심주의와 그것이 강요하는 보편성, 이념과 독선에 의한 온갖 허상과 억압은 물론 소외와 억압으로부터 인간을 해방시키는 힘을 지닌다. 개체와 개별 공동체를 억압하고 강요된 보편성으로 자유를 막는 중심주의에서 벗어나는 데 저항의 인문학이 지닌 자유로움이 존재하는 것이다.

그렇다면 학문이 주는 구원은 어떤 것일까? 미셸 푸코에 따르면 학문과 지식은 오히려 현대의 특징적인 폭력이 되고 있다. 학문이 오히려 지식과 삶을 분리시키고, 지식으로부터 삶을 배제하며, 이를 정당화하는 사회통제의 도구가 된 것이다. 학문이 오로지 경제와 과학 기술에 따라서만 이해된다면 그것은 폭력적일 수밖에 없다. 현대의 폭력은 이렇게 싹튼다. 이런 상황에서 현재의 인문학은 비인간화를 부추기는 죽은 학문을 넘어 인간과 삶의 맥락을 진지하게 수용하면서 인간을 위한 지식으로, 사람을 살리는 학문으로 새롭게 태어나야 한다. 그것은 과거를 응시하면서 역사의 경험을 추체험하는 과정, 미래를 현재화하는 결단과 성찰을 통해 삶과 인간을 변화시키는 데 헌신하는 것이다. 그럴 때 학문은 우리에게 구원이 될 수 있을 것이다. 삶을 소외시키는 폭력, 익숙함의 테두리를 넘어 새로움을 창조하는 것, 그것이 철학을 비롯한 인문학 일반이 당면한 과제이다. 이를 위해 인문학은 현재에서 새롭게 변형되어야 한다. 이런 인문학이 사라진 곳에는 폭력과 야만이 싹트게 되기 때문이다.

에드워드 사이드(Edward Said)는 현대 문화의 폭력과 문화 제국주의가 여전히 남아 있는 상황에서 그것에 저항하고, 그 상황을 극복하려는 인간을 위한 학문으로 인문학을 이해한다.[3] 그것은 주어진 현재에 대한 일방적 수용을 넘어 독자적 수용으로 나아가는 것, 우리의 문화, 구체적으로 민주주의와 그에 따른 세계체제에 대한 비판과 저항을 담아내는 것이다. 그것은 인문학이 자리한 역사의 경험에서 주어진다. 근대가 과잉으로 작동하는 이 시대의 경험, 즉 계몽의 자기 구현을 통해 근대의 역사가 야만으로 작동했던 경험은 우리에게 인문학을 저항의 학문으로 정초하게 만든다. 저항으로서의 인문학은 야만과 그것을 가능하게 한 계몽의 기획에 대해 저항하는 실천이며, 주어진 텍스트와 근대 세계를 수용하는 동시에 그런 전통과 권위를 부정하는 이중적 행위이다. 인문학이 저항으로 자리매김되는 이유는 현재의 폭력과 야만에 대해 '아니오'라고 말해야 하는 인문학의 운명 때문일 것이다. 우리는 그런 관습과 일상에 매몰되기 쉽지만 인문학을 통해 그런 진부함과 오류에 저항해야 한다.

사이드는 인문주의란 "인간을 다른 것과 구분짓는 특성을 찾으려는 갈망"이라고 말한다. 그것은 "인간적인 모든 것을 고려하려는 열망"이며, 인간이 만들고 구성한 것, 역사와 인간존재의 자기 인식에 대한 탐구를 의미한다. 인문학의 목적은 "해방과 계몽에 쏟은 인간의 노동"과 그것을 위한 "집합적 과거와 현재에 대한 인간의 오독이나 오해"를 비판적으로 검토하는 데 있다. 이는 인

---

3 에드워드 사이드(2008), 『저항의 인문학 : 인문주의와 민주적 비판』(김정하 옮김, 마티).

문학이란 흔들리는 모험이며, 삶의 상상력과 초월적 극복에 기여해야 한다는 이해에 따른 것이다. 사이드의 주장은 한편으로 우리 학계의 심각한 문제인 학문 제국주의에 대한 비판으로 받아들일 수도 있다. 학문 제국주의란 해석해야 할 자신의 자리에 우리가 아닌 그들의 문제와 존재를 전치시키는 행위이다. 그들의 문제와 그들의 해답이 우리 존재의 자리를 대신하는 것이다. 학문이 구원과 해방을 준다면 제국주의적 사고에 빠진 학문은 '그들'의 구원과 해방에 관계할 뿐이다. 우리 학계의 서구 추종은 비판조차 진부할 정도로 골수에까지 미쳐 있다. 인문학이 자신의 존재와 그 지평, 문화의 현재에서 태어나 그것을 성찰하고, 나아갈 길을 보여 주는 현재의 학문이라면, 자신의 현재를 담아내지 못하는 인문학은 무의미하다.

미국 대학의 총기 사고는 고민하지만 한국 교육의 현실, 입시 교육과 학벌 체제, 학교 폭력이나 왕따 문제 등에는 침묵하는 인문학은 누구를 위한 학문인가. 대학에 학문은 사라지고, 전문화된 직업으로서의 교육과 자본의 논리에 휘둘리는 현실에서 우리 인문학은 무엇을 성찰하며 무엇을 고뇌하고 있는가. 인문학은 모순된 현실을 극복하려는 노력에서 주어지는 것일 텐데, 우리 인문학은 과연 얼마나 이런 과제에 충실한가. 오히려 그런 현실과 모순을 정당화하는 기제로 작동하고 있지는 않은가. 현재 인문학은 사회 통제의 도구란 비판에서 얼마나 자유로울 수 있을까. 교육학에 현실의 교육 없고, 철학에 사람과 사람의 현재가 없으며, 신학에 신이 없다면, 그 학문은 누구와 무엇을 위한 것일까. 현재를 성찰하지 못하는 인문학은 결국 인문학이 사라진 현재를 초래할 것이다.

2. 철학으로서의 인문학

(1) 이해와 해석의 학문

인문학은 이런 현재성을 묻고 그 의미를 밝히는 학문이기에 철저히 인간의 존재에 대한 생각에 근거해 이루어진다. '생각함'이란 하이데거의 말처럼 '있음'이란 사실에 대한 경외감, 존재에 대한 경건함을 드러내는 행위이다. 그것은 우리가 존재하고 있음에 대한 감사의 표현이며, 존재의 의미를 결정하는 나의 실존적 행위 전부이다. 그러기에 사유하지 않는 삶은 인문적 삶이 아니며, 스스로의 사유가 사라진 인문학은 인문학이 아니다. 인문학은 생각함의 자유로움 없이 가능한 작업이 아니다. 인문학적 생각은 소유나 명예, 권력에 대한 생각이 아니라 내가 있다는 것에 대한 생각, 있음에 대한 생각이며, 그 의미에 대한 생각이다. 이것을 우리는 존재론으로 규정한다.

인문학이 존재론적 해석학이란 말은 이런 의미를 지닌다. 인간으로서 우리는 모두가 언제나 어디서나 생각하고 있으며 이해하고 있다. 인간의 삶이 생각하는 만큼, 무언가를 이해하는 만큼 존재한다면, 삶은 그 자체로 인문학적이다. 그래서 데카르트와 달리 우리는 이렇게 말할 수 있다. "이해한다. 그러므로 나는 존재한다." 인간으로서 나는 이해함으로써 존재하며, 이해하는 만큼 실존한다. 나는 역사의 경험에 대한 해명과 미래, 또는 초월을 내재화하는 가운데, 그것을 현재화하는 가운데 존재한다. 인문학적 이해는 있음에서 주어지며, 있음은 이해에서 규정된다. 그러기에 이해하는 나와 우리는 근원적으로 인문학적 존재이다.

이해함으로서의 학문, 해석으로서의 학문은 인간의 존재론적 본성이다. 누구나 이해하면서 살듯이 누구나 인문학적으로 산다. 비록 비주제적으로 이해하고 있기에 감추어져 있을지언정 인간은 이런 이해와 해석의 체계 안에 존재한다. 그러기에 인간의 존재 자체가 인문학적 특성을 지니며, 인문학 역시 인간의 존재 자체에서 주어진 학문인 것이다. 이것을 주제적 행위와 비주제적 행위로 구분해 생각할 수 있다. 인간이라면 누구나 인문학적으로 산다는 말은 학문으로서의 인문학을 가리키는 말이 아니다. 그것은 오히려 인문적이기에 아직은 주제화되지 않은 층위에서 이루어지는 인문적인 것, 비주제적인 층위에서 이루어지는 인문학으로 개념화하는 것이다. 존재적 층위에서의 생각과 이해가 언제나 명시적으로 드러나거나 주제화되지는 않는다. 일상에서 우리는 암묵적이며 드러나지 않지만 언제나 생각하고 있으며, 주제화되지 않았지만 어떻게든 이해하고 있다. 인문학은 이런 비명시적 생각과 비주제적 이해를 주제적으로 명시화하는 행위이다. 그러기에 인간이라면 누구나 인문적이지만 이해와 해석의 지성적 작업을 통해 우리는 인문학적으로 존재하게 된다.

존재의 세계가 끊임없는 변화 안에서도 근원을 떠나지 않는다면, 그것을 읽고 해석하는 인문학 역시 변화를 담지하면서, 해석을 통해 이것을 재현할 수 있어야 한다. 인문학으로서의 학문은 세계와 자연, 역사와 문화, 인간과 생명에 대한 이해와 해석의 보편적인 결과물이다. 그것은 보편과 차이, 동일성과 다원성, 변화와 근거, 존재와 생성을 함께 보고, 성찰하는 작업이다. 어느한 쪽을 소홀히 해 일면성으로 흐를 때 학문은 반쪽의 것이며, 그러기에 반진리(反眞理)가 될 것이다. 이런 의미에서 인문학은 중첩적이다. 중첩적인 인문학은 결코 완성에 이를 수가 없다. 인문학은 끊임없이 변화된 현재에 대한 이해와 해석을 수행하는 학문이기에 이런 이해와 해석에 따라 변용될 뿐이다. 그학문은 결코 완성에 이르지 못해, 완성에 이를 때 곧 종말에 처하게 될 것이다. 완성이란 말은 끝을 의미하기에 인문학의 완성은 인문학의 종말을 의미한다. 이해와 해석의 인문학은 언제나 길 위에 있는 과정의 학문이기 때문이다. 우리에게 인문학이 필요하다는 것은 우리의 현재와 존재를 이해하고 해석할 지성과 결단에 대한 요구이다.

막스 베버는 그의 주저 『프로테스탄트 윤리와 자본주의』 서문에서 "왜 보편적 이성과 합리성은 오직 유럽에서만 가능했는가?"라고 질문한다.[4] 그는 이성의 원리와 그에 따른 합리성의 문화가 자본주의를 가능하게 했으며, 그것은 오직 유럽의 철학에서만 가능했다는 전제를 당연시하고 있다. 이런 전제에 따라 근대의 문화를 해명하고, 가장 합리적인 사회 체계인 자본주의를 설명하고자 한다. 이는 분명 유럽 세계에 대한 오만과 다른 세계에 대한 무지가 뒤섞인 질문이다. 그럼에도 이런 오만과 무지에 대해 우리는 무엇이라고 대답할 것인가? 서세동점 이래 동아시아가 역사의 주변부로 밀려난 상황이 문제가 아니라, 이성과 합리성이 결여되었다는 주장이 문제라고 응답해야 할 것이다. 이성의 결여를 말하는 까닭은 이해하고 해석할 주제적 능력이 결여되었다는 인식 때문이다. 그것은 현재와 존재를 이해하고 해석하는 행위의 결여를 의미한다.

유럽 이외의 지역에 합리성이 결여되었다는 인식은 서구 세계가 가진 일반적이며 오늘날에도 여전히 존재하는 유럽 중심주의적 사고라 할 수 있다. 1997년 IMF 구제 금융 사태가 벌어졌을 때, 그 원인을 합리성이 결여된 문화에서 찾는 주장이 난무했다. 그들은 정실 자본주의와 금융 체계, 정치적 비합리성에 대한 지적을 넘어 문화와 학적 체계에까지도 합리성이 결여되었다고 비판했다. 자신의 존재와 현재를 이해하거나 해석하지 못한다면, 이성의 결여를 말하는 그들의 오만에 어떤 대답도 제시하지 못할 것이다. 그러기에 지금 여기에 인문학의 학문함이 요구되는 것이다.

이런 상황에서 현재의 인문학은 지성을 통해 이해와 해석을 주제화하는 학문이다. 그런 까닭에 인문학의 사유는 명사가 아니라 동사로 이해된다. 그

---

4 Max Weber(2002), *The Protestant Ethic and the "Spirit of Capitalism"*, translated by Peter Baehr and Gordon C. Wells, Penguin Books.

것은 지식이나 개념을 학문적으로 축적한 명사화된 학문 체계가 아니라 생각과 이해를 드러내는 동사적 행위를 의미한다. 인문학은 지식의 축적에 있는 것이 아니라 사유함으로서의 학문함에 있다. 서구의 근대적 이성에 비해 이런 사유함으로서의 인문학적 지성은 우리 또는 인류가 보편적으로 소유한 이성 이해의 새로움으로 제시된다.

인간의 역사는 이해와 해석의 역사이며 이를 체계화한 지식의 역사이다. 그 지식의 범위 안에서 인간은 자신의 삶에 의미를 부여하고, 나아갈 방향을 결정한다. 그런 지식의 축적을 학문이라 한다면, 결국 학문은 삶의 흔적이며 역사적 산물이라 할 수 있다. 지식과 학문은 완성됨으로써 끝나는 것이 아니라 언제나 과정 중에 있으며 이루어져 가는 과정 자체가 지식과 학문의 자리인 것이다. 학문은 변화된 시대를 바라보면서 변해 가고 수정되며 새롭게 형성된다. 인간의 삶은 물론, 그에 대한 이해와 해석 역시 그런 지평에서 움직이고 있다. 우리는 아는 만큼 이해할 수 있고, 지식의 범위 안에서만 삶을 이끌어 갈 수 있을 뿐이다. 인문학적 존재는 이해하는 만큼 존재하며 해석하는 모습대로 형성된다. 인문학적 존재는 근대성이 아니라, 인간의 존재 전체를 담아내는 감수성과 삶의 이성은 물론, 자신의 한계와 조건성을 초월해 가는 특성 속에서 이루어진다. 그래서 인간의 학문인 인문학은 그 틀 안에서, 그 특성 위에서 수행되며 변형되고 완성되어 간다. 인간은 영원히 길을 걸어가는 존재이듯이 인문학 역시 끊임없는 이해와 해석의 과정 중에 있다. 이해와 해석으로서의 인문학은 철학함에서 이해된다.

(2) 인문학의 철학적 특성

인문학과 철학

인간에 대한 학문으로서 인문학은 그 본질적 특성이 철학적이기에 철학은 인문학의 다른 이름이라고도 볼 수 있다. 이런 특성은 플라톤의 철학에서 살펴볼 수 있다. 플라톤은 『국가』 7권에서 '동굴의 비유'를 들려준다. 그에 따르면, 우리가 현실로 접하는 세계는 영원하며 본질적인 세계의 모상에 지나지 않는다. 그것은 참된 세계가 복사된(mimesis) 허상일 뿐이다. 인간은 태어나면서부터 동굴에 갇힌 죄수에 비유된다. 그는 벽에 비친 그림자를 현실로 여기면서 참된 세계, '이데아(idea) 세계'의 본 모습을 보지 못한다. 본질적 세계를 향한 인간의 노력, 이데아 세계를 기억하고 회상하려는 인간의 본성적 노력을 플라톤은 '지혜에 대한 사랑'으로 표현하고 있다. 잘 알려져 있듯이 철학으로 번역된 그리스 말 'philosophia'는 사랑과 열정을 뜻하는 'philos'와 지혜를 뜻하는 'sophia'가 결합된 말이다. 인간은 이런 근원적 세계를 향한 사랑과 열정을 지니고 있으며, 이를 향한 지성적 노력을 플라톤은 철학이라 말하고 있다.

이와 함께 초기 그리스철학은 자연 세계의 근원을 '아르케'(arche)란 말로 규정하고 그것이 무엇인지 찾고자 했다. 인간을 넘어서는 어떤 신적인 힘이나 신화적 세계관에 호소하지 않고 인간이 지닌 어떤 능력을 통해 그것을 추구했다. 이것을 지성적 노력이라 한다면, 학문을 다만 서구의 근대 역사에서 보듯이 이성으로만 국한시켜 이해해야 할 이유는 존재하지 않는다. 그래서 인간이 지닌 이런 지성(nous)적 능력에 의한 세계관의 변화를 '신화(mythos)에서 로고스로의 전환'이라 할 수 있다.

고대 그리스 자연철학자인 헤라클레이토스에 의하면 세계는 끊임없이 변화하며 이런 변화야말로 세계의 근원적 특성이다. 그는 이런 끊임없는 변화의 원리를 'logos'란 말로 규정하고, 이 원리를 이해하는 인간의 능력을 지성

(nous)이라 했다. 지성은 'logos'에서 분화되었기에 이것을 이해하고 찾을 수 있는 능력이다. 이런 생각을 이어받은 플라톤은 인간이란 지성으로 이데아의 세계를 향해 가는 존재라고 생각했다. 인간의 영혼은 이데아 세계에서 인간의 육체에 갇힌 존재이기에 이 굴레를 넘어 이데아 세계를 향한 상승 운동을 한다. 철학은 이런 지성의 상승 노력이다. 그것은 로고스의 현재화이며, 그러기에 철학은 인간존재의 본래적 행위이다. 그러기에 누구나 철학하는 것이며, 인간이라면 그 존재 자체가 철학적 행위에 자리한다.

같은 맥락에서 하이데거는, 인간은 철학에 대해 아무것도 모르고 학문적으로 "철학하지" 않아도 철학하고 있다고 말한다. 인간으로 실존하는 한 우리는 언제나 필연적으로 이런 사유를 하고 있다. 원숭이가 나무를 타듯이, 물고기가 헤엄을 치듯이, 인간은 생각하고 이해한다. 이런 생각과 이해의 행위를 굳이 사유라 부르는 까닭은 그것이 일상적으로 스쳐 가는 생각 이상이기 때문이다. 이 사유는 강단에서의 학문이라기보다 인간의 존재론적 의미를 해석하고 이해하는 모든 성찰적 노력을 의미한다. 그러기에 그것은 철학이나 신학, 인문학 따위의 분과 학문의 틀을 넘어서 자리하는 인간의 모든 존재론적 노력과 투신을 의미한다. 그런 관점에서 우리는 언제나 사유 작업으로서 철학하고 있는 것이다. 그것을 철학이라 하든, 인문학이라 하든, 예술이라 하든 학문한다는 것은 이런 사건으로서 철학함을 일으키는 행위이다. 그것은 인간의 존재 자체에 속하는 사건이다.

인간은 "실존이 내리는 매번의 결단"에 따라 자신의 미래를 향해 간다. 이 결단은 존재자의 지평을 넘어서는 존재론적 초월에 따른 것이다. 그것은 "현존재가 자신의 실존 전체와 본질에서 자신에게 앞서 제시하는 내적인 과제를 이해"하도록 만드는 결단이다.[5] 지금 학문의 길을 걷는 우리의 실존적 과제는

---

5 마르틴 하이데거(2006), 『철학입문』(이기상·김재철 옮김, 까치출판사).

존재론적 의미와 초월에 대한 결단에 따라 이루어진다. 하이데거는 이런 존재론적 의미와 초월에 대한 결단에 대해 말하고 있다. 그것은 철학이면서 동시에 철학을 넘어선다. 그것은 학문으로서의 철학을 넘어서는 인간존재의 근본적 사건이며, 근원적으로 존재 이해에 따른 것이다.

인문학의 본질적 특성이 철학적이라면 그때의 철학은 존재론적 해석학이란 특성을 지닌다. 사실 철학과 인문학을 구분하거나 인문학의 대상에 따라 개별 학문으로 분류하는 것은, 학문을 인간존재가 펼치는 지성적 행위의 총체성에서 이해한다면, 낯선 것일 수밖에 없다. 이런 구분은 유럽 근대의 경험에 따른 것이며, 근대성의 체계화에 근거한 것이다. 인문학적 학문은 본질적으로 철학적이며, 그것은 인간의 존재론적 의미에 근거해 이루어지는 이해와 해석의 행위이다. 이런 학적 행위가 재현되고, 그렇게 드러내는 의미에 따라 다양한 얼굴로 규정될 것이다. 그러기에 여기서 문제는 또다시 분과 체제로 규정된 근대의 학문 체계이다. 이를 위해 철학의 자기 이해를 다시금 살펴볼 필요가 있다. 철학은 자신이 무엇인지를 규정하면서 철학하며, 이런 자기 이해의 과정 자체가 철학적 행위이다. 철학은 철학이 무엇인지 물으면서 철학한다. 그것은 인간존재의 자기 이해와 같은 지평에서 유래하고 그에 따라 규정된다.

인문학, 현재의 철학

하이데거는 1955년 행한 강연에서 자명한 듯이 보이던 철학에 대한 이해를 거부하는 발언을 한다.[6] 철학이란 고대 그리스적 사유에서 기인하며, 그러기에 철저히 유럽적이며 독일적인 것이다. 철학은 오직 유럽적인 사유에서만 가능하다고 말한다. 제2차 세계대전 당시 하이데거가 취했던 정치적 태도, 나치에

---

6 Martin Heidegger(2008), *Was ist das : die Philosophie?*, 12. Aufl. Stuttgart.

대한 모호한 태도를 기억하고 있는 사람들은 이 말을 즉시 민족주의적이며, 인종주의적으로 받아들이려 할 것이다. 그러나 여기에 철학에 대한 이해와 철학함으로서의 인문학에 대한 이해를 새롭게 할 실마리가 숨어 있다.

철학이란 말은 이른바 서세동점의 시기, 밀려오는 유럽의 문화를 수용했던 일본이 번역해 정착시킨 말이다. 1847년 니시 아마네(西周)는 『백일신론』(百日新論)에서 유럽어 'philosophia'를 '철학'이란 말로 번역했다. 동아시아에서 철학의 역사는 이렇게 시작된다. 그런데 이런 용어가 번역되기 이전에 동아시아에는 어떤 학문이 있었는가? 그 이전의 철학은 우리에게 어떤 모습이었을까? '철학'이란 말이 이렇게 번역되기 이전에 비록 철학이란 말은 없었더라도 동아시아 세계에 철학은 존재했었다고 생각할 수 있다. 과연 그런 이해는 정당한가? 비록 근대적 의미에서의 '철학'이란 말은 없었지만, 여전히 철학은 존재했다고 생각한다. 유가 철학, 도가 철학, 불교 철학은 물론, 중국 송대의 신유학과 양명학, 퇴계와 율곡의 철학, 강화학파와 실학 등을 생각해 볼 때 누구도 이런 사실을 부정할 수는 없을 것이다. 그러나 이런 번역 이전에도 우리에게 철학이 존재했다는 주장은 결코 자명하지 않다. 그에 대한 대답은 사실 이중적일 수밖에 없다.

철학은 근본적으로 인간과 자연, 세계와 역사에 대한 존재론적 해명이며, 그 근원적 의미에 대한 학문이다. 이런 의미에서 철학은 존재론적 해석학이기에 언제나 철학하는 인간의 존재론적 의미를 떠나서는 이해되지 않는다. 그런 관점에서 철학은 보편적이다. 그러나 현재에 자리하고 있으며, 현재에서 드러난 인간의 존재 의미를 사유하는 철학은 역사의 경험과 철학하는 자신의 존재론적 지평을 떠나 이루어지지 않는다. 그리스어에서 유래했고 유럽어로 고정된 '철학'은 그들의 역사적 경험과 존재론적 현재를 사유하며, 초월적 지평을 현재화시키는 사유 작업이다. 그러기에 그들의 철학이란 말에는 이런 현재가 들어 있다. 그러는 한에서 철학은 고대 그리스 사유에서 기인하며, 철저히 유럽적이며 유럽적 사유에서만 가능하다고 말할 수 있다. 이런 관점에서 하이데 거의 주장은 타당하다. 하이데거와 그의 강의를 들으며 함께 철학하는 유럽인 들에게 철학은 유럽적이다.

우리에게 철학은 마찬가지로 우리의 현재와 우리 존재의 철학이다. 그런 의미에서 철학은 철저히 개인적이고 실존적이면서, 동시에 언어와 역사 공동 체가 이루어 가는 공동체의 학문이다. 여기에 바로 철학이 지니는 차이와 보 편성이 자리한다. 차이로서의 철학은 유럽적이지만, 보편성으로서의 철학은 보편적이다. 우리에게 (유럽적) 철학은 없었다. 유럽의 철학을 하면서 우리의 철학을 하고 있다는 착각에 빠져서는 안 된다. 유럽적 철학은 인류라는 공동 체의 층위에서는 우리의 철학일 수 있다. 우리에게 철학은 현재의 철학으로, 현재의 인문학으로 자리한다. 그러기에 고유명사로 확정된 철학은 지식의 결 과이며, 대학에서 강의되는 철학, 분과 학문 체계로서의 철학이지만, 철학하 는 실존으로서의 나와 우리의 '철학'은 다른 어떤 이름으로 불려도 좋다.

그러므로 철학이란 실존하는 현존재가 자신의 존재 지평에서 철학함의 작 업을 수행할 때 이루어지는 어떤 것이다. 철학은 철학의 역사에서 축적된 지식 의 체계 이상을 가리킨다. 그것은 스스로 철학함으로써 이루어지는 이해와 해 석의 체계이다. 철학은 서구에서, 플라톤적 전통에서 그런 이름을 갖게 된 것이 지 철학이란 말이 곧 학문으로서의 철학을 의미하는 것은 아니다. 철학은 철학 함에 자리한다. 그러기에 어떤 이름으로 불리든, 고유명사로서의 철학이란 말 을 해체할 수 있을 때 철학은 철학으로서 자리할 수 있다. 철학은 이런 관점에서 과정의 것이며 완성을 알지 못하는 것이기에, 자기 배반적이며 자기 초월적 학 문이다. 지금 여기에서의 철학은 우리에게는 현재의 인문학으로 자리한다.

인문학은 현재를 해체하면서 새롭게 해석하는 학문이다. 이 말은 인문학의 성격을 해체론적 해석학으로 규정하는 것이다. 그것은 자신이 결단한 철학의 눈으로 현재를 읽고 해석하는 것이다. 그러기에 인문학의 내적 원리는 본질적으로 철학적이다. 인문학에 속한 여러 학문들은 개별 주제를 자신의 학문적 원리에서 해명한 결과이다. 예를 들어 문학과 역사학, 심리학과 예술 등은 개별 주제에 따른 학문이다. 그런데 이 학문과 철학은 어떤 면에서 차이를 지니는가? 심리학과 심리철학의 차이는 무엇인가? 인간의 심리 현상에 대한 객체적이며 사실적 지식을 추구하는 학문이 심리학이라면, 심리의 철학은 심리란 주제의 철학적 원리를 해명한다. 그러기에 심리철학은 심리에 의한 철학이며, 이와 더불어 심리 현상에 대한 철학적 이해를 의미한다. 이것은 철학의 모든 분과에 적용된다. 자연철학과 자연과학, 예술철학과 예술학, 과학철학과 개별 과학, 사회철학과 사회학의 차이는 이런 관점에서 이해된다. 여기서의 문제는 다시금 철학이란 무엇인가에 대한 것이다.

이때의 철학은 개별 주제에 대한 객관적 지식을 이끌어 내는 것이 아니라, 그것이 지니는 존재론적 의미를 밝히는 작업을 의미한다. 철학적으로 이해되는 인문학은 과학적 방법론에 따른 객체적 지식의 학문이 아니다. 자연과학은 대상에 관계하며 외재적으로 탐구되지만, 철학은 자기 회귀적이며 내재적인 과정에 있다. 그것은 내재적이면서 한편으로 자신의 학적 지평을 초월해 가는 이해의 체계이다. 이런 이해와 해석의 행위, 의미 결정과 의미 초월의 행위가 철학이다. 철학은 스스로가 무엇인지를 물으면서 철학한다. 스스로 묻는 행위와 이미 규정된 자신에 대한 정의를 부정하면서 이루어지는 철학은 자기 이해와 자기부정의 학문이다. 그럼에도 이런 자기 이해와 자기부정은 철학 안에서 이루어지기에 그것은 자기 회귀적 성격을 지닌다. 철학은 그랬던 것에 대한 해석과 그래야만 하는 것에 대한 결단이며, 그것을 현재란 지평에서 새롭게 해석하는 행위를 의미한다. 지금·여기에 있다는 사실, 현재와 존재가 지니는 의미를 드러내고 해석하는 작업으로서 인문학은 본질적으로 철학일 수밖에 없다.

3. 성찰과 예언의 인문학

(1) 성찰의 학문

성찰의 의미

인간의 삶에 관계되는 학문으로서 인문학의 지평은 삶의 결과 무늬에 있다고 했다. 무늬가 삶의 역사와 그렇게 살아온 경험을 나타낸다면, 결은 그 안에서 지켜야 할 어떤 것, 이미 있음에서 드러나는 어떤 지향성을 의미한다. 인문학은 삶의 총체성에 근거해 자신의 현재를 성찰하고 그 의미를 반성하는 작업이며, 이에 근거해 지나간 역사와 경험을 해석한다. 또한 이를 통해 가야 할 미래에 따라 현재를 되돌아보는 과정이다. 그러기에 인문학은 자신을 되돌아보는 자기 성찰적 학문이며, 미래에서 현재를 이해하고 그에 따라 역사를 해석하는 의미론적인 행위이다. 인문학의 자기 지시적 성격은 이런 성찰함에서 드러난다. 그 학문은 자연과학과 달리 자신의 자리에서 자신의 바닥을 끊임없이 되돌아보는 자기 반성적인 특성을 지닌다.

　인문학은 성찰(re-flexion)의 행위에 자리한다. 성찰이란 다만 반성적 사고를 의미하지 않는다. 이것은 존재론적 빛을 자신의 지성과 실존으로 되-비추는 과정을 의미한다. 즉, 이해하고 해석하는 자신을 되비추는 존재의 빛에 대한 해명이다. 존재론적 학문은 이런 성찰성에 근거한다. 이 성찰성이 인문학의 해석학적 지평이 된다. 이런 존재론적 지평에서 학문하는 인간과 학문 행위 및 학문의 자리가 성찰되는 것이다. 현재에 대한 성찰이란 그 지평에 빛을 되비추는 행위이며, 그 빛의 근거와 내용에 관한 것이다. 이런 성찰의 빛은 존재론적 결단에서 이루어지며, 성찰은 다시금 존재론적 결단을 비추는 행위를 의미한다.

　이런 인문학의 성찰은 현재화하는 가운데 이루어진다. 해석학적 관점에서 이해할 때 현재는 그것을 이해하는 존재론적 결단에 의해 앞서 정립된다. 그것은 모든 존재자의 존재를 이해하고 결단하는 인간의 존재론을 의미한다. 이 존재론이 과거를 해석하는 준거가 되며, 미래를 설정하는 지평이 되는 것이다. 현재는 이렇게 해석된 과거와 결단된 미래가 상호 영향을 미치는 가운데 만나는 해석학적 지금이며 이곳이다. 이를 통해 인문학은 끊임없이 새롭게 이루어지고 그렇게 변용되어 간다. 그래서 지금 학문하는 우리에게는 이 존재론적 결단을 되돌아보며, 거기서 해석을 이끌어 내는 작업, 즉 철학적 행위가 요구된다. 현재에 자리하는 인문학은 이런 현재화의 작업에 자리한다. 현재화란 일차적으로 다가올 미래를 지금 여기에 가져오는 행위를 말한다. 미래를 현재에 가져와 지금 여기서 미리 결단하는 행위를 현재화라 일컫는 것이다. 그러기에 그것은 초월의 현재화이다. 그와 함께 현재화는 해석해야 할 역사의 경험에 관계된다. 역사의 경험과 기억은 지나가 버린 것, 어찌할 수 없는 닫힌 것이 아니라 해석하는 행위를 통해 현재에서 의미를 지니고 영향을 미치며 미래를 결단하는 데에 영향을 미친다. 이것이 역사와 초월을 현재화하는 행위이며, 그 현재에서 역사와 초월이 상호 영향을 미치며 현재화하는 것이다.

학문의 현재에는 역사의 경험, 과거에 대한 해석과 다가올 미래가 자리하며, 초월적 현재에 대한 결단이 자리한다. 그러기에 현재는 역사와 미래, 해석과 결단이 만나 서로 영향을 미치며 함께 자리하는 지평이다. 인문학의 해석 행위는 이런 현재화하는 성찰적 행위를 의미한다. 인간은 기본적으로 역사적 존재인 동시에 초월적 존재이다. 초월의 의미는 일차적으로 인간의 인식과 관계된다. 사물을 인식하는 행위는 객체성을 넘어서기에 초월적 성격을 지닌다. 나아가 초월이란 인간의 현재를 넘어선다는 관점에서 초월적이며, 미래를 향해 간다는 의미에서 초월적이다. 그럼에도 이 말이 곧 실재하는 세계를 넘어 어떤 그 이상의 초월 세계로 나아간다는 말을 의미하지는 않는다. 예를 들어 종교에서 말하듯이 죽음 이후의 실재 세계와 연관되어 해명되는 것은 아니다.

오히려 이 행위는 근본적 초월 사건을 앞당겨 현재화하는 과정을 뜻한다.

학문하는 현재가 시간적인 지금이며 공간적인 여기라 할 때 이 지평에서 현재화하는 과정, 바꾸어 말해 해석하는 현재화의 과정이 학문의 지평이다. 이것은 초월성에 의한 성찰 과정에서 이루어진다. 이 성찰성이 바로 학문의 본질적 특성인 것이다. 지금 여기의 인문학은 이런 의미에서 정초되는 성찰적 학문, 인간과 역사, 세계와 자연을 해석하는 존재론적 학문이다. 그에 따라 학문하는 우리들 역시 그런 존재론적 의미와 초월을 결단하며, 이를 통해 우리의 현재가 나아갈 곳을 가리키는 비판적이며 미래를 성찰하는 지성, 존재의 의미를 추종하는 실존으로 자리하게 될 것이다.

인문학의 현재는 다가올 사유로서의 철학을 올바르게 정립하는 것과 더불어, 철학함을 통해 타당하게 자리할 수 있다. 철학은 수입된 이론이나 계보학적 지식이 아니라, 현재에 대한 성찰을 통한 이해와 해석으로 이루어진다. 그것은 인문학이면서 또한 인문학 이상이기도 하다. 결코 동의어로 이해되지는 않지만, 철학은 인문학적이며, 인문학은 철학함을 통해 현재의 인간에게 학문으로 자리할 수 있는 것이다.

현재화로서의 성찰

지금·여기란 터전은 시간적인 지금이며 공간적인 바로 이곳, 여기를 의미한다. 즉, 이는 현재를 뜻한다. 인간은 언제나 가장 구체적으로 지금 여기에서 자신의 삶을 이끌어 간다. 그 시간과 공간은 삶의 결집이며, 과거와 미래가 교차하는 순간이자 터전이다. 삶의 현재는 역사의 경험과 미래의 결단이 만나는 순간이기에, 현재는 다만 물리적인 지금의 때를 의미하지 않는다. 이런 해석학적 '현재'가 인문학이 자리한 지평이다. 시간이란 날줄과 공간이란 씨줄이 교차하는 터전이 인문학의 자리인 것이다. 현재란 시간은 과거와 미래가 현재화하는 순간이며, 그 공간은 경험의 저곳과 해석의 이곳이 교차하는 터전이다. 인문학은 이 현재에서 그 시대가 드러내는 '시대의 표징'(signum temporis)을 읽고 그 소리를 듣는 학문이다. 나아가 인문학은 과거와 미래를 자신의 현재로 가져와 주제화한다. 이것이 현재화(現在化)란 말이 뜻하는 바이다. 그것은 인문학적 성찰을 위해 현재의 터전에 이 모두를 가져오는 행위, 역사적 경험과 미래에 대한 결단이 현재에 자리하는 것을 의미한다. 인문학이 자리한 현재에 성찰의 행위를 현재화하는 것이 인문학 본연의 특성이다.

현재는 현재화로서 현재한다. 그것은 단순한 시간적 지금을 넘어서 있다. 현재화로서의 현재에는 나 자신의 존재가 관여한다. 그런 의미에서 현재는 존재론적 현재이다. 시간은 존재자적으로 존재할 수 있지만, 동시에 존재론적으로 자리할 수도 있다. 시계적 시간을 존재자적 시간이라 한다면, 학문적 성찰과 현재화 안에서 이해되는 시간은 이런 물리적 시간의 차원을 넘어선다. 그것은 기억하고 해석하는 시간이며, 경험과 결단을 통해 존재에 현재화하는 시간이다. 시간적 현재는 있음과 없음의 중첩으로서 있는 것이다. 그 시간은 물리적으로는 없지만 해석과 현재화로서는 있는 것이다. 현재의 중첩은, 있지만 없는 시간과 없으면서 있는 시간의 이중성을 말한다. 그 시간은 현재에서 해석되고 기획될 때만 존재한다. 인문학의 현재는 존재자적·물리적 현재가 아닌 존재론적 현재이다. 그것은 있음과 없음의 중첩이며, 과거와 미래의 사이이며, 해석과 결단이 교차하는 것으로서 존재한다. 이렇게 이루어지는 해석과 기획은 존재 의미의 지평에서 작동되기에 그것을 존재론적 결단이라고 말하는 것이다. 이해와 해석이 그러하듯이 기획과 결단 역시 앞선 존재론적 결단에 근거해 현재한다.

인문학이 현재화하는 해석학적 성찰에서 기인한다는 말은 그것이 태어난 곳과 학문하는 사람의 총체적 상황에, 즉 인간의 실존적 근거와 형이상학적 의미 판단, 시간과 공간의 조건, 미래에 대한 선험적 기획과 결단 등에 근거한다는 의미이다. 그럼에도 학문은 그 대상의 숨은 원리, 내적 질서를 드러내어 보편화하고 체계화한다. 학문은 근본적으로 이런 보편성에 근거하고 총체성을 담지하게 된다. 여기에 학문으로서 인문학이 지니는 안과 밖의 문제가 자리한다. 인문학은 내적으로는 차이와 구체적 실존의 상황을 담지하면서, 외적으로는 보편과 총체성에 자리한다. 그러기에 인문학의 자리는 이런 이중적 조건을 어떻게 수용하는지에 달려 있다.

현재의 인문학은 이런 자리에 대한 성찰과 사유에서 비롯된다. 현재란 지평은 인문학의 원천이며, 출발점이고 근본 토대가 된다. 또한 이 땅의 삶과 사람, 역사와 문화는 이런 학문에 의해 성찰된 체계에 근거하고 나아갈 길을 찾게 된다. 따라서 삶과 앎, 학문과 현실, 사람과 지식, 경험과 반성은 상보적 관계에 놓여 있다. 이런 상보적 관계를 진지하게 사유하는 학문이 우리의 학문이다. 나아가 이런 상보성과 함께 학문은 차이와 동일성이 서로 어우러지는 역동성에 근거한다. 그것은 현실을 성찰하는 우리의 인문학이란 성격과 서구 근대의 일면성을 극복하고 넘어선다는 의미에서의 보편 학문의 원리가 서로 얽히면서 종합되는 현재의 학문으로 이어진다.

폴라니(Michael Polanyi)는 존재론적 지식과 관련해 개인이 타자와 학문하는 실존으로서 관계를 맺는 시간을 정신적 현재라 개념화한다.[7] 지식은 개인적 참여가 이루어지는 공동체적 성격을 지닌다. 그것은 타자와의 정신적 현재에 의한 것이다. 인문학이 이런 현재를 보지 못하면 현재는 인문학을 배제할 것이다. 현재 없는 인문학은 인문학 없는 현재를 초래할 것이다. 그래서 현재화하는 작업을 수행하지 못하는 인문학은 자신의 죽음을 초래할 것이다. 인문학이 사라진 현재 역시 무의미해질 것이다. 존재와 삶의 위기는 그렇게 생겨난다.

존재의 의미가 무엇인지 이해하고, 해석하는 순간을 존재론적 결단이라 정

7 마이클 폴라니(2001), 『개인적 지식 : 후기 비판적 철학을 향해』(표재명·김봉미 옮김, 아카넷), 402쪽.

의하기로 하자. 존재 의미는 나의 존재에 의해 결단되는 것이다. 지성의 작업에 존재론적 결단이 요구되는 이유는 지성이 다만 인식 이성에 의해서만 이루어지거나 근대 철학에서 이해하듯이 정서나 느낌, 감성의 영역을 배제하는 범위에서 이루어지는 것일 수 없기 때문이다. 그것은 전부가 아니라 존재가 일면적으로만 관여하는 것이다. 진리는 결코 존재의 일면성에서 이루어지지 않으며, 그 진리에 답할 수 있는 역동성에 지성은 선험적으로 결단된 초월적 존재 의미로 관여한다. 그래서 그 진리에는 초월적 결단과 존재론적 의미가 상호작용한다. 존재론적 참여의 진리는 자기 이해적이다. 순수 객관적 지식이란 존재할 수 없다. 아니 존재하더라도 인간존재에는 어떤 의미도 지니지 못한다. 객관적 지식은 그 존재자가 지니는 존재로서의 의미에 대해서 아무것도 말해주지 않는다.

(2) 예언의 학문

인문학의 위기 시대에 새로운 사유틀을 제시하기 위해서는 우선 서구 동일성의 원리와 인식론적 이원론, 배타적인 '중심주의'를 넘어서야 한다. 그것은 모든 실재의 진리 주장을 포괄하면서도 그 안에서 보편성과 진리성을 유지하는 '다원적 통합성'의 진리틀이 될 것이다. 그것은 원초적 체험을 '근원 진리'로 받아들이는 행위이다. 그 작업은 바로 문화와 학문, 나아가 그에 대한 이해와 해석의 틀을 새롭게 형성하는 과제의 수행이기도 하다. 그럴 때 인간은 잊었던 근원으로 돌아갈 수 있으며, 근대성에 의해 소외되고 왜곡된 인간성을 그 근본적 진리성에서 새로이 자리매김할 수 있을 것이다.

인간의 정체성은 그의 역사성과 '타자'와 맺는 관계의 총체성은 물론, 인간의 보편성과 초월성에 기반한다. 이런 총체성을 무시할 때 철학도 인간을 그 본래성에서 파악하지 못한다. 그와 함께 포스트모더니즘의 주장에서 보듯이 이성의 기반을 무시할 때 철학은 보편성은 물론 진리 주장의 타당성을 유지하지 못한다. 물론 이성 이해의 새로움은 요구되지만 말이다. 이 두 극단을 넘어서지 못하는 어떤 탈근대의 철학도 다만 빗나간 탈중심주의의 헛몸짓, 방향 잃은 몸부림에 불과하며, 다만 편협한 이념적 독단에 머무르고 말 것이다. 우리의 철학적 노력은 모든 실재를 포괄하는 것이며, 그 안에서 인간이 본래적 인간으로 설 수 있도록 하는 것이며, 그것을 토대로 인간의 나아갈 길을 제시할 때 가능할 것이다. 그것은 시대의 표징을 읽고 억압의 구조에 의해 자신의 본래의 모습을 상실한 모든 실재, 인간과 자연, 사회와 문화에 타당한 방향과 정당한 자리를 지시하는 철학 본연의 과제를 달성하는 길이다. 이것이 인문학에 주어진 예언(預言)의 기능이다. 이런 지시성은 인문학의 존재론적 결단을 선언하는 행위에서 이루어진다.

인문학은 예언의 학문이다. 인문학의 예언은 미래에 일어날 일을 미리 점친다는 의미에서의 예언(豫言)을 가리키는 것이 아니다. 이는 의미론적 관점에서 선행적으로 결단하는 미래가 지금의 삶의 틀을 규정한다는 의미에서의 예언, 의미와 진리를 지금 여기에 맡아 현재화시킨다는 의미에서의 예언(預言)을 뜻한다. 예언의 학문은 자신의 존재로 결단한 의미를 선언하는 행위이다. 인문학은 이런 관점에서의 예언의 학문이다. 그것은 위기를 경고하고 위기를 읽어 냄으로써 그 위기를 넘어서도록 이끌어 가는 학문이다.

인문학의 예언은 자기 배반적이다. 예언은 미리 말함으로써 내적으로 그런 위기가 생겨나지 않도록 경고하는 기능을 지닌다. 그러기에 예언이 경고한 현실이 이루어진다면, 그 예언은 자신의 내적 의도와 목적과 상충한다. 미리 말함으로써 예언은 그것이 실현되지 않을 때 예언이 의도하던 바가 실현되는, 자기모순적 특성을 지닌다. 예언이 지니는 이런 자기모순적이며 자기 배반적 특성은 예언으로 하여금 자신의 진실에만 자리하도록 만든다. 인문학의 예언은 자신의 진실이 실현되도록 자신의 진실을 맡아 보존하도록 만든다. 그러기에 그 예언은 미리 말함으로서의 예언(豫言)이 아니라 진실을 맡아 둔다는 의미에서의 예언(預言)이다.

인문학자는 그가 속한 공동체에서 끊임없이 나아갈 방향을 미리 알려 주는 역할을 한다. 유럽의 성당은 첨탑 위에 수탉의 모습을 형상화해 둔다. 이 형상은 새벽닭이 울기 전에 자신을 세 번 배반하리라 예언했던 예수의 말씀을 상기시키는 것이며, 다른 한편 바람이 부는 방향을 알려 주는 역할을 한다. 바람은 제가 불고 싶은 곳으로 분다. 그 부는 바람은 시대의 흐름이다. 바람의 흐름을 따라가는 존재이기에 인간에게 인문학의 예언은 그 흐름을 미리 알리는 역할을 한다. 그래서 그 흐름을 읽는 행위는 인간의 한계와 나약함에 대한 경고이며, 자신의 업적과 자신의 성취 역시 죽음으로 끝나리란 사실을 기억하라는 메시지를 담고 있다. 인문학자는 바람의 흐름을 읽는 존재이다. 자신이 이룩한 업적과 성취에 매몰되어 인문학적 성찰과 공동체의 삶, 그 삶이 지닌 모순적 진리를 배반하는 행태에 대한 끊임없는 경고가 인문학자의 예언적 기능이다. 한때의 성취에 안주하면서 그 성취의 모형에 머물러 있을 때 인문학은 그것이 바로 자기 배반의 시작이란 사실을 경고한다. 나아가 인간이란 존재가 모순적이며 자신의 존재 안에 한계와 이율배반을 지닌 존재임을 경고한다. 인문학의 예언은 그런 경고를 위기로 드러낸다.

삶과 현실에 대한 성찰, 지난 역사의 반성과 해석, 나아갈 길에 대한 예언적 역할을 하지 못할 때 학문은 학문으로 자리하지 못하고, 인간과 세계는 위기에 빠지게 된다. 우리가 만들어 가야 할 학문의 올바른 방향은 우리 문제에 대한 성찰을 학문 내적인 역사에 접목시키면서 시작된다. 이로써 과거의 해석과 현재의 이해, 미래의 기획의 근거가 될 이론 체계를 찾아내는 것이다. 따라서 근본적으로 철학과 인문학, 넓게는 인간학과 존재론적 해석학이 문제가 된다. 이것은 차이를 감내하는 보편성과 동일성에 근거한 다원성을 유지한다. 그럼으로써 인간이 지닌 근원과 본래적 의미를 담아내고, 세계 안에 있으면서도 초월해 가는 원리를 의도한다.

과거의 해석과 미래에 대한 결단에 관계하는 철학은 역사와 초월의 지평에 자리한다. 그러기에 인문학은 초월적인 학문일 수밖에 없다. 예언으로서의 인문학은 자기비판과 자기모순에 대한 자각을 촉구하는 학문이다. 자기 회귀적 인문학은 자기 배반적이다. 인문학은 끊임없이 자신의 지평을 넘어서는 학문이기 때문이다. 그 학문은 자신의 지평과 학적 의미를 끊임없이 모순 안에서 자각하면서 그것을 넘어 초월해 가는 과정의 것이다. 예언으로서의 인문학은 위기를 미리 말함으로써 위기를 넘어서는 지평을 지향한다. 예언의 인문학이 침묵할 때, 위기는 위험이 된다.

(3) 존재론적 참여의 학문

인문학은 학문하는 인간존재의 실존적 참여 없이는 불가능하다. 인간은 지금 여기에 자리한 존재이다. 이렇게 존재하는 인간에 대한 이해를 하이데거는 실존 범주로 해명하고 있다. 세계-내-존재(In-the World-Being)로서 인간은 던져져 있는 존재이지만 자신의 실존을 기획하고 그것을 넘어서는 존재이다. 인간은 존재 의미를 드러내고, 이해하며, 해석하는 존재이기 때문이다. 이런 인간의 존재론적 특성을 그는 현존재(Dasein)란 말로 개념화한다. 현존재로서 인간은 존재론적으로 탁월하다. 그 존재는 지금 여기에 존재하면서, 존재하는 모든 존재자의 의미를 드러낼 수 있기 때문이다. 비록 죽음을 향한 존재이며, 염려와 불안에 싸여 퇴락할 수 있는 존재이지만 인간은 자신의 조건성을 넘어설 수 있는, 근본적으로 초월적인 존재이다. 그러기에 인간의 본성은 존재론적 의미와 초월론적 존재성에 있다. 이런 특성을 결코 무시하거나 소홀히 해서는 안 된다.

지금 여기에 있는 존재의 학문, 존재 의미가 드러나는 현재의 학문으로 인문학을 이해할 때, 인문학은 본질적으로 철학적이라고 앞서 이야기한 바 있다. 이때의 철학은 결코 철학사에 대한 지식이나 그 외의 어떤 대상에 대한 철학, 즉 역사철학이나 과학철학, 예술철학이 아니다. 다시 말해 현재의 인문학은 전통적 의미의 철학을 넘어서 있다. 그것은 결코 개별 학문의 근거이거나 단순히 세계 근거에 대한 학문이 아니라, 그 이상을 지향한다. 또는 현재 문화의 틈새나 자본주의의 빈틈을 메우는 역할을 하는 학문도 아니며, 논리 분석이나 언어에 대한 것일 수도 없다. 그것은 인문학적 철학에 대한 오해이며 인문학을 축소시키는 것에 지나지 않는다. 존재론적 의미를 드러내는 학문은 그 이상의 어떤 것이다.

지성에 따른 앎에는 삶의 지평이 암묵적 근거로 작용한다. 그래서 "신념을 모든 지식의 원천으로 인정해야만" 하는 것이다.[8] 철학은 이런 신념 체계와 삶의 지평 전체를 해석하는 작업이다. 이런 지식은 자기 초월적 특성을 지닌다. 중세철학은 지식이 존재론적인 관점에서 형성된다는 것을 "믿지 않으면 이해하지 못한다"는 명제로 제시한다.[9] 또한 동아시아의 학문론에서도 인간의 본성과 사물에 대한 이해는 함께한다는 생각이 보편적이었다. 다만 이런 생각이 근대의 자연과학과 더불어 비학문적인 것으로 간주되면서 퇴조하기에 이른 것이다. 그래서 근대적 학문 이해는 인간의 존재론적 참여는 배제한 채 순수 객관적 지식이란 명제를 일반화한다. 그러나 현대의 철학적 해석학에 이르러 이런 이해가 한계를 지니며, 지극히 일면적인 생각임이 점차 드러나게 된다.

---

8 같은 책, 408-410쪽.

9 St. Augustinus, *De libero arbitrio*, 1. par. 4 : "nisi credideritis, non intelligitis."

지식은 인간의 존재론적 참여를 요구한다.

인문학은 인간의 존재론적 참여를 통해 이루어지며, 그러지 않고는 불가능하다. 폴라니는 모든 이해 행위는 아는 자의 개인적 참여를 통해 이루어진다고 말한다. 그렇다고 해서 지식이 주관적이라는 것은 아니다. 이해는 "자의적 행위도 수동적 경험도 아니"지만, 동시에 "보편적 타당성을 주장하는 책임 있는 행위"이다.[10] 그런 의미에서 지식은 객관적이며 학문으로 자리할 수 있는 것이다. 폴라니는 이런 개인적인 것과 객관적인 것의 융합을 개인적 지식으로 서술하고 있다. 앎은 존재론적인 참여를 통해 이루어지면서도, 학적인 보편성을 지니며 그렇게 체계화됨으로써 타당성을 보증받는다. 모든 지식과 앎의 행위에는 알려진 지식과 알아 가는 개인의 정열적인 기여가 개입한다. 심지어 폴라니는 모든 지식에는 개인적 참여가 요구되며, 그것이 지성 행위의 원형이라고 말한다. 인간의 지식은 정신의 존재론을 함축한다.

4. 인문학의 길

(1) 인문학의 자리

인간이 자연적 생명체로서의 한계를 딛고 문화적 존재로 도약하게 된 결정적 사건은 단순한 지각의 수준을 넘어 대상을 이해하고 해석하며, 그것을 자신의 지성으로 체계화시키면서부터다. 그러면서 인간은 자신과 자신의 세계는 물

---

10 마이클 폴라니(2001), 『개인적 지식 : 후기 비판적 철학을 향해』(표재명·김봉미 옮김, 아카넷),
   6, 110, 396쪽.

론 다른 생명체와의 관계, 보이는 것과 보이지 않는 것, 시간의 앞과 뒤, 사물처럼 존재하는 것과 그렇지 않은 존재, 개념을 만들고, 추상화하고 보편화하면서 의미를 부여하게 되었다. 심지어 죽음과 무(無)에 대해서까지 이런 작업을 수행한다. 인간은 학문함을 통해 사건과 시간, 이 세계와 저 세계, 자신에 대한 이해는 물론 자신을 부정하는 것까지도 성찰하고 기획하게 된 것이다. 그것이 학문함으로서의 인문학에 담긴 의미이다.

마침내 이런 지성적 행위는 인간과 분리될 수 없는 근본 조건이 되었다. 이것이 일정한 역사와 맥락을 지니게 되고 체계화되어 특정한 이론 구조에서 형성될 때 넓은 의미에서 학문이라 일컬을 수 있다. 여기서 말하는 학문은 일반적 의미를 넘어 인문학적 학문, 철학과 동의어로 이해되던 학문이다. 그것은 서구의 근대가 생성한 특정한 세계관과 방법론에 근거한 자연과학적 학문을 의미하지 않는다. 이렇게 학문이란 언제나 구체적이며 현실적인 한 개체로서 인간의 실존적 상황과 그것에 대한 이해와 해석, 그것을 넘어서려는 기획과 성찰을 전제로 한다. 매우 거칠게 정의했지만 학문이란 나와 우리의 학문이며, 지금 여기의 학문이면서 동시에 그 근거를 종합하는 보편적 원리에 근거한 이론 체계이다. 이런 학문은 근본적으로 인간에 대한 학문, 인간에 의한 학문이며, 현재의 학문이다. 그러기에 이런 학문은 철학적이며, 사유와 성찰, 이해와 해석이란 학문적 틀에 자리한다.

인간의 삶과 의미 일반을 성찰하는 학문으로서 인문학은 역사와 현재를 해명하며, 나아갈 길을 앞당겨 보여 주는 해석의 학문이다. 그러기에 인문학은 삶의 역사를 반성하고 그에 따라 성찰된 미래를 현재로 가져온다. 그 현재는 과거와 미래가 현재화하는 터전이며, 우리 삶이 결단되는 시간이다. 삶의 역사와 미래가 상호 영향사적으로 만나는 터전으로서의 '지금 여기'는 지난 삶의 흔적과 그 역사를 성찰하는 현재이며, 미래의 모습을 결정하고 나아갈 길을 앞당겨 현재화시키는 지금이다. 인문학은 이런 현재화의 과정에 자리한다.

하이데거에 의하면 학문은 "오직 물음의 열정 속에, 발견의 환희 속에, 비판적인 해명과 증명, 근거 제시의 철저함 속에서만 존재할 뿐"이다.[11] 물음은 존재 의미에 대한 질문이며, 철저함은 존재를 사유하는 철저함을 말한다. 그것은 궁극적으로 존재 의미에 관한 것이다. 그래서 하이데거는 존재를 사유하는 경건함이란 표현을 쓰기도 한다. 그것은 다만 사물에서 객체화된 지식을 추구하는 것이거나 "전문적-기술적으로 배우고 습득한 지식을 수집하는 것이 아니다." 인문학은 대상화된 지식의 추구가 아니라 인간의 길, 삶의 지평을 성찰하는 학문이기에, 그 안에는 해석과 존재 의미에 대한 결단이 담겨 있다. 인문학의 결여는 이런 해석과 결단의 결여를 의미하며, 이를 위한 아름다움과 초월의 경험이 빠져 있는 상태이다. 해석과 결단이란 말은 결코 자의적이거나 주관적인 관점에서 이해되어서는 안 된다. 오히려 인간이 지니는 존재 의미에 대한 전적인 참여를 강조하는 말이며, 그에 따라 이루어지는 해석을 가리킨다. 인문학의 결여는 삶과 의미의 결여를 드러내는 표지이며, 이런 존재론적 결단이 빠져 있다는 표징이다. 존재론적 의미를 다만 존재하는 사물에 둘 때, 존재론의 학문인 인문학의 결여는 당연한 결과일 것이다.

현재에서 인간이란 존재자를 이해하고 해석함으로써 현재화하는 작업이 학문함이라면, 이를 통해 드러나는 현존재는 각기 다른 의미를 지닌다. 그것은 인간이란 존재자의 차이를 발생시킨다. 그와 함께 이 차이에 대한 인식은 존재의 보편성 안에 자리한다. 그것은 이런 차이를 일원론적으로 통합하는 것이 아니라, 두 원리의 상호 어우러짐, 존재론적 역동성 근거해 있는 것이다. 현존재로서 인간의 학문은 보편성 안에서 차이를 유지하며, 그 의미를 이해하고, 그것을 통해 세계 안으로 존재 의미를 드러내는 사유 작업, 그것을 현재화하는 학문이다.

---

11 마르틴 하이데거(2006), 『철학입문』(이기상 옮김, 까치출판사), 13쪽.

(2) 인문학의 변용

인문학은 이런 성찰에 따라 매 순간 변용(transformation)을 요구받는다. 인문학은 현재와의 상호작용을 통해 끊임없이 새로운 얼굴로 드러나야 하는 학문이다. 변화의 시대는 학문의 원리와 내용은 물론, 그 체계에 대한 반성과 새로움에 대한 요구가 드러나는 시기이다. 변용을 요구받던 시대에 위대한 철학자들은 인문학의 사유틀을 새롭게 정초하기 위해 노력했다. 맨 처음 플라톤과 아리스토텔레스가 신화의 세계를 넘어 학문의 틀을 정초했다면, 아퀴나스와 중세철학은 신을 향한 학문과 교양 학문을, 근대 철학은 인식론과 자연에 대한 지식 추구로서의 학문을 정초했다.

이것이 그 시대를 담고 있는 인문학의 현재이며, 인문학이 재현된 모습이다. 이처럼 한 시대의 정신은 학문의 변용을 통해 재현된다. 인간의 역사는 학문 체계의 변천사이기도 하다. 칸트 이래의 계몽주의는 인간의 이성에 대한 믿음과 승리, 역사의 진보를 굳건히 확신했다. 그래서 근대는 이성에 의해 기획된 유일한 시대로 이해된다. 그러나 그 근대는 자체의 모순과 한계를 드러낸다. 유럽 외부에서의 식민주의와 제국주의의 폭력은 물론, 유럽 내에서도 두 차례에 걸친 세계대전을 초래한 것이다. 이런 근대의 모순과 한계에서 프랑크푸르트 비판학파는 근대의 원리를 비판하기에 이른다.

근대가 계몽의 원리에 따라 학문의 틀을 결정했다면, "계몽이 야만이 된 시대"의 경험은 인문학을 위한 다른 원리를 요구한다.[12] 신화와 주술의 시대를 넘어 계몽의 원리를 실현했던 근대가 다시금 야만으로 자리한 시대, 그 시대에 맞서 새로운 인문학과 철학을 모색한 근대 비판의 학문이 아도르노(Theodor Adorno)를 비롯한 프랑크푸르트 비판학파에서는 『계몽의 변증법』으로 드러

---

12 Theodor Adorno and Max Horkheimer(1981), *Dialektik der Aufklärung : Philosophische Fragmente*, Frankfurt/M.

났던 것이다. 근대의 원리와 함께 그 한계와 모순을 넘어서려는 노력은 이런 맥락에서 이해할 수 있다. 이런 경험은 우리 역사에서도 마찬가지이다. 근대에 이르러 서구의 학문과 과학·기술, 그 문화의 충격에 접한 이 땅의 지식인을 생각해 보라. 해방 이후의 공간에 이르기까지 우리에게 닥쳐온 충격과 그 변용의 요구에 대답해야 할 우리 인문학은 어디에 자리하고 있는가? 인문학의 죽음이 거론되는 이때, 인문학의 새로움은 어디서 시작될 것인가? 철학을 비롯한 인문학의 변용은 현재의 변화와 함께 그것을 성찰해야 하는 학문 내적 원리에 따라 필연적으로 주어진 현상이다. 지식의 변화와 학문의 변용, 그것이 이 시대 인문학이 처한 현재이다.

이런 맥락에서 스펠마이어(Kurt Spellmeyer)는 미국의 인문학적 상황을 반성하고 있다. 그는 미국의 인문학 전체가 위기에 처해 있으며, 그 문화 안에 반지성주의의 물결이 흘러넘친다고 진단한다.[13] 스펠마이어는 인문학의 영향력이 크게 손상된 미국의 문화를 반성하면서, 그 원인을 학자들의 불가해한 이론 놀이와 편향적인 역사 해석에서 찾는다. 그것은 인문학이 "더 넓은 사회의 삶으로부터 점차 고립되었기" 때문이다. 결정적인 원인은 "고삐 풀린 자유방임적 자본주의"와 유전공학 같은 신기술과 정치, 문화생활에서의 위기에 대해 도덕적 판단을 내리지 않은 데 있다고 해석한다.

그의 말은 인문학자가 우리 시대의 해결되지 않은 중대한 싸움에서 필요한 해석 작업을 수행하지 못하고, 현재에 유효한 진리의 목소리를 내지 못했기에 대중으로부터 외면당했다는 반성을 담고 있다. 대중문화와 경제, 과학기술뿐만 아니라 온 나라가 미국을 추종하는 데 열중하고 있지만, 정작 그 맹목의 대상인 미국의 학문은 무반성과 성찰의 부재에 빠져 허덕이고 있는 것이

---

13 커트 스펠마이어(2008), 『인문학의 즐거움 : 21세기 인문학의 재창조를 위하여』(정연희 옮김, 휴먼 앤 북스).

현실이다. 우리 인문학은 순수 학문이란 허상, 현재를 떠난 죽은 이론에 빠져 스스로의 고립을 초래했다. 인문학자가 처한 '현재'를 비판하고 성찰하면서 새로움을 창조하지 못한다면, 인문학은 고사하고 학문 일반은 무의미한 개념 놀이에 그치게 될 뿐이다. 스펠마이어는 인간의 가치를 보지 못하는 맹목적 자본주의와 그 안에서 자신의 안락만을 추구하는 죽은 학문을 비판한다.

탈근대가 논의되는 지금, 우리 인문학은 현재를 어떻게 이해하고 해석함으로써 새로운 길을 만들어 갈 수 있을까? 맹목적 추종의 대상인 미국의 문화가 이런 위기에 빠져 있는데도 한국의 대학과 교육은 여전히 영어와 미국, 그들의 경제체제와 논리에 함몰되어 허덕이고 있다. 학문하는 우리는 이런 관점에서 21세기 인문학을 새롭게 창조하기 위한 학적 작업에 매진해야 할 것이다. 그것은 지식인으로서 현재의 거짓된 지배 문화, 맹목적 경제 추종과 허무주의적 과학 기술을 넘어 인간의 실존에 궁극적 의미를 제시해야 한다는 뜻이다. 이는 어떤 "새로운 대항 가치의 탄생"을 위한 학문의 틀을 정립하는 작업을 요구한다. 인문학은 억압받는 계층을 대변하고, 지배계급이 만들어 낸 표상을 해체하면서 새로운 사회를 위한 길을 보여 주어야 한다. 그 길은 예술과 심미성을 통한 인문학의 재창조에 있을 것이다. 이런 길을 위해 스펠마이어는 "인문학을 위한 패러다임으로서의 예술"을 말하면서, 과학이 전달하지 못하는 삶의 경험과 의미, 인간을 위한 학문을 열망하고 있다. 성찬식에서의 성변화(聖變化)처럼 인문학은 예술의 특성에 따라 삶을 변화시키는 그 과정 자체에 종사해야 한다.

철학사적으로 볼 때 이런 진단은 결코 새롭지 않다. 이미 현대 철학은 인식론 중심의 이성 중심주의에 함몰된 근대의 과잉을 비판하고, 이를 넘어설 극복의 철학으로 예술의 형이상학을 제시하고 있지 않은가. 현대 철학의 중요한 특징인 심미적·언어학적 전환은 이런 이해를 담고 있다. 인문학은 삶의 예술이 되어야 한다. 그래서 18세기 이래 시작된 분과 학문을 넘어서는 인문학, 분과 학문에 의미를 부여하는 인문학으로 재창조되어야 한다.

(3) 인문학이 나아갈 길

탈근대의 인문학이 대결을 벌이면서 나아가야 할 중요한 지향점은 무엇보다 먼저 근대성의 원리에 대한 해명과 그 근대를 벗어나는 원리와 터전을 확립하는 데 있다. 이것이 바로 학문의 근대성과 탈근대성이다. 중국 현대 신유학자인 풍우란(馮友蘭)은, 서구에 비해 중국 문화에 부족한 것은 과학·기술주의와 인권 사상에 근거한 민주주의라고 지적했다. 여기에 자본주의를 더하면 그것은 현대사회의 특징이자 현재의 모습이다. 이 세 가지 현대사회의 특징적인 체계는 모두 16~17세기 이래 서구의 근대가 구체적으로 모습을 드러낸 근대성의 결과이다. 월러스틴(Immanuel Wallerstein)은 근대 세계의 체계를 자본주의 경제체제, 과학 기술적 학문, 현대의 정치체제로 개념화한다. 그는 서구 근대가 이 세 가지 체제를 보편성으로 주장하면서, 세계체제의 기준으로 자리하고 있는 상황에서 현대 사회학의 과제는 이런 체계의 극복과 이후의 체계를 모색하는 데 있다고 말한다.[14]

탈근대의 인문학은 이런 근대성에 대한 성찰, 올바른 이해와 해석에 따라 좌우된다. 그것은 근대를 수용하고 변용한 역사에 대한 인식과 그런 근대의 극복을 추구한다. 이런 작업은 근대를 벗어나 새로운 시대의 규범과 해석의 체계로서의 학문 원리와 체계를 정립하는 지적 행위를 의미한다. 이는 근대를 한편으로 극복하면서 한편으로 초월하는 근대의 초극, 탈근대의 원리에서 찾을 수 있을 것이다. 근대를 이중으로 극복하는 탈근대의 원리는 서구와 우리의 과거와 현재에 대한 이해에 근거한다. 우리의 탈근대는 그런 의미에서 어떤 형태로든 서구의 근대를 수용하고 변용했던 역사를 성찰하고 이를 통해 근대를 벗어나고 넘어서는 새로운 이론의 틀을 형성해야 한다.

---

14 이매뉴얼 월러스틴(2005), 『세계체제 분석』(이광근 옮김, 당대).

둘째, 탈근대의 인문학은 인간의 삶과 현재는 물론, 존재의 의미에 대한 해석학이다. 그것은 사물에 대한 인식론이나 지식론을 넘어서는 이해와 해석의 학문이다. 하지만 이해의 작업인 해석학은 생명체로서 인간에게 주어진 조건에서 작동하는 사물에 대한 지식을 통해서라야 올바르게 기능할 수 있다. 존재론적 해석학은 그런 지식과 함께, 그 지식을 넘어 성찰의 학문으로 나아간다. 그 학문은 사물적으로 존재하는 모든 존재자와 그것의 지평인 존재의 차이를 드러내며, 그 차이의 의미를 해석한다. 차이와 존재의 의미를 드러내는 데 존재론적 해석학으로 이해되는 인문학의 과제가 자리한다.

차이를 생성하는 인문학은 해체론적 해석학을 의미한다. 그것은 보편성과 동일성으로 이해된 서구의 철학 체계를 해체하면서, 개별 존재로서 인간이 지닌 차이를 드러내고 해석함으로써 존재의 차이를 유지하는 행위이다. 인간을 현존재라 규정하는 것은 바로 현재에 실존하는 존재로서 현재를 이해하고 의미를 부여하는 존재란 뜻이다. "해석이란 있는 것과 이해한 것을 서로 엮어 짜는"[15] 행위이기에 그것은 근본적으로 존재에 대한 이해와 그 이해를 엮어 내는 행위를 의미한다. 해석은 존재자와 존재에 사이를 부여하는 행위, 존재와 이해 사이를 오가면서 그 사이적인 특징을 규정하는 것이다. 그래서 실버만은 해석학의 임무를 "주체와 객체 사이, 근거와 비-근거 사이(Ab-Grund), 사상가와 사상의 사이, 말하는 사람과 말해지는 것 사이, 알고 있는 사람과 알려진 것 사이에 존재하는 '차이'의 공간에서" 작용한다고 말한다.[16]

해석은 스스로 말한다. 그것은 하이데거가 말하듯이 모든 사물이 존재하는 지평으로서 세계를 열어 보임으로써 사물을 사물로, 존재자를 존재자로 드러내는 것, 그래서 개별 존재자의 차이를 드러내는 행위이다. 이것을 하이데거

---

15 휴 실버만(2009), 『텍스트성·철학·예술: 해석학과 해체주의 사이』(소명·윤호병 옮김, 소명출판), 73쪽.
16 같은 책, 68, 71-73쪽 참조.

는 "언어는 언어화하고", "세계는 세계화한다"는 말로 표현한다.[17] 그것은 언어와 세계가 지닌 존재 드러냄을 강조하는 그의 독특한 표현이다. 존재의 의미를 드러내는 현존재의 해석은 이런 의미에서의 개별 존재자를 그 존재에서 드러내는 행위를 의미한다. 그것이 전통적 의미에서의 철학을 넘어서는 인간의 사유 행위이며, 이해 행위이다. 그런 행위 전체를 인문학으로 규정하는 것은 결코 자의적이거나 과잉의 해석이 아니다. 그것은 시를 짓는 예술 행위와 사유 행위가 그렇듯이, 철학과 예술 작품이 그렇듯이 인간이란 현존재가 행하는 본질적인 존재 드러냄의 행위이기 때문이다.

학문은 인간의 실존적 결단과 존재론적 진리에 근거해 이루어진다. 이런 결단과 존재론적 진리에 헌신하려는 인간의 열정 없이 학문은 그 내적 원리를 달성하지 못한다. 학문은 이성적 측면 이상으로 존재적인 측면에서 이해되며, 인간의 마음에 기초해 이루어지는 것이다. 학문이 변화된 실재를 읽지 못한다면, 다시 말해 숨겨진 매듭을 읽고 흩어진 현상과 사건을 엮어 내는 역할, 비밀스런 소리를 해석해 내는 역할을 다하지 못한다면, 종말에 처하게 되는 것이다.

그러기에 인문학은 삶과 존재를 바라보고 이를 이해하고자 하는 우리들의 인문학적 마음 없이는 이루어지지 않는다. 인문학의 마음은 자신의 문제의식에서 비롯되며, 깨달음과 그것을 통한 존재의 도약을 지향한다. 이런 존재론적 결단에 따른 마음이 함께하지 않으면 인문학은 불가능하다. 인문학의 주체도 인간이고 그 대상 역시 인간이다. 또한 인문학의 목적 역시 인간존재이다. 그러기에 인문학은 인간이란 존재를 떠나 자리할 수 없는 존재론적 학문이다. 인문학은 나와 너, 우리의 실존과 존재를 지향한다. 여기에 탈근대의 인문학의 과제가 자리한다.

---

17 마르틴 하이데거의 이해와 해석에 대한 설명으로는 『존재와 시간』(1999, 이기상 옮김, 까치출판사), 32절과 44절 참조; 예술 작품과 그에 대한 해석에 대해서는 Martin Heidegger(1980), "Der Ursprung des Kunstwerkes"(1935/36) in *Holzwege*, Frankfurt/M, 1-64 참조.

4장
자연과학에 대한 이해

1. 자연과학의 학적 지평

(1) 자연과학의 현재

수많은 공상 과학 소설(SF)이나 영화를 보면 미래에 대해 일반적으로 두 가지 모습으로 상상하는 듯하다. 하나는 과학·기술에 의해 인간이 멋진 신세계를 만들어 낸다는 생각이다. 또 다른 생각은 그와는 정반대로 인간이 기계의 노예가 되거나 인류 문명이 처참히 파괴된다는 것이다. 영화 〈매트릭스〉나 〈혹성탈출〉, 〈터미네이터〉 등이 그 대표적인 작품들이다. 이 모든 소설과 영화에서 공통점은 과학·기술이 인간 사회는 물론 미래 문명의 운명에까지 엄청난 위력을 미친다는 데 있다. 과학은 현대인의 삶에 가장 강력한 영향력을 행사하고 있다. 그럼에도 현대인이 지닌 과학에 대한 생각은 상당히 모호하며 이중적이다. 한편으로 과학의 놀라운 힘에 대해 경탄과 찬사를 아끼지 않으면서도, 다른 한편 과학이 진리를 소유하고 있다는 주장에 대해서는 미심쩍어 하는 것이 일반적이다. 또한 '생활의 과학화'란 이름으로 진행되는 근대화 내지 세계화 행진에 대해서는 당연한 시대적 과제인 것처럼 생각하면서도 과학이 사회와 역사, 인간의 모든 영역, 또는 진리와 종교적인 영역에서도 전권을 행사한다는 사실에 대해서는 심정적으로 거부하는 모습을 보인다.

사실 이 시대 우리들에게 가장 강력한 영향력을 발휘하면서도 그 내용과 실재에 대해 무지하며, 그 원리에 대한 반성이 거의 전무한 분야가 과학일 것이다. 이처럼 과학이 우리 삶에 엄청난 힘을 발휘하게 된 것은 과학적 발견이 기술 공학적으로 응용되어 일상의 삶을 현저하게 변화시키는 힘으로 작용하면서부터다. 특히 실험과학은 단순히 자연에 대한 객관적이며 실험적 검증을 거친 지식이란 차원을 넘어 기술화됨으로써 우리 사회와 현실 전반을 조종하는 매우 중요한 사회·문화적 요인이 되었다. 인간의 모든 세계에 이렇게 강력한 영향력을 행사하는 과학이 단순히 기술적 영역에만 머물러 있다면 문제는 사실 그렇게 중대하지 않을지도 모른다. 그러나 오늘날 과학적 방법론이 실생활의 범위를 넘어 인간의 모든 이해의 틀과 사유의 범위를 규정하면서 과학 정신이 인간을 지배하기에 이르렀다. 정작 문제는 과학적 발견이나 과학·기술이 아니라 이런 과학 정신과 과학적 방법론일 것이다.

인간이 자연과 세계 안에 살아가면서 외적인 자연 사물과 관계를 맺는 양상은 오늘날 산업사회에서는 과학·기술에 의해 결정된다. 과학·기술은 인류가 이룩한 자기 성취의 형태이자 그 결과이기도 하다. 따라서 과학·기술은 단순히 현상의 문제가 아니라 인간이 지닌 외적 사물 내지 자연과 맺는 관계의 양상과 그것을 이해하는 생각의 틀과 관점을 의미한다. 산업사회의 문제는 과학·기술 그 자체의 힘이라기보다는 그 안에 담겨 있는 과학적 방법론과 과학 정신이다. 이런 사실을 염두에 두고 생각해 본다면, 과학의 유래와 내용, 과학의 한계에 대해 설명함으로써 과학이 지니는 의미를 성찰하는 것은 올바른 인간 이해는 물론 인문학을 이해하기 위해서도 중요한 작업이 된다.

(2) 자연과학의 특성과 방법론

과학의 정의와 방법론

과학이란 말은 서양의 문물을 수입한 19세기 이래 'Science'를 한자어로 번역한 것이다. 이 단어는 라틴어에서 지식을 의미하는 'scientia'에서 유래한다. 과학을 뜻하는 독일어 'Wissenschaft'는 지식의 결합체를 의미하며, 이것은 종종 학문이란 말과 동의어로 쓰이기도 한다. 우리말에서 학문과 과학은 일정 부분 의미의 차이를 지니고 있다. 그럼에도 불구하고 과학적 방법론이 학문의 기준이 되고, 모든 학문에 과학 정신과 방법론이 침투하면서 점점 학문을 과학으로 이해하는 경향이 짙어지고 있다. 과학을 정의할 때 사용할 수 있는 기준은 대상과 방법론, 과학 지식의 체계에 있다. 먼저 과학의 대상은 구체적인 실체로 파악할 수 있다. 일차적으로 자연과학은 자연현상을 대상으로 하는 과학으로 규정되기도 한다. 그러나 자연현상 이외의 다른 대상들도 있을 수 있기에 대상에 따른 과학의 정의는 사실 모호하다.

과학은 특정한 인지 체계를 갖추고 학문의 역사적 흐름 안에서 태어난 일정한 지식 체계이다. 거기에는 그것만의 대상과 방법론, 이론을 정립하고 검증하는 과학 고유의 체계가 있다. 그것은 자연을 바라보는 특정한 관점에서 생겨난 것이며, 그 역사 안에서 형성된 일련의 방법론이 구체화된 것이다. 과학은 특정 학문의 방법론임에도 불구하고 우리는 근대의 사유 체계에 따라 과학이 단순한 객관적인 진리들로 이루어져 있으며 그 진리를 귀담아 듣기만 하면 사물과 세계, 자연과 인간에 대한 진리와 가치를 모두 알 수 있으리라 생각한다. 인간의 의미론적 지평에 과학이 초래하는 문제는 이런 일면적이면서도 과도한 이해 때문에 생겨난다.

과학이 다른 학문, 예를 들어 종교학이나 문학, 철학과 구별되는 것은 그 방법론의 독특함 때문이다. 따라서 과학적 방법론은 과학을 여타의 학문과 구별 짓는 명확한 기준이 된다. 그것은 일차적으로 가설을 설정하고, 이를 경험적이며 실증적인 관찰과 실험을 통해 검증함으로써 증명한다. 이때 가설은 과학적 이론이 된다. 과학적 탐구 과정에서는 이론에 대한 가설적 체계와 구성 및 관찰, 검증 사이에 끊임없는 되먹임 과정이 작용한다. 과학 지식은 이런 방법론을 통해 보편적으로 인정되고 타당성을 인정받은 일련의 지식 체계를 말한다. 여기에는 방법론을 통해 지식을 추구하는 지식 활동까지 포함된다.

과학 지식은 객체적 대상에 대한 인간의 구체적인 앎을 의미한다. 그것은 인간에게 자연을 이해하는 힘을 주며, 기술적으로 적용되었을 때는 자연을 지배하고 관리하고 인간의 의도에 맞게 변형하는 힘을 지닌다. 과학적 발견, 예를 들어 기술적으로 응용된 수많은 결과물은 인간 신체와 인지 체계의 연장이다. 현미경은 인간의 눈이 보지 못하는 것을 보게 해준다. 이로써 인간에게 과학·기술이 있기 이전에는 불가능했던 세계를 열어 준다. 오늘날 과학·기술의 혜택에 대해 생각해 보면 놀라움을 금할 수 없을 정도이다. 그 힘은 멀리는 우주에서부터 좁게는 나노 기술이 상징하듯이 무한히 미시적인 영역에까지 미치고 있다. 이런 놀라움이 오늘날 대중들에게 과학만능주의를 부추기는 근거가 된다.

인간이 이룩한 문명과 문화의 발달은 이런 총체적인 과학 지식과 그 지식의 활용이 없었다면 상상하기조차 힘든 일이다. 이는 도구를 사용하는 인간(homo faber)이란 규정과는 별개로 인간에게 새로운 의미를 가져다준다. 이런 지식 체계를 확장하고 발전시키고 개선하기 위해 의식적이며 논쟁적으로 끊임없이 노력해 온 과정이 과학의 역사이다. 그럼에도 이런 과학적 세계관과 방법론이 일반화되고 일정한 체계로 완성된 것은 불과 300여 년 전의 일이다. 동아시아에서 발견한 수많은 과학 지식과 근대 이래의 과학 정신은 같은 지평에서 생겨난 것이 아니다. 개별적으로 발견한 과학 지식과는 별도로 그런 지식을 가능하게 하는 사유의 체계와 원리에서 구분된다. 동아시아의 과학 지식과는 달리 서구는 과학적 세계관과 그에 따른 학적 원리를 일반화한 것이다.

(3) 과학적 세계관

과학적 세계관이 서양을 중심으로 싹트게 된 데에는 서양철학의 사유 구조가
결정적인 역할을 했다. 이런 관점에서 볼 때 과학은 서양의 독특한 자연 이해
체계로부터 형성되었다고 할 수 있다. 그 과학은 사고 구조와 방법론의 객관
성과 엄밀성, 보편성과 타당성을 담보하면서 세계적인 승리를 구가하게 된 것
이다. 나아가 과학 기술의 적용은 그것이 자리한 문화적 특색에 따라 달라진
다. 중국이나 한국 등에서 먼저 발명된 여러 과학적 결과들, 예를 들어 화약의
경우, 중국에서는 그것을 축제의 불꽃놀이 정도로 사용했으나, 서양에서는 총
기의 발명으로 이어졌으며, 나침반 역시 항해술에 응용해 식민지 개척에 활용
했다. 그 결과가 19세기 말 세계사적으로 어떤 영향을 끼쳤는지는 두말할 나
위가 없을 정도이다. 여기서 나아가 서양보다 앞선 동아시아의 과학적 발견에
도 불구하고, 동아시아에는 과학적 세계관이 존재하지 않았다는 논쟁이 벌어
졌다. 이런 문제에 대해 니덤(Joseph Needham)은 『중국의 과학과 문명』이란
방대한 저서를 통해 나름대로의 해답을 제시했다.[1] 동아시아와 근대의 과학은
체계와 원리에서 차이가 나는 것이지 어느 것이 열등한 과학이거나, 동아시아
에 과학적 정신이 존재하지 않았다고 주장하는 것은 틀렸다는 것이다.

자연과학의 사유는 자연철학의 구조에 따라 달리 표현된다. 동아시아 철학
은 자연의 근거를 변화의 원리, 즉 천명(天命)에서 찾으려 했다. 이에 비해 서
양철학은 자연의 근거를 묻는 질문을 그 시작에서부터 존재의 근거, 궁극의
물질에 대한 규정으로 정립했다. 이런 차이가 동아시아 학문에서 보듯이 학문
과 인성론의 결합으로 발전했다면, 서양의 학문은 모든 현상을 보편적으로 설

---

1 Joseph Needham(1954), *Science and Civilization in China*, Vol. 1-7, Cambridge University
Press. 이 책은 니덤이 죽은 뒤에도 니덤 연구소(Needham Research Institute)에 의해 계속 간행되
고 있다.

명하려는 이론을 성립시키려는 노력으로 이어지면서 오늘날 우리가 보는 과학이란 놀라운 결과를 이룩했다.

하지만 과학은 분명 자연과 사물에 대한 특정한 방법론에 의한 체계이다. 문제는 오늘날 인간이 자연 사물 일반을 대하는 사유의 틀이 과학적 방법론과 사유 체계에 의해 결정된다는 사실에 있다. 18세기 이래 유럽을 풍미했던 과학주의의 오류는 극복되었지만, 오늘날 과학주의는 변형된 형태로 다시 힘을 발휘하고 있다. 이는 존재론적이며 초월적 영역에 대한 무관심 내지 침묵이란 형태로 또는 잘해야 그 세계에 대한 암묵적 인정이란 완화된 형태로 나타나는데, 결국 이는 이 시대 과학적 정신과 방법론이 승리했음을 의미한다. 과학적 이론은 그것이 아니었다면 자연 가운데에서 낱개로 분리된 채 있었을 다양한 현상과 관찰 결과들을 결합하고 연결해 그 안에 담긴 법칙으로 자연현상을 설명한다.

인간은 이해 체계를 통해 이해의 대상을 재구성한다. 자연을 이해하는 데 있어서도 인간은 자연 이해의 체계를 통해 객체적 자연을 자신의 의미론적 체계 안에 다시금 존재하게 만들며, 나아가 자연과 인간의 관계를 새롭게 형성하게 한다. 하이젠베르크(Werner Heisenberg)가 말했듯이 자연과학은 자연을 단순히 기술하거나 설명하는 것이 아니다. 자연은 개체적인 부분들이 독립적으로 모여 있는 것이 아니라, 그것들이 서로 상호작용하면서 이루어 가는 거대한 전체이다. 자연과학자들이 관찰하고 설명하는 것은 자연 그 자체가 아니라 자연에서 이해한 부분, 그 이론과 인지 체계에 따라 정립되고 해명된 자연이다.

2. 자연과학의 내용

(1) 고대 자연철학과 고전물리학

고대 그리스철학은 자연의 근거에 대한 질문에서 시작된다. 이런 질문은 자연 사물을 이루는 궁극의 근거(arche)를 설정하고 이를 탐구하는 작업으로 진행되었기에 자연철학이라 한다. 예를 들어 데모크리토스(Demokritos)는 이 궁극의 근거를 아톰(A-tom)으로 이해한다. 아톰이란 더 이상 쪼개질 수 없는 최후의 입자를 말한다. 이것을 찾는 작업은 오늘날까지 이어져 입자 물리학의 기초가 된다. 현대 물리학에서 찾은 92개의 기본 입자들은 물론이고, 입자가속기 역시 이런 사상에 뿌리를 두고 있다. 한편 피타고라스(Pythagoras) 학파는 자연을 조화의 맥락에서 이해했다. 자연은 수학적 원리를 통해 조화롭게 구성되어 있다고 생각한 것이다. 자연을 이루는 내적 특성은 수학적 원리에 의한 것이다. 수(數)는 모든 사물을 이루는 존재의 원리이며, 그것을 이해하는 열쇠가 된다. 이런 생각은 플라톤에게 이어진다.

플라톤이 말하듯이, "기하학을 모르는 자"는 결코 세계를 이해하는 첫걸음 조차 뗄 수가 없다. 그것은 세계를 이해하는 열쇠가 바로 기하학이기 때문이며, 세계는 기하학적으로 질서로 이루어져 있기 때문이다. 이런 세계관이 르네상스와 근대 초기를 거치면서 과학적 세계관을 확립한 것이다. 중세의 신학자 쿠사누스(Nicolaus Cusanus)는 물론, 케플러나 갈릴레이, 코페르니쿠스 등은 모두 플라톤주의자였다. 쿠사누스의 영향 아래 철학적 사유를 전개한 데카르트와 그의 후계자들, 그리고 뉴턴에 이르러 과학은 세계를 이해하는 결정적 사유 체계가 되었다. 과학적 발견은 자연철학이란 영역을 넘어 존재론과 결별함으로써 새로운 지식 체계로 형성된다. 그 원리는 수학적 원리와 결정론적 인과의 법칙, 시간의 흐름과는 무관한 가역성, 목적론적 사고로 요약될 수 있다. 이것이 근대 고전물리학을 구성하는 원리로 작용하게 된다.

수학적 세계관은 근대적 사유를 거쳐 오늘날과 같은 과학·기술주의로 발전했다. 근대의 정신은 세계를 기계론적으로 파악하며, 모든 현상과 사건을 인과율과 합목적론적 사유 구조로 파악했다. 이것을 자연 이해에 적용시켜 근대 과학혁명의 실마리를 풀어 간 것은 뉴턴적 사유 체계이다. 뉴턴에 의해 성립된 고전역학은 사물의 질량과 운동, 시간과 공간 내에서의 사물의 상태와 작용에 대해 탐구한다. 그것은, 라플라스(Pierre-Simon Laplace)가 그랬듯이, 우주를 구성하는 모든 물체의 상호작용과 원리를 알고, 이들의 현재 조건을 관측할 수 있다면 미래의 상태를 완벽하게 예측할 수 있다고 주장한다. 라플라스의 자연학 저서를 본 나폴레옹은 자연의 기원과 움직임을 설명하는 데 신이란 말이 없다는 점을 의아해 했다고 한다. 이런 질문에 라플라스는 이렇게 대답한다. "나는 그런 가설(신)을 필요로 하지 않는다." 이 말은 함축적으로 근대 자연과학의 철학을 보여준다. 자연은 자체의 원리를 지닌 것이며, 그 원리에 의해 결정된 체계이다. 인간이 이 원리를 이해할 때 자연을 장악하고 지배할 수 있게 되는 것이다.

자연은 그 안에 내재한 법칙과 그것을 충족하는 조건에 따라 이루어진다. 그래서 이 법칙에 대한 이해를 자연에 대한 이해와 동일시한 것이다. 그럼에도 이런 자연 이해는 부분적이다. 초기 조건의 변화는 자연법칙의 변화를 불러온다. 또한 자연법칙은 자기만의 고유한 대상을 지니고 있다. 이런 적용 대상 없이 보편적이며 그 자체로 존재하는 자연법칙은 존재하지 않는다. 따라서 고전역학 역시 다른 과학과 마찬가지로 일정한 조건에서만 타당할 뿐이다. 고전역학의 원리는 미시 세계 내지 거시 세계에서는 유효하지 않다.

20세기에 이르러 양자역학과 상대성이론은 고전역학의 보편적 적용 가능성의 한계를 지적했다. 일차적으로 열역학을 고전역학으로 설명하려는 시도는 사실 많은 문제점을 지녔지만, 20세기 초까지만 해도 여전히 뉴턴적 물리학은 그 권위를 상실하지 않았다.

(2) 근대의 자연과학

고전물리학의 한계와 상대성이론

열역학에서 시작된 많은 논의들은 결국 고전물리학의 한계를 드러낸다. 예를 들어 열의 흐름은 고전물리학과는 달리 비가역적이다. 열에너지는 궁극적으로 열 죽음의 상태에 도달하게 되고, 이를 되돌리기 위해서는 다른 에너지가 필요하다. 열역학의 법칙은 고전물리학의 범위를 넘어서 있다. 엔트로피(Entropy)의 증가가 자연의 법칙인 것처럼 보이지만 여기서 생명현상의 문제는 여전히 남아 있다. 생명현상은 엔트로피 법칙을 거스르고 있다. 그래서 양자역학자 슈뢰딩거(Erwin Schrödinger)는 더블린에서 행한 "생명이란 무엇인가?"(1944)란 강연에서 생명은 "음의 엔트로피"(negative entropy)를 먹고사는 존재라고 말했다.

아인슈타인의 상대성이론은 고전물리학의 절대 시간과 절대공간 개념을 무력화시켰다. 고전물리학에서 시간과 공간은 서로 독립되어 개별적으로 이해된다. 자연법칙은 장소와 시간에 관계없이 언제 어디서나 적용되는 동질의 것, 불변하며 절대적인 것이다. 시간은 공간과 관계없이 일정하게 자신의 길을 걸어가는 독립적인 것이다. 그것은 일정한 방향을 지닌, 과녁을 향한 화살과 같은 것이다. 이런 세계는 하나의 원리에 의해 이루어지는 결정론적 세계이다. 그러나 상대성이론은 고전역학의 삼차원적 범위를 넘어 시간과 공간을 합해 사차원적 구조에서 적용되는 이론 체계이다. 즉, 삼차원 공간에 시간이라는 차원을 덧붙인, 시간과 공간이란 좌표계의 회전에 관한 이론이다. 상대성이론에서는 과거와 미래가 관찰자의 위치와 상대속도에 의존하는 유한한 시간 간격에 의해 분리된다. 이에 따라 사물들 사이에 존재하는 만유인력이란 상호작용을 질량 분포에 의한 시간과 공간 좌표로 대체함으로써 중력장 내의 운동에 대한 고전물리학의 한계를 극복하게 된다. 질량과 에너지는 변환이 가능하기에, 더 이상 고전적 자연과학의 실체나 물질 개념은 유지할 수 없게 된 것이다.

고전물리학을 넘어선 과학

고전물리학의 패러다임을 넘어서는 자연과학 이론으로 무엇보다 먼저 양자역학을 거론할 수 있다. 양자역학에서는 위치와 속도라는 고전역학의 상태 개념을 넘어, 양자역학적 상태 개념을 도입함으로써 현상세계를 달리 규정하게 된다. 양자역학은 대상의 임의적 시간에서의 상태를 측정해 상태와 관계가 결정되어 있지 않고 확률적이라고 말한다. 또한 고전역학과는 달리 관찰 주체와 대상 사이의 명확한 구분이 불가능하다. 양자역학은 전자를 관찰한 결과 입자로서의 전자가 동시에 파동성을 갖는다는 사실을 밝혀냈다. 이것은 물질의 본성이 입자와 파동의 두 성질이 대립되어 존재하는 것이 아니라 입자이면서 파동이라는 이중성을 지닌다는 의미이다. 즉, 이 두 성질이 서로를 보완하는 것으로 이해한다.

고전물리학의 패러다임을 넘어서는 과학 이론으로 닐스 보어(Niels Bohr)의 상보성의 원리와 하이젠베르크가 주장한 불확정성의 원리를 거론할 수 있다. 이들 이론은 그동안 절대적이라 믿었던 고전역학의 결정론적 세계관을 붕괴시킴으로써 고전물리학의 패러다임을 벗어났다는 데 의미가 있다. 우주와 같은 거시 세계와 원자 수준의 미시 세계에서 고전물리학은 유효성을 잃게 된다. 절대공간과 절대 시간 개념이 더 이상 유효하지 않게 되고, 시간과 질량 및 에너지의 의미가 새롭게 해석되었다. 이런 이론적 변화를 통해 과학의 객관성과 절대성에 대한 질문이 제기된다. 자연과학적 이론은 사물을 바라보는 하나의 틀을 의미한다. 그런 틀이 존재하지 않았다면 우리는 자연을 지금과는 다르게 이해했을 것이다. 과학적 세계관과 그 철학 자체에 대한 반성과 성찰이 요구되는 이유가 바로 여기에 있다.

복잡성의 과학

벨기에 화학자 프리고진(Illya Prigogine)의 복잡성 이론에 따르면, 요동치는 변화의 가장자리에서 일어나는 변화는 결정되어 있지 않으며, 통계적으로 예측 가능하다. 이 혼돈의 가장자리에서는 새로운 변화가 일어난다. 이것은 열린계이며, 비선형성의 구조를 지닌다. 열린계에서는 모든 것이 분산되는 구조가 작용한다. 이것은 엔트로피를 거스르는 구조로서 복잡성이 임계점에 이를 때 새로운 변화가 발생한다. 복잡성 이론이 적용되는 대표적인 예는 생명현상이다. 고전물리학의 관점에서 생명현상을 이해하기는 무척 어렵다. 그러기에 슈뢰딩거는 생명이란 '음의 엔트로피'를 먹고사는 존재라고까지 말하지 않았던가. 복잡성의 과학과 카오스이론은 이런 고전물리학의 한계를 극복하는 새로운 과학을 제시했다. 프리고진에 의하면 혼돈의 가장자리에서는 변화와 요동이 물결치면서 새로운 질서가 생겨난다. 이것이 일정한 임계점을 넘어서면 새로운 질서 구조를 창출하게 된다. 여기서는 로렌츠가 말하듯이 나비의 날갯짓 같은 미세한 요동조차 변화를 이끌어 내는 요소가 될 수 있다.

이런 이론은 고전물리학에서는 설명할 수 없었던 수많은 복잡한 현상을 설명하는 데 적용된다. 단적인 예로 일기의 변화나 수많은 군중들이 모여 있는 세계의 구조, 생명현상 등을 설명하는 데 이런 이론이 적용되고 있다. 이는 과학의 영역을 넘어 사회현상, 예를 들어 교통의 흐름이라든가 증권투자 이론에까지 활용되고 있다.

정보과학

지식의 역사는 정보 이해의 역사와 함께한다. 어쩌면 지식 자체가 정보일지도 모른다. 인류는 기원전 3,000~2,500년경 파피루스, 양피지, 죽간, 갑골 등을 이용해 구전에서 벗어나 기록하는 문화로 변화하면서 정보 전달 체계의 전환을 맞이했다. 이런 정보 전달 체계의 역사는 1936년 튜링의 계산법이 실용화되면서 나타난 단순한 형태의 뉴먼형 컴퓨터와 1946년 최초의 디지털 컴퓨터인 에니악, 1969년 미국 국방부의 아르파 계획에 이어 네트와 네트 사이를 잇는 인터넷의 발명으로 또다시 새로운 전환점을 맞게 된다.

현대 인류는 급격한 정보 변화의 물결에 휩쓸리게 된다. 우리 주위를 둘러보아도 이런 변화의 물결은 놀라울 정도이다. 인터넷을 통한 정보와 지식 검색은 학적 지형을 엄청나게 변화시켰다. 위키피디아(Wikipedia)와 포털사이트의 지식 검색을 생각해 보라. 그럼에도 이런 지식은 성찰적 지식과는 무관한 것이며, 검증되지 않았다는 측면에서 학적 지형으로 삼기에는 부족한 것이 사실이다. 그 외 전 국민이 한 대씩 가지고 있다는 휴대전화, CCTV, RFI칩, 디지털 카메라, UCC, GPS, 그리고 이제는 손 안의 컴퓨터라 불리는 스마트폰까지 출시되었다. 첨단 정보 통신 기술은 새로운 인간형과 결합해 "똑똑한 군중"(smart mobs)이란 개념을 만들어 냈다. 오늘날 이런 변화가 근대 기술의 발달과 결합해 인간 삶의 전 영역에 근본적 변화를 일으키는 것이 바로 정보화 사회의 도래이다. 이런 정보 전달의 혁명적 변화는 단순한 기술적 변화 내지 의사소통 체계의 변화만을 의미하지 않는다. 정보화와 영상 문화 전반에 걸친 이런 변화가 혁명으로 이해되는 배경에는 총체적인 문화사적이며 학적인 변화와 함께, 인간학적인 전환까지 자리한다.

(3) 생명과학

과학을 말할 때 생명의 문제에 대해 거론하지 않을 수 없다. 분자생물학은 생명현상을 분자적 수준에서 일어나는 화학적 관계로 설명하고자 한다. 분자생물학은 생명체의 특성 및 기능을 생명체를 구성하는 분자들의 구조와 그것의 상호작용에서 찾고 있다. 그것은 1859년 다윈의 『종의 기원』과 1866년 멘델에 의한 유전법칙의 발견에 이어, 마침내 1953년 크릭(Francis Crick)과 왓슨(James Watson)이 DNA 이중나선 구조를 발표하면서부터 이루어진 변화에 근거한다. 이 모든 생명과학의 연구 결과에 의하면 모든 생명체는 결국 진화와 유전의 결과이며, 생명체는 이런 원리에 의해 작동한다. 생명과학은 생명의 탄생과 비밀, 생명 원리에 대해 놀라운 지식을 소유하게 되었다. 참으로 엄청난 성과임에는 분명하다.

이제 인간은 신의 영역에 속해 있다고 믿었던, 즉 인간의 손을 절대적으로 떠나 있다고 생각했던 생명현상에 대해 이해할 수 있게 되고, 마침내 인간 스스로 생명현상에까지 손을 미치게 되었다. 이런 사실은 정녕 엄청난 충격으로 다가온다. 또한 오늘날 경제적·사회적 측면에서 정보 전달 체계를 변화시킨 혁명적 전환은 디지털 문명과 인터넷 체계에 의한 것이다. 문제는 이런 생명과학과 디지털 기술 공학이 만날 때 초래될 결과이다. 여기에는 사실 우리의 상상력이 부족할 정도로 큰 변화의 가능성이 내포되어 있다.

어떤 한 유기체가 지닌 유전자의 분자적 세부 사항을 완전히 파악하더라도 그 유기체가 어떤 모습으로 형성될지는 예측할 수 없다. 나아가 같은 종 안에서의 개체가 지닌 차이는 유전자와 발생 환경의 끊임없는 상호작용의 결과이다. 이것은 근본적으로 예측이 불가능하다. 여기서 한걸음 더 나아가, 그런 개체가 어떤 모습으로 자신의 삶을 이루어 갈지는 그것이 지닌 고유한 생물학적 조건 이외의 상황에 의해 이루어진다. 그 세계관과 신념 체계, 생각과 느낌

등이 또한 생명체의 환경으로 작용하는 것이다. 인간의 가치와 재능을 유전적 관점에서 개량해 새로운 도약을 이룩한다는 희망찬 관점에도 불구하고 이것은 역사적으로 엄청난 오류와 집단 살육을 초래했다. 우생학이 미친 폐해는 역사에서 너무도 분명하게 드러나고 있다.

예를 들어 독일의 국가사회주의(나치즘)는 유전적으로 뛰어난 새로운 인간을 창조해 간다는 망상에 따라 정신박약, 장애인, 집시와 유대인 등 소위 열등하다고 생각되는 인종을 청소해야 한다는 추악한 이데올로기 아래 유전적 결정론의 잘못을 저질렀다. 유전자의 차이를 근거로 인종과 인간을 차별하거나, 유전자 변형과 복제를 통해 인간의 진화를 이룩하겠다는 생각에도 이런 생물학적 결정론의 독침이 번득이고 있다. 과학의 위험은 그 한계와 사회적 적용에서 생기는 문제를 고려하지 않을 때 치명적일 수 있다.

다른 관점에서 경계해야 할 것은 이런 지식이 아니라 독단적 신념과 무지에서 초래되는 반지식의 결과이다. 정치적이며 종교적인 신념에 따라 과학의 결과를 마음대로 적용할 때의 위험은 역사에서 자주 목격할 수 있는 바이다. 이런 목적에 따라 지식을 이용하거나 억압하는 행위, 지식이 모든 것을 결정하는 것처럼 생각하는 오류에서 벗어나야 한다. 그것은 분명 과학의 영역을 넘어서는 것이다. 여기에 과학을 넘어서는 인간학적 가치판단과 결단의 중요성이 자리한다. 어떤 이념 체계나 사회적 진보, 종교적 신념도 인간 생명 자체의 존엄성을 침해할 때 그것은 단연코 거부되어야 한다.

이 두 극단을 고려할 때 중요한 것은 과학 지식이 존재론의 기반에서 해석되고 그에 따라 의미를 지니게 된다는 사실이다. 생명의 의미나 생명체를 존중해야 한다는 생각은 생명과학 내적으로는 결코 도출할 수 없는 결론이다. 그것은 분명 문화적이며, 인간학적이고, 존재론적 의미와 가치 체계에 근거한다. 생명과학의 이런 발전 속에서 마치 아무 일도 없었던 것처럼 인간에 대해 말할 수는 없다. 인간은 분명 생물학적 존재이기에 온갖 한계와 죽음으로 끝날 운명을 지니고 있다. 그 생물학적 조건만으로 본다면, 인간은 초파리나 바퀴벌레보다 더 나을 것도 없는 존재이다. 그럼에도 불구하고 자신의 내면에 완전과 불멸, 사랑과 초월을 꿈꾸고 아름다움과 성스러움을 노래하는 존재가 인간이다. 인간은 삶과 세계에 의미를 줄 수 있는 존재이며, 그런 정신과 마음을 지닌 존재임을 깨닫고, 가르치고, 선언하며 외치는 과정이 학문과 예술이다. 이것은 인간 지성의 본래적 과제이며, 궁극적으로 인간을 인간답게 하는 것이다.

생명에 대한 진지한 성찰만이 맹렬히 돌진하는 생명과학에 올바른 방향을 제시할 수 있을 것이다. 그와는 반대로 한줌의 신념이나 독선적 믿음에 근거해 정당한 과학의 업적을 단죄하는 행위도 옳지 않다. 역사에서 보듯이 자신의 독선과 무지로 정당한 진리를 단죄함으로써 수많은 해결 가능한 대답을 무시하거나 왜곡함으로써 얼마나 많은 역기능을 초래했던가. 이로써 수많은 사람을 무의미한 죽음으로 몰아갔거나, 위험에 노출시키는 잘못을 저질렀던 것이다. 따라서 이런 과오를 되풀이하지 않기 위해서라도 과학이 밝혀낸 정당한 사실과 그 업적에 대해서는 남김없이 수용해야 한다. 이와 더불어 그만큼 중요한 것은 과학의 지식을 존재론적 층위에서 올바르게 해석함으로써 과학에 정당한 자리를 제시하는 것이다. 오늘날 생명과학에서 보듯이 유전학이나 진화론적 관점에서 도출한 지식을 바탕으로 인간의 존재 전체를 설명하려는 자연신학적 경향은 어디에나 도사리고 있는 위험이다. 그러기에 생명과학에 대한 정당한 수용과 함께 존재론적 층위에서 이루어지는 해석을 통해 생명이 지닌 두 측면, 현상과 존재론적 의미가 올바르게 제시되어야 한다.

3. 자연과학과 기술

(1) 과학·기술의 의미

과학은 자연의 원리를 이해함으로써 자연을 파악하고 장악하며, 과학의 필요에 따라 자연을 마음대로 바꾸어 놓을 힘을 지니고 있다. 그 힘이 현실적이며 사회적으로 응용된 것이 과학·기술이다. 그것이 오늘날 문명을 이루는 핵심 요소가 된다. 과학·기술은 분명 인간의 삶에서 많은 일들을 가능하게 했다. 과학이 없었다면 인간은 도구를 사용하는 존재일 수는 있었을 테지만 오늘날과 같은 놀라운 기술 문명을 이룩하기는 불가능했을 것이다. 전 지구에서 자연적으로 생존 가능한 인류를 몇 천만 명 정도로 추정하더라도, 지금의 70억에 육박하는 인간이 살 수 있는 것은 전적으로 과학·기술이 이룩한 혁명 덕분이다. 자연과학이 없었다면 식량 생산의 놀라움, 의학 혁명과 정보혁명, 우주여행, 미시적 분자 또는 원자 수준에서 일어나는 일, 인체의 현상 등에 대한 현재와 같은 엄청난 지식을 얻기란 원천적으로 불가능했을 것이다.

여기서 우리는 과학 자체의 힘과 논리, 세계관과 그것이 기술적으로 응용되고 현실 삶에 적용됨으로써 초래된 과학·기술의 모습을 구별해야 할 것이다. 과학과 기술의 고전적 경계선은 점차 무너지고 있다. 과학은 기술과 다르다. 폴라니는 과학과 기술은 같은 범주에 속하지 않는다고 말한다.[2] 이 둘은 타당성에서 구분되며, 작동 원리에서 내면의 법칙과 겹치거나, 도구적 맥락에서 자연 법칙과 구별될 수 있다고 말한다. 발견과 발명의 차이는 이런 구분의 한 예일 것이다. 그들의 관심과 작용 법칙이 같지 않고, 지식 생산의 목적과 세계에서의 작용 방식이 다르다. 과학의 발견과 법칙들이 우리의 삶과 문화에 오늘날과 같

---

2 마이클 폴라니(2001), 『개인적 지식 : 후기 비판적 철학을 향해』(표재명·김봉미 옮김, 아카넷), 500-504쪽.

은 엄청난 영향을 미치는 것은 그것들이 기술적으로 적용되고 응용되면서 일어난 현상이다. 과학의 놀라움은 이런 기술적 문제에서 한걸음 더 나아가 인간이 지닌 세계를 이해하는 눈과 그 체계조차 바꾸어 놓는다는 데 있다. 과학이 모든 진리 검증과 진리 이해의 기준이 될 수 있다고 생각할 때 이것은 심각한 수준의 과학·기술 만능주의가 된다.

과학이 현재와 같은 형태로 형성된 것은 전적으로 근대에 이르러서였다. 그 이전의 과학적 발견들이 우연히 주운 황금 사과에 비유된다면 근대의 과학 정신은 인간으로 하여금 의도적으로 이 황금 사과를 찾게 하고, 나아가 그 사용법을 가르쳐 주었다. 과학은 궁극적으로는 자연을 바라보는 이론과 관점이 변화되어 온 역사이다. 문제는 이 흐름이 경험적인 세계, 자연적인 영역을 온전히 객관적인 관점에서 설명하고, 이런 설명이 더욱 포괄적으로 적용된 데 있다. 과학은 이를 통해 어느 다른 학문 분야에서도 생각할 수 없을 정도로 놀라운 발전을 이룩했다. 오늘날 과학주의(scientism)는 진리 주장에 있어서 다른 어떤 위대한 형이상학보다 더 자신의 타당성과 보편성을 주장하기에 이르렀다. 그래서 생명과학의 경우 인류의 지적 유산이 아니라 유전자를 이해하는 것이 인간을 이해하는 더 빠르고 정확한 길이라고 말한다. 자신의 운명을 알기 위해 더 이상 신에게 질문할 것이 아니라 유전자의 염기 서열을 해석하는 것이 더 낫다는 것이다.

과학적 이론의 성립과 증명은 사회적 영향 아래서 이루어진다. 이런 의미에서 과학주의는 그 객관성에 대한 자기주장에도 불구하고 하나의 이데올로기이다. 과학자들의 이론 성립과 연구가 사회적 영향에 따라 이루어지며, 반대로 그런 과학적 이론이 다시금 그런 사회적 영향력을 형성한다. 과학의 기능은 두 가지 측면에서 이루어진다. 그들이 지닌 이론과 그 이론을 적용하는 기술에 따라 사물과 자연, 인간과 세계를 새롭게 구성하는 방법이 그것이다. 또한 과학은 끊임없이 객관적 세계와 자연 사물이 어떻게 지금과 같은 방식으로 존재하게 되었는지를 설명한다. 그에 따라 아직은 알지 못하는 그 객관성이 다시금 해석되고 설명되기에 이른다. 과학은 이런 과정을 밟아 자신의 객관성과 합리성을 증명하는 데 큰 성공을 거두었다.

(2) 과학·기술의 적용

과학은 현실적 삶의 모습을 정당화하는 기제로 작동하기도 한다. 과학적 발견이 그 시대의 문화적 현상에 따라 악으로 작용하기도 하는 것이다. 우생학의 폐해, 나치에 의한 과학의 악용, 인종에 따라 이민을 제한하는 미국의 이민 제한법 등을 생각해 보라. 과학의 신화와 그에 따른 사회적 악용을 경계하면서도 과학을 올바르게 수용하는 길을 막아서는 안 된다. 정치, 경제, 의사소통과 사고체계, 교육과 관습, 철학과 인문학은 물론, 사회와 문화적 행위가 이루어지는 방식을 도외시하면서 과학 지식에 따라서만 인간을 이해할 수는 없다. 과학은 사회적 제도와 구조, 과학자들의 현실에 의해 좌우되는 사회적 제도로서의 면모를 지니고 있다. 이에 대한 올바른 이해와 적용이 요구된다. 그것은 과학 자체에서 주어지지 않는다.

과학적 이론의 성립은 그 시대의 정신 및 주류적 사유 체계와 함께한다. 근대에서의 전체와 개체의 관계는 그 시대의 과학적 눈을 결정한다. 자연을 부분으로 나누고, 그 개별적인 조각, 원자와 분자 또는 세포와 유전자로 나누어그 원리를 이해함으로써 전체를 이해할 수 있다는 생각은 환원주의이다. 이런 생물학적 결정론과 환원주의의 오류에 대해 자연과 생명을 전체적으로 이해하려는 전체주의적(holistic) 관점에서 복잡성 과학이나 카오스이론, 생명학 등이 대안적 과학으로 제시되고 있다. 과학의 주장에 대한 이런 반론이 결코 정당한 과학을 포기하고, 인간의 신념에 따른 자연 이해로 돌아가자는 것은 아니다. 어떤 경우라도 천체물리학을 포기하고 점성술로 돌아갈 수는 없다. 지식은 객관적 사실에서 출발해 의미론적 영역에서 성찰되지만, 객관적 사실을 포기하고 의미론적 층위에만 머물러 있는 것일 수는 없다.

지구를 살아 있는 유기체로 보는 가이아(Gaia) 이론은 이를 보여 주는 좋은 범례이다.[3] 꽃의 아름다움을 보면서 갖는 느낌, 자연에 대한 놀라움, 경이로움 또는 마음의 떨림이 어떠하든 그것은 객관적인 사물의 원리 가운데 어느 것 하나도 변화시키지 못한다. 우리가 새해 아침 동해에 솟아오르는 해에서 어떤 영감을 받던 지구는 여전히 태양을 중심으로 돌고 있으며, 그 물리적 반응에는 아무런 영향도 끼치지 못한다. 지구 생태계는 분명 거대한 생명체처럼 역동적으로 상호작용하면서 움직이지만, 그렇다고 해서 가이아 이론에서 보듯이 실제로 살아 있는 생명체는 아니다. 환원주의의 한계를 비판하는 것이, 환원주의가 지닌 이해의 정당한 측면까지 부정하는 것으로 과도하게 적용되어서는 안 된다. 전체를 부분으로 나누어 연구하는 작업만큼 전체가 부분의 총합 이상의 현상을 지닐 수 있다는 설명은 모두 사실에 바탕하고 있다. 그럼에도 그것이 자연의 진리를 그 자체로 설명하고 있지는 않다. 과학의 힘에 압도되어 과학만능주의에 빠져 과학의 한계를 부정하는 것만큼 잘못된 것은, 자신의 이념 체계에 따라 과학 지식 체계를 온갖 비과학적 체계로 변화시키는 행동이다. 과학 체계의 범위와 한계를 제대로 알면서도, 비과학적이거나 반과학적 허상에 빠지지 않는 것이 과학을 과학으로 이해하는 의미론적이며 존재론적 결단에 따른 진리 행위일 것이다.

---

3 제임스 러브록(2004), 『가이아 : 살아 있는 생명체로서의 지구』(홍욱희 옮김, 갈라파고스).

4. 자연과학의 자리

(1) 과학의 범위와 한계

과학의 발달은 사물에 대한 인간의 관계는 물론 사물과 자연 세계를 바라보는 관점과 이해의 틀을 모두 변화시켰다. 과학은 이제 인간의 모든 이해와 관점을 지배하고 조종하며, 나아가 조작하기에 이른다. 과학 지식은 분명 인류가 지닌 수많은 근본적 문제를 해결하고 초월 세계를 가장한 의미 없는 가설과 논쟁을 폐기하는 데 엄청난 공헌을 할 것이다. 하지만 과학 지식은 언제나 변화의 과정에 있기 때문에, 그 타당성은 반박 가능성과 개선에 의해 담보될 수 있으며, 이를 통해 과학 지식으로 성립한다. 영혼의 존재나 죽음 이후의 세계 등에 대한 이론은 검증과 반박이 불가능한 지식이다. 또한 인간이 당면한 근본적이며 절대적인 영역에 대한 대답은 과학에서는 얻을 수 없다. 포퍼는 생명의 의미, 만물의 기원, 인간 조건의 의미, 삶의 운명 등에 대해 궁극적 질문이란 이름을 붙였다. 여기에 대해서는 철학이나 종교가 대답을 제시할 것이다. 이것은 과학의 몫이 아니다.[4] 그럼에도 이런 영역에서 이루어지는 논의에 과학은 엄청난 영향력을 발휘한다.

　과학의 문제는 그것이 지닌 예측 불가능성과 객체적 사물 이해 체계는 물론 사물과 맺는 관계 양식의 일면성에도 불구하고 자신의 지식을 진리의 준거점으로 주장하는 데 있다. 과학은 일정한 범위와 주어진 조건에서 타당성을 지니는 학적 체계이다. 과학의 정당한 자리는 과학이 제시하는 조건성 안에서만 유효한 것이지, 그런 층위를 넘어서까지 타당한 것은 아니다. 문제는 과학적 발견과 지식이 아니라 그에 대한 해석에 있다.

---

4 칼 포퍼(1994), 『과학적 발견의 논리』(박우석 옮김, 고려원미디어) 참조.

과학적 연구는 단지 과정에 불과한 것이 아니다. 과학적 연구와 결과를 올바르게 받아들이기 위해서는 그에 앞서 존재하는 연구의 목적과 필요에 대한 이해가 요구된다. 과학 지식을 활용하고 이용하는 데는 과학 이상의 층위에서 주어지는 이해와 요구가 필요한 것이다. 그것은 과학의 범위를 넘어서며, 그것에 대해 과학은 침묵할 뿐이다. 과학 및 기술 공학적 지식과 힘을 이용할 때 있을 수 있는 윤리적 질문, 즉 "선하게 아니면 악하게"라는 윤리적 문제에 답하기 위해서는 이런 사실을 이해하는 것이 필요하다.

과학적 작업과 과학의 연구 결과를 활용하는 일이 다만 과학의 영역에만 머무는 것이 아니라 그 이상의 영역에서 이루어진다면, 그것에 대해 인간의 지성은 어떤 대답을 준비하고 있는가? 과학은 우리에게 세계 내적으로 살기를 강요하지만 인간은 세계 안에 살면서 동시에 세계를 벗어나 살고 있다. 인간은 세계 내적으로 존재하면서도, 그것을 초월해 존재한다. 과학은 분명 사물의 실상과 원인, 그 움직임의 법칙을 설명하고 밝혀 주지만, 왜 그렇게 이루어지는지, 그것이 지금 여기의 우리에게 어떤 의미를 지니는지에 대해서는 설명하지 못한다. 그것은 애초에 과학의 관심사가 아닐 뿐 아니라, 과학의 범위를 벗어나는 일이기도 하다.

계몽주의의 시대정신을 가장 잘 대변하는 것은 베이컨의 "지식은 힘이다"라는 명제이다. 이런 힘은 자연과 사물에 대한 지배와 관리의 힘이다. 하지만 과학 지식이 단지 이런 힘이 아니라 인간의 삶에 의미와 올바른 방향을 제시하기 위해서는 의미의 터전에 대한 대답이 선행되어야 한다. 연구실의 과학자들은 이런 질문에 의아해 할 것이다. 그러나 과학의 연구를 자연철학 내지 자연신학적 관점에서 해석하고 그 이상의 층위로 확대해 적용하려는 경향에는 문제가 있다. 인간이 존재론적으로 필요로 하는 앎이란 결코 대상에 대한 앎의 힘이 아니라 나아갈 바를 알려주는 깨달음의 길에 관한 앎일 것이다. 그렇다면 여기서 과학 지식은 그 앎을 위한 자리에 어떤 역할을 할 것인가?

이런 문제는 과학 자체에 대한 성찰과 해명의 차원을 넘어서 있다. 따라서 과학의 존재론적 의미에 대한 해명이 필요하다. 왜냐하면 이 시대에 과학은 인간에게 자연과 세계, 인간과 우주의 올바른 관계를 정립하고, 그것을 참되게 이해하는 데 필요한 지식과 사실판단의 근거를 제공해야 하기 때문이다. 인간이 추구하는 성찰적 진리와 의미 추구의 길에 과학은 어떤 지식과 사실판단의 근거를 제시할 수 있을까? 물론 과학은 그 자체로 자신의 방향성을 지닌다. 그러나 그것은 과학 내적 차원에서 주어지는 방향성일 뿐이다. 거기에 의미를 부여하고 그 방향성에 이해의 틀을 제시하는 것은 인간이 처한 근본적인 존재론적 지평에서 주어질 것이다.

오늘날 정상적 과학이 인간의 존재론적 층위에 대해 침묵할 수밖에 없는 한계 때문에 끊임없이 과학의 옷을 입고 그 지식에 근거해 인간의 존재론적 층위에 대해 말하려는 수많은 사이비 과학이 존재한다. 이런 시도는 대부분 편협하고 일면적이며 근거 없이 주어지는 잘못된 세계관에 지나지 않는다. 뉴에이지(New Age) 운동이나 기(氣) 운동, 점성술, 심정적인 대체 의학 등의 잘못은 과학이 밝혀야 할 과제이다. 이들 사이비 과학적 세계관은 과학의 탈을 쓰고, 과학에 대한 대중들의 맹목적 환상에 기대어 자신들의 잘못된 세계관을 전파하고 있다.

(2) 과학의 이해 체계

과학은 언제나 특정한 사유 체계의 산물이다. 토머스 쿤(Thomas Kuhn)은 『과학혁명의 구조』에서 어떤 학문이 한 패러다임으로부터 그다음 단계로 들어갈 때 지나게 되는 단계를 이렇게 해명하고 있다.[5] 과학은 보편적인 체계인 것처럼 보이지만, 그 역시 이해의 패러다임 변화에 따라 새로운 체계로 전환된다. 과학의 개념과 이론은 패러다임 변화에 의해 새롭게 성립되며, 그것이 과학 공동체에 의해 수용될 때 보편적 체계로 자리하게 된다. 패러다임의 전환은 과학혁명을 가능하게 한다. 그 시대에 일반적이던 과학 체계는 대상을 바라보는 과학 체계의 패러다임 변화에 의해 급격히 이루어진다. 그것은 점진적인 발전의 축적에 의해서가 아니라 패러다임의 근본적 전환에 의한 것이다. "과거 하나 이상의 과학적 성취에 기반을 둔 연구", 즉 정상 과학(normal science)에 의해 설명되지 않는 현상은 새로운 지식 체계를 필요로 한다. 그것은 지식 체계의 패러다임 변화를 초래해 새로운 과학으로 전이된다. 그에 따라 자연 이해는 변화하며, 지식의 체계 역시 변하게 된다.

예를 들어 다윈이 없었다면 진화론과 유사한 어떤 이론은 존재했을 테지만 지금과 같은 진화론은 아니었을 것이다. 아인슈타인이 없었다면 상대성이론은 다른 모습과 체계로 주어졌을 것이다. 그에 따라 우리는 진화와 물리 법칙에 대해 다른 모습으로 이해하게 된다. 그 이해는 사실에 근거하지만 사실을 모아 해석한 것이다. 비슷한 맥락에서 저명한 생물학자인 자코브(François Jacob)는 생명과학을 레고 놀이에 비유하기도 한다. 레고 놀이는 주어진 조각을 자유롭게 맞춰 여러 가능한 형태를 만들어 낼 수 있다. 그러나 그 형태는 주어진 조각과 별개로 이루어지지는 않는다. 주어진 조건에 근거해 그것을 넘어서는 형태로 다시 태어나는 것이다.

이처럼 생명과학을 이런 놀이에 비유하는 것은 그것이 제한된 층위를 떠날 수는 없지만, 그 안에서 제한된 조건을 초월하는 층위를 만들어 낼 수 있다는 의미이다. 자연과학의 작업은 단지 산속에서 광석을 캐내듯이 숨겨진 진리를 단순히 끄집어내는 일이 아니다. 과학 지식은 패러다임에 의해 끊임없이

---

5 토머스 쿤(1999), 『과학혁명의 구조』(김명자 옮김, 까치글방), 33-37쪽.

변화하고 개선되어 간다. 과학적 개념 구조의 변경은 자연에 대한 인지와 이해 체계, 그리고 인간과 자연의 관계를 변화시키게 된다. 자연에서 과학적 지식을 이끌어 내는 것은 주어진 조건 안에서 다양한 형태를 이끌어 내는 레고 놀이와 같다.

과학에 의해 생명과 자연 세계, 우리 자신의 조건과 세계의 상황에 대해 더 깊게 이해할 수 있다. 이것은 분명 인간에 대한 이해를 깊게 하고, 있을 수 있는 잘못된 길과 편견, 독단과 왜곡을 피하게 해줄 것이다. 과학은 분명 그것이 아니었다면 인간이 저질렀을 수많은 시행착오와 무지에서 벗어나게 해주었다. 종교적 독단과 이념적 아집에서 벗어나게 하는 데 과학이 기여한 바는 결코 무시할 수 없다. 따라서 우리가 자연과학적 진리를 두려워하거나 거부할 이유는 전혀 없다. 두려운 것은 오히려 무지와 편견, 진리를 왜곡하고 자신의 이데올로기에 따라 사용하려는 태도, 인간에 대한 존중과 아름다움, 신비를 떨쳐 버리는 행위이다. 인류가 과학과 기술 없이 과학의 폐해와 미래의 한계에서 벗어나는 것은 불가능하다. 문제는 거기에 어떤 의미를 부여하는가이다. 과학을 정확히 이해하고 그 한계를 인식하며, 그것에 올바른 존재론적 의미를 부여할 때만이 과학은 인간에게 축복으로 다가올 것이다. 더 많은 과학적 발견과 이해를 통해 인간은 이런 위험과 무지로부터 벗어날 수 있다. 여기에 인간에 대한 이해와 존재론적 의미에 대한 결단이 덧붙여진다면, 과학은 인간에게 의미 있는 지식으로 다가올 것이다.

과학을 통해 자연을 새롭게 이해하게 될 때, 인간은 자신에 대한 이해를 새롭게 정립하게 된다. 탈근대적 관점에서 자연과 생명을 이해할 때 그것은 근대적 인간중심주의에 대한 새로운 이해로 작용할 수 있을 것이다. 즉, 인간은 다른 생명체를 소유하거나 지배한다는 의미에서가 아니라, 그들의 자연권과 생명권을 보호할 책임을 지닌다는 의미에서 생명의 중심으로 이해되어야 한다. 그것은 분명 오늘날 진화 생물학의 업적에 힘입은 것이다. 과학의 역사에서 불운한 사건들, 즉 브루노(G. Bruno)의 화형, 갈릴레이의 지동설에 대한 단죄, 다윈의 진화설에 대한 그리스도교의 오해 등은 과학과 과학 이외 분야의 역할 분담의 실패와 이에 대한 무지 때문에 일어난 사건이다. 신학이 창조론을 주장할 때에도 과학적 업적을 무시하고 적대시 하는 것은 잘못된 견해이다. 자연 인식의 변화는 자연신관의 변화를 의미한다. 세계를 종교적으로 설명할 수 있는 것처럼, 과학적으로도 설명할 수 있으며, 종교적으로 모든 것을 설명할 수 없듯이 과학적으로도 모든 것을 설명할 수는 없다.

'자연이란 책을 읽는다'라는 명제는 중세와 근대를 거치면서 변형되었다. 중세에 이 명제는 자연의 존재론적 의미를 해석하는 자연철학 작업을 의미했다. 자연은 생명은 물론, 인간의 존재 의미까지 담겨 있는 거대한 책이라 할 수 있다. 이 책을 읽음으로써 중세의 인간은 창조의 의미와 그 존재론적 특성을 이해하게 되었다. 그에 비해 근대는 자연에 내재한 원리를 찾아냄으로써 자연을 지배하고 장악하며, 자연을 이용할 수 있는 힘을 지니게 된다.

자연 이해는 자연의 일부인 인간이 자신의 존재를 이해하는 지평으로 자리한다. 그러기에 인간의 존재론적 영역은 그 시대의 자연 이해를 통해 새롭게 이해될 것이다. 인간은 그 자신 자연에 의해 생겨난 일부이지만, 그럼에도 그 자연에 의미를 부여하고 나아갈 방향을 결정하는 존재이다. 인간의 존재론적 결단에 따라 자연은 파멸에 이를 수도 있지만, 인간과 다른 생명, 생태계가 더 나은 삶으로 나아갈 수도 있다. 인간은 지금과 같은 과학적 능력을 지니고 있기에 인간이 어떤 방향으로 나아갈지는 전적으로 그 자신의 존재론적 결단에 달려 있다고 말해도 지나치지 않을 것이다. 인간은 그런 의미에서 자연에 의미를 부여하는 존재로 거듭난 것이다.

근대과학의 승리는 과학이 전능하다는 잘못된 환상을 심어 주고 있다. 이런 논의는 서양의 사유 구조가 지닌 위대성을 부각시키는 것이 아니라, 오늘날 서양이 거둔 근대적 승리를 말해 줄 뿐이다. 현대 문명의 위기에 대해 진지하게 생각한다면, 이것을 역사적 흐름에서 파악하고 그 위기를 극복하기 위한 노력을 기울이는 것은 매우 시급한 과제라 할 수 있다. 과학적 승리를 보면서 우리가 생각해야 할 것은 과학의 힘을 맹신하지 않고 그 한계를 직시하면서도, 현대 서구 사유 구조가 이룩한 결과를 극복하기 위해 노력하는 것이다. 과학의 승리가 바로 서양 사유 구조의 위대함을 증명하는 것은 아니다. 과학은 현재까지의 학문 역사에서 자연을 이해하는 가장 타당성을 지닌 체계이지만, 그럼에도 자연을 이해하는 특정한 사유 체계임을 분명히 해야 할 것이다. 우리가 자연과 세계를 이해하는 길이 반드시 과학의 층위에 머물러 있어야 할 필요는 없다. 우리는 과학 지식을 넘어 인간의 존재론적 지평에서 과학이 갖는 인간학적 의미를 해석하고 그 의미를 부여해야 한다.

(3) 과학의 자리

근대의 과학은 의미의 근거, '왜'를 묻는 대신, 사물의 현상에 담긴 원리, '어떻게'를 물으면서 시작되었다. 그것은 고대와 중세의 수학적 세계관에 뿌리를 두고 있으나, 자연을 이해하는 방식과 인간과 자연의 관계에서는 결정적인 전환을 이룩했다. 고·중세에 인간과 자연의 관계가 상호적이었다면, 근대에 인간은 자연의 주인으로 자신을 이해한다. 이에 따라 자연과학 역시 자연을 파악하고 소유하며 제작하려는 인간 지성의 산물로 이해된다. 이런 자연과학적 발달이 현대에 이르러 기술화된 역사와 그 결과는 우리가 이미 일상의 삶에서 체험하고 알고 있는 사실이다. 인류가 이룩한 그 어떤 전환과 비교해도 이런 근대적 자연과학의 힘은 실로 엄청난 것이다. 이제 현대사회에서 과학은 우리의 운명이 되었다. 과학·기술 없이 현대 세계는 이해될 수도 제어될 수도 없다. 미래의 문명은 과학·기술이 좌우할 것이다. 과학·기술의 막강한 힘과 혜택 못지않게, 그것이 초래하는 엄청난 폐해 속에서 과학의 근거를 마련하고 이끌어 가며, 수정하는 것은 우리들이다. 이 운명을 어떻게 이끌어 갈지는 전적으로 우리들의 인간학적 결단에 달려 있는 것이다.

과학 지식의 불균형은 곧 사회적 불평등과 불균형을 초래할 것이다. 오늘날 정보혁명을 낳은 인터넷 체계는 사회구조 자체를 급격하게 변화시키고 있다. 그것이 사회에 도움이 될지 아니면 파괴적 힘으로 작용할지는 사회적 구조와 우리의 태도에 달려 있다. 이런 측면에서 이루어지는 과학의 의미에 대한 성찰은 인간 지성에 맡겨진 중요한 과제이다. 우리는 자연에 대한 체계화된 지식을 통해 자연과 새로운 관계를 형성하며, 자연은 물론 다른 생명체와 조화로운 삶을 이끌어 가야 할 과제를 안고 있는 것이다. 자연과학의 이성과 합리성의 원칙, 그리고 그에 따른 방법론의 정당성과 기준을 과학 자체로부터 이끌어낼 수는 없다. 위험은 양극단에 자리한다. 절대적 반대와 무지만큼이나 위험한 것은 끝없이 돌진하는 생명공학을 비롯한 사유하지 않는 과학·기술이다. 그것은 존재론적 의미에 대한 성찰의 부재와 인간의 허망한 욕망이 자본의 논리와 결합해 나타난다. 과학이 자신의 몫으로 생각하는 자연은 단지 대상으로서의 자연일 뿐이다. 인간이 태어나 그 안에서 살아가고 다시금 돌아가야 할 그 어떤 것으로서의 자연은 과학의 고유한 대상일 수가 없다. 이제 인간에 대해 진지하게 성찰하는 인간 지성의 모든 노력은 다시금 자연과 인간의 만남과 관계에 대해 새롭게 개입해야만 한다. 그것이 근대적 과학관을 넘어서는 길이다.

과학에 의미를 부여하는 작업이 수행되지 않는다면, 과학이 인간의 삶에 제공하는 의미의 날줄과 씨줄의 깊이를 파악할 수도, 그 본질의 의미를 깨칠 수도 없을 것이다. 현대 과학 문명이 초래한 위기는 다른 어떤 것보다 우리가 지닌 의미의 지평에 닥친 위기이다. 현대 문명이 당면한 위기의 본질에 대한 대답은 의미에 대해 질문함으로써 찾을 수 있을 것이다. 따라서 과학의 내적 특성을 성찰함으로써 그것이 인간의 자기실현과 의미 체험을 위한 터전에서 어떤 역할을 할 수 있을지 해석하고, 새로운 형태로 나아가도록 방향을 제시하는 작업이 요구된다.

5장
근대와
탈근대의
인문학

1. 근대성에 기초한 현재

(1) 근대의 수용과 모순된 현재

근대의 수용

흔히 전근대적 가난을 딛고 경제적 도약을 이룩했다고 말하는 박정희 정권 시절은 근대화를 산업화로 이해했던 시기이다. 이른바 개발독재를 통해 근대화를 달성한 시절이었다. 새마을 노래와 유신 과업의 이념 이외의 생각은 거부당한 그 시절은 '근대화'와 '잘살아 보세'라는 노래로만 남아 있다. "고래를 잡기 위해 동해 바다로 떠나는" 꿈은 두려움을 불러일으키는 자발적 금기였다. 개발독재와 산업화란 일면적 행군에 시달리던 그 시절은 알 수 없는 분노와 억압으로 가득 차 있었다. 그 내면화된 강압과 금기를 감춘 것은 이른바 구미의 선진 국가에 대한 환상이었다. 그들은 근대화에 성공한 이상적 국가였으며, 근대화를 향해 고단한 행진을 강요하던 조국이 모범으로 내세웠던 위안이었다. 그래서 '근대'란 반드시 이룩해야 할 전 국가적 사명이었으며, 미래의 꿈을 달성해 줄 낙원으로 제시되었다. "10월 유신, 100만 달러 수출, 1천 달러 소득"

이란 구호는 모든 질문과 성찰을 금지했다. 서구 세계는 우리의 목표였고 그들 '선진국'은 근대화의 모범 세계였다. 그 이후 근대는 우리의 숙명이 되고 역사적 과제가 되며 온 민족이 자신의 모든 것을 바쳐 이룩해야 할 운명이 되었다. 박정희 시대 전 국민에게 강제되었던 "국민교육헌장"을 생각해 보라. "우리는 민족중흥의 역사적 사명을 띠고 이 땅에 태어난" 것이다. 그 역사적 사명은 산업화와 선진화로서의 근대화였다.

마침내 그들의 사상과 정신세계, 학문은 그 어떤 것과도 바꿀 수 없는 최고의 규범으로 자리했다. '근대화'는 인류가 완성에 이른 '역사의 종말'이었다. 그것이 정치적 허구임을 알게 된 것은 박정희의 죽음과 함께였지만, 근대 세계에 대한 허상을 깨기 위해서는 더 오랜 시간이 필요했다. 그리고 결국 근대의 정신을 동경하던 식민지 신민들이 꿈에도 그리던 '선진국'에서 배우고 따르고자 했던 시간은 허망함과 배반으로 다가왔다. 주변부 청년들에게 절대적 당위의 세계로 자리했던 그 근대가 결국은 타자를 지배하는 식민주의와 물신주의에 가득 찬 자본주의, 모든 것을 객체적 세계로 환원하는 과학·기술주의에 지나지 않는다는 사실은 분명 근대에 대한 배반이었다.

한국은 구한말 일본을 통해 유럽의 근대와 만나게 된다. 1876년 강화도조약은 일본의 역사적 경험을 재현한 사건이다. 1853년 미국 페리(Mattew C. Perry) 제독이 이끄는 함대, 흑선(黑船)이 일본 우라가(浦賀)에 내항해 문호 개방을 요구했다. 이후 메이지 유신을 이룩한 일본은 서구화를 시대적 당위로 설정하며, 동아시아 세계에서 가장 먼저 서구의 근대를 수용하고자 했다. 지금 우리가 쓰는 근대의 용어들, 특히 학술 개념 대부분은 일본의 번역을 수용한 것이었다. 강화도조약을 통해 우리가 만난 근대는 일본을 통해 재현되고 변형된 근대였던 것이다.

구한말 조선의 지식인은 일본 제국주의의 폭력에 맞서는 동시에 그 배후의 근대적 원리 및 근대 체계와 대결해야 하는 이중의 과제에 직면했다. 조선은 실학을 형성하고 서학을 수용 및 반대하는 과정을 거치면서 서구 근대와 만나게 된다. 북학파였던 연암 박지원의 손자 박규수는 북학의 정신을 계승하려 했으며, 성호학파와 교류하기도 했다. 그러나 1868년 대원군 부친인 남연군의 분묘 훼손 사건(오페르트 사건)을 접하면서 개국은 연기되고 근대화는 매국으로 간주된다.[1] 이 과정에서 제시된 개념이 이른바 동도서기론(東道西器)이다. 이는 도(道)라는 동양의 철학과 원리를 간직하면서 서양의 기술과 물건을 수용하자는 정신을 표현한 말이다. "바꾸고자 하는 것은 그릇(器)이지 도(道)가 아니"었다.[2]

중국의 중체서용(中體西用), 일본의 화혼양재(和魂洋才)에 담긴 의미와 정신도 이와 같은 것이었다. 일본이 화혼양재를 구상한 것은 1853년이다. 이후 1885년, 후쿠자와 유기치(福澤諭吉)는 『문명론의 개략』(1875)에서 탈아입구론을 제창한다. 이것은 1872년 이래 100명의 사절단을 미국과 유럽에 파견한 경험에 바탕한 것이다. 일본이 화혼양재의 구상으로 서구의 근대와 마주했다면, 중국은 중체서용의 구상으로 근대와의 대결을 전개했다. 장지동(張之洞)이 중체서용을 표방한 것은 일본보다 40여 년 뒤인 1890년대였다. 이 개념은 근대와 대결하는 방법에서 강유위(康有爲)와 양계초(梁啓超) 등의 변법자강(變法自疆)과는 역사적 이해를 달리하는 것이었다. 변법자강운동이 중국 자체 내의 개혁에 더 중점을 둔다면 중체서용 개념은 서구 근대의 과학과 기술, 그 문화를 수용하려는 태도이다. 박규수가 실학으로부터 개화로 전환하고 그의 제자 윤선학이 동도서기론을 주창한 것도 이와 같은 맥락에서였다. 동아시아 삼국은 모두 서구의 근대 세계를 마주하면서 그 체계와 원리를 자신의 세계를 정립하는 준거로 삼았던 것이다.

---

1 이기백(1986), 『한국사신론』 개정판(일조각).

2 姜在彦(1984), 『近代朝鮮の思想』 未來社, 103쪽 ; 고사카 시로(2007), 『근대라는 아포리아』(야규 마코토·최재목·이광래 옮김, 이학사), 46쪽에서 재인용.

동아시아 세계가 근대와 만난 이후 130여 년 동안 우리는 근대화를 시대적 사명으로 설정하고 달려 왔다. 이후 근대성은 시대적 과제가 되고 숙명이 되었으며, 우리의 모든 것이었다. 갑오경장과 동학 농민혁명은 물론, 식민지 시대와 해방 공간에서도 근대는 우리에게 민족적 고난의 원인이었으며, 다른 한편 어쩔 수 없이 받아들이고 달성해야 할 과제이기도 했다. 근대란 시기와 체계는 물론, 그 철학적 원리까지도 일본을 통해 주어진 번역된 근대였으며, 구한말의 시간에서 보듯이 다른 한편으로는 강요된 것이기도 했다. 그러기에 우리에게 근대란 뒤틀리고, 변형된 형태로 남아 있다. 더욱이 박정희 시대 이래 압축적 산업화의 과정은 근대를 착종되고 왜곡된 상태로 남겨 두게 된다.[3] 그 근대는 1963년 한일 협정 이래 산업화와 공업화를 의미했으며, 서구화와 미국식 근대를 우리 안에 설정하려는 오리엔탈리즘으로 귀결된다. '잘살아 보세'와 '과학 기술의 생활화'란 목표를 설정하고 달렸던 이 시간은 서구화와 경제성장을 향한 길이었다. 그것이 일본을 통해 유입된 근대였든, 이미 근대의 상징이었던 미국을 추종하는 것이었든, 우리 전통과 문화를 포기하고 그 자리에 근대와 근대성을 이식하려는 노력으로 집약되었던 것이다.

　　강화도조약으로 근대를 접한 100년 뒤인 1976년 3월 1일 명동성당에서 박정희 유신 독재에 반대하는 민주주의 회복 선언문을 낭독하는 이른바 '3·1 민주구국선언 사건'이 벌어졌다. 그로부터 3년 뒤 1979년 박정희는 궁정 쿠데타로 죽음을 맞이한다. 이후 이루어진 민주화와 민주화 이후의 민주주의에 대한 논의는 잘 알려진 바와 같다. 박정희식 근대화가 이루어졌던 시기는 한편으로 개발독재에 맞서는 민주화의 과정이었지만, 역설적으로 산업화로서의 근대화와 자본주의를 수용하는 여정이기도 했다.

3　윤건차(2000), 『현대 한국의 사상 흐름 : 지식인과 그 사상 1980~90년대』(장화경 옮김, 당대) 머리글 참조.

근대화의 문제

근대화의 문제는 선진으로 다가온 서구의 정신세계와 문명 체계에 있었지만, 그 뒤에는 철학적 사유 체계로서의 근대성(modernity)이 자리하고 있다. 그것은 우리에게 주어진 근대, 우리가 수용한 근대와 변용한 근대, 그리고 우리가 넘어서야 할 근대 이후의 세계에 대한 질문을 의미한다. 근대를 산업화로 이해하는 것은 마셜플랜으로 대변되는 제2차 세계대전 이후의 유럽 부흥 정책이 야기한 결과였다. 그 이전의 근대가 계몽 정신과 문화를 이룩하려 했던 시기였다면, 제2차 세계대전 이후 폐허를 딛고 일어서려 했던 시기는 계몽 정신과 철학을 배제한 채 근대를 경제와 산업화로 이해한 일면적인 절름발이 근대였다. 오늘날 반달보기 사학자들이 펼치는 식민지 근대화론은 이런 관점에 사로잡힌 외눈박이 이론에 지나지 않는다. 그들은 계몽과 개인의 자유, 이성의 원리와 역사의 진보는 사라진, 오직 경제와 산업화를 향한 폭력을 근대화로 이해하는 잘못을 저지르고 있다. 그러기에 근대는 우리에게 억압이면서 목표로, 금기이면서 성취로, 감내해야 할 것이면서도 극복해야 할 이중적 모습으로 남아 있다.

근대 세계란 역사의 흐름 속에서 생겨난 특정한 사유 체계에 지나지 않는다는 인식은 우리의 사유와 학문에 새로운 과제를 던져 준다. 근대 세계에 대한 이해와 그에 따른 우리의 시간과 공간에 대한 반성, 나아가야 할 세계에 대한 성찰이라는 과제가 그것이다. 우리가 추종한 근대란 것이 결국은 이만한 깊이밖에 주지 못한다는 사실을 인식하게 되었지만, 그 근대를 반성하지 않고서는 우리는 한걸음도 앞으로 나아갈 수 없는 것이다. 식민의 시간을 지나면서 이해하고, 배운 것은 결국 현대의 정신적 위기에 관한 것이었다. 그런 반성을 통해 알게 된 인문학의 과제는 그런 위기를 극복할 학문의 역할과 그것을 위한 학문적 지향에 따른 실존적 결단의 문제이다. 그것은 개별 학문 활동에 선행하는, 선험적 의미 지평에 관계된다. 그러기에 문제는 근대를 수용한 현재에 대한 감내와 극복하고 나아가야 할 탈근대에 대한 성찰이며, 이를 위한 학적 토대의 정립일 것이다.

우리에게 근대는 어떤 의미를 지니는가? 왜 우리는 학문을 말하면서 유럽 전통은 거론하지만 우리의 전통은 말하지 않는가? 플라톤과 아리스토텔레스, 칸트와 헤겔을 금과옥조로 받들지만, 퇴계와 원효는 지적 향수로만 남아 있다. 그저 장학 퀴즈에나 거론되는 죽은 지식으로 남아 있는 여분의 학문, 그것이 우리의 전통이 자리한 현재이다. 우리는 어떤 학문을 하고 있는가? 자신의 존재와 현재, 삶과 죽음, 역사와 미래를 이해하고 해석하는 학문인 인문학의 틀이 왜 하필 유럽의 근대여야 하는가? 이제는 프랑스 철학이 그 자리를 대신하고 있다. 프랑스 철학은 독일 철학을 가져와 자신의 현재에서 자신의 인문학으로 전개한 학문이 아닌가. 그런데 우리는 왜 프랑스 철학을 하면서 대신 우리 인문학을 한다고 생각하는가.

잘못된 이론은 삶을 왜곡시키고 자신의 존재를 소외시킴으로써 많은 문제를 낳는다. 심지어 인간의 생명과 내적인 세계까지 파괴한다. 사소한 실수 때문이거나 자신의 작은 이익에 현혹되어 별다른 반성 없이 만들어 낸 이론과 기호들은 큰 파멸을 낳는다. 때로는 직접적 살인보다 더 큰 폭력과 야만을 초래한다. 학문을 하는 사람은 사람에 대한 존중과 역사에 대한 엄중함, 삶에 대한 경건한 자세와 미래에 대한 두려움을 지녀야 한다. 학문이 인간의 본성과 특성을 존중하지 못하면 그것은 지식을 가장한 폭력에 지나지 않을 것이다.

예를 들어 식민지 근대화론에 근거한 현대사 해석은 참으로 잘못된 이론 가운데 하나이다. 여기서 근대화란 18세기 이래 서구에서 이룩한 근대 문명을 실현하려는 노력 정도로 이해된다. 그래서 근대화를 근대 문명 가운데 하나인 과학·기술과 자본주의, 자유민주주의의 실현 정도로 이해하는 것이다. 현재의 역사 해석에서 일부 경향은 이것을 산업화나 경제적 성공 정도로 협소하게 이해하기도 한다. 경제성장과 산업 기술적인 작은 성취가 근대화의 전부라고 강변하는 것이다. 하지만 그들은 근대의 원리인 이성과 진보, 개체로서 자리하게 된 인간의 권리와 자유를 보지 못하는 오류를 범하고 있을 뿐이다.

(2) 근대를 넘어서기 위해

근대 극복의 자리

근대화는 서구에서 계몽주의 정신이 구체적으로 체계화된 과정이다. 그것은 근대의 정신과 원리에 대한 이해 없이는 결코 올바르게 이루어질 수 없다. 근대의 정신은 무엇보다 이성에 의한 계몽의 실현이다. 그것은 중세와 달리 신(神)적인 이성이 아니라, 인간에게 고유한 이성의 원리를 실현하려는 기획을 의미한다. 따라서 이성에 의한 자연의 정복과 역사의 진보는 물론, 인간을 독립된 개체로 이해하고 그에게는 하늘이 준 고유한 권리가 있다는 인권 의식 없이 근대는 존재하지 않는다. 그러기에 근대는 인간의 자유와 평등을 가장 고귀한 가치로 생각하며, 이성의 원리를 구현하기 위한 계몽의 과정이라 할 수 있다. 근대는 하버마스의 말처럼 이성의 기획이다. 그 과정에서 드러난 것이 현대의 과학·기술과 자본주의, 정치적 민주주의인 것이다. 홉스봄이 말했듯이 19세기 이래 근대는 제국주의의 시대이며, 과학 기술과 정치적 혁명의 시대, 자본에 의해 지배되던 시대였다.[4] 그것은 근대의 완성이면서 다른 한편 근대가 극단으로 이루어진 시대이다. 지금 우리는 그 근대의 원리가 과잉으로

---

4 에릭 홉스봄(1998), 『자본의 시대』(정도영 옮김, 한길사), 『혁명의 시대』(정도영·차명수 옮김, 한길사), 『제국의 시대』(김동택 옮김, 한길사) 참조.

작동하는 시대를 살고 있다.

앞에서 보았듯이 구한말 지식인들이 서구의 근대와 마주하면서 겪었던 정신적 당혹감을 표현한 "동도서기"의 명제는 근대의 충격이 얼마나 대단했는지를 극명하게 드러낸다. 하지만 이런 반응은 최소한의 저항에 지나지 않았다. 그 이후의 맹목적 근대화 과정은 물론, 동도서기란 명제에 담긴 근대성에 대한 몰이해가 이를 잘 보여 주고 있다. 근대의 기술 문명은 그것을 가능하게 했던 근대의 시대정신과 철학적 사유의 틀을 떠나서는 생각할 수 없는 것이다. 자연과 세계를 해석하고, 이를 이해하고 실천하는 철학을 제외한 기술 문명이란 애초에 있을 수 없는 개념이다.

오늘날 거론되는 탈근대 담론 역시 근대와의 만남이라는 맥락에서 이해된다. 일본의 경우 이미 '근대의 초극'이란 개념으로 이런 문제를 논의했다. 다케우치 요시미는 "근대의 초극이란 일본 근대사의 아포리아가 응축된 것"이라고 말한다. 여기에는 "복고와 유신, 존왕과 양이, 쇄국과 개국, 국수와 문명개화, 동양과 서양이라는 전통의 기본 축에 대한 대항 관계가 거대한 문제"로 나타나 있다.[5] 그와는 별개로 우리에게 탈근대란 한편으로 근대의 원리와 체계를 수용하고, 이미 이루어져 벗어날 수 없는 근대를 감내하는 것이다. 다른 한편으로 그럼에도 벗어나야 할 근대와 새롭게 이루어 가야 할 우리의 현재에 대한 성찰과 해석의 철학적 원리를 정립하는 이중의 작업을 의미한다.

근대를 벗어나려는 노력에서 서구와 우리가 같을 수는 없다. 또한 일본은 자신들의 역사적 경험에 따라 근대의 수용과 극복에 대한 논의를 전개하고 있다. 그러기에 우리의 탈근대는 서구의 포스트모던 개념과 같은 것일 수 없으며, 또한 일본의 근대의 초극과도 같은 개념일 수 없다. 탈근대는 포스트모던

---

5 竹内好(1983), 『近代の超克』; 고사카 시로(2007), 『근대라는 아포리아』(야규 마코토·최재목·이광래 옮김, 이학사), 179쪽.

을 단순히 우리말로 옮겨 놓은 개념이 아니다. 그것은 그 이상의 철학적 지평을 지닌다. 서구나 일본이 자신의 역사 내적 발전에 따라 이런 결과를 산출했다면, 우리는 강제되고 착종된 형식으로, 단절되고 억압된 형태로 근대를 수용하고 변용시켰다. 서구 근대의 보편성 주장이 사실은 배제와 차별의 원리를 내재한 보편이며, 그들의 세계화 원리가 결국은 다원성과 지역성에 대한 왜곡과 억압의 원리에 근거해 있다는 현실은 무시되고 있다. 그들의 근대 이후를 위한 노력이 우리에게는 어떤 의미를 지니는가? 우리의 역사적 경험과 성찰을 통한 탈근대가 아니라, 그들에 의한 근대 극복의 노력을 다시금 수용하려 한다면, 그것이야말로 강제된 근대처럼 여전히 학문 제국주의적 상황에 놓여 있는 것에 지나지 않는다.

탈근대 담론은 근대성에 대한 반성과 현재의 성찰을 통한 근대성 이후의 모색이다. 우리나라는 물론 서구 세계의 학문 역시 이런 시대사적 당위에 직면해 있다. 문화와 생명 담론, 관념론과 해체주의, 이성 일반에 대한 반성과 다원적 총체성 담론으로 복잡하게 얽혀 사유의 씨름을 벌이고 있는 것이 학문의 현재이다. 학문과 지식 체계, 사회와 문화 체제의 커다란 변혁이 문제가 되고 있다. 학문과 철학의 과제는 이런 역사와 현재, 현재의 철학적 원리를 해석하고 성찰해, "다가올 현재"를 전망하는 데 있다. 이런 작업을 외면하는 학문은 죽은 학문에 지나지 않는다. 철학과 학문을 실용성의 관점에서 바라보는 것은 우리의 삶을 다만 실용성에 제한할 뿐이다. 근대성의 구현인 과학·기술주의와 자본주의는 물론, 우리 사회가 당면한 신자유주의, 여전히 남은 전근대성과 이데올로기의 파편들, 삶을 황폐화시키는 무이념의 저급함을 넘어서려는 성찰적 작업이 현대 철학의 과제가 되어야 할 것이다.

개인적으로는 여기에 인간학적 문제와 동아시아 사상의 역사를 현재성에 따라 해석하는 작업을 배제하지 않는, 그런 탈형이상학적 사유틀의 정립이 첨가되어야 하리라고 생각한다. 그 안에는 자연을 객체화하고 사물화함으로써 타자를 배제한 역사나 이성 중심적 사고에 의해 초래되는 수많은 역기능과 한계에 직면해 근대의 모순을 극복하려는 노력이 담겨 있다. 그 작업은 다른 한편 근대가 초래했던 폭력과 역기능을 벗어나려는 노력이기도 하다. 여기에는 지난 시기 이루어진 식민 제국주의는 물론 자본주의의 폐해를 넘어서는 체계를 구상하는 작업이 포함된다. 학문의 관점에서 말하자면 과학과 기술주의로 제한된 학문 이해를 넘어 새로운 사유의 틀을 모색하는 작업을 말한다.

근대성 극복의 인문학

현대 우리 사회의 문화는 서구의 근대성이 만들어 낸 체계에 의해 이루어져 있다. 자본주의와 과학 기술주의는 물론, 보편적 인권과 자유, 평등에 기초한 계몽의 이념이 체계화된 정치제도가 바로 그것이다. 이런 체계는 18세기 이래 서구의 근대가 강력한 군사력과 과학 기술로 동아시아를 침탈하면서 이루어진 변화이다. 이로써 우리가 지닌 규범과 체계, 철학의 틀은 사라지고, 그곳에 근대의 원리와 체계, 이해의 틀이 대신 자리하게 되었다. 근대화를 숙명처럼 여기게 된 역사는 200년이 채 되지 않았지만, 합리성, 과학 기술, 자본주의 등의 명제는 누구도 거역할 수 없는 규범이 되어 버렸다. 그럼에도 이 땅의 인문학은 이것이 어떤 맥락에서 유효한지, 어떤 역사성에 따라 반성해야 하는지, 나아가 그 체계의 미래에 대해 진지하게 성찰하고 그 대답을 모색하는 작업에는 눈감고 있다.

　서구의 근대가 혁명적 의미를 지니는 것은 사실이다. 보편적 인권에 대한 존중과 인간을 억압하는 모든 구조로부터의 해방, 이성의 원리와 합리성에 대한 존중 등은 그 어떤 시대에도 이룩하지 못했던 인간의 진보이다. 그럼에도 그것은 다른 한편 제국주의적이고 폭력적이며, 타자의 존재근거를 부정하는 층위에서 이루어졌다. 그러기에 근대화에 대한 담론은 이런 역사적 맥락과 우리 사회의 현재와 미래란 관점에서 논의되고 성찰되어야 한다.

근대와 관련해 중국과 일본은 우리와 유사한 역사적 경험을 지니고 있다. 그러기에 18세기 이래 동아시아 지식인이 지녔던 정신적 충격과 반응은 우리의 현재를 성찰하는 데 중요한 지침이 될 수 있다. 여기서 서구의 지식에 대한 이해와 학문적 깊이는 문제가 되지 않는다. 어떤 면에서는 우리가, 어떤 면에서는 일본이 앞선 부분이 있을 것이다. 한·중·일은 근대 수용의 역사에서 보듯이 같으면서도 다른 역사적 경험을 지니고 있다. 그에 따른 대응의 차이가 현재를 결정했고, 나아갈 미래 역시 지금 수행하는 탈근대의 노력에 의해 달라질 것이다. 문제는 근대와 탈근대의 과제를 진지하게 고뇌하면서 그것을 위한 사유와 학문의 틀을 만들고자 하는 지성적 작업과 현재 세계와 역사를 해석할 근본적인 패러다임과 관련된 작업을 전개해야 한다는 사실이다. 우리 인문학은 이런 문제를 어떻게 다루고 있는가? 경험의 지평을 공유하고 있기 때문에 서구가 고민해서 창출한 사유 패러다임을 수용하면 된다고 생각하는 수많은 인문학자들을 보면서 절망하지 않을 수 없다.

인문학은 근대성을 이중적으로 넘어서야 할 과제에 직면해 있다. 하지만 이런 자리에 본질을 결여한 인문학 위기 논의, 맹목적으로 전문성에만 몰두하는 학문, 교육 공학적이며, 학문 발전에 쐐기를 박는 학문 정책들, 본질적인 교육 현실을 애써 무시하는 교육 정책들만 흘러넘치는 것이 현실이다. 현재에 대한 성찰을 포기하고, "그들의 문제를 대신 고민하는" 부질없는 학문 제국주의적 늪에 빠진, 학문의 진정성을 결여한 인문학은 누구를 위한 것인가. 그것은 더 이상 인문학이기를 포기한 학문일 뿐이다.

학문한다는 것, 특히 인문학은 궁극적으로 나는 누구인가에 대한 질문과 그에 대한 나름대로의 해명이며, 그 시간과 자리에 대한 성찰에서 시작된다. 이것은 한편으로는 내가 딛고 서있는 자리와 시간의 시대사적 의미에 대한 질문으로 연결된다. 절대적 명제로 다가왔던 '근대'와 이상향으로서의 '서구'를 넘어 그 근원을 성찰하는 것은 어쩔 수 없이 그 시간과 그 자리에 대한 질문을 넘어 '근대'와 근대의 시대정신에 대한 해명을 요구한다. 근대에 의한 현대 체제 일반과 그것을 극복하려는 탈근대의 논의를 해명하는 것은 현재의 인문학의 해석학적 과제이다. 그것의 단초가 되는 것은 근대성의 특징 가운데 하나인 일원성과 동일성의 논의를 넘어서는 탈중심성이다. 서구의 근대는 자신의 철학적 원리를 보편적인 진리의 준거로 주장한다. 여기서 논쟁의 핵심은 동일성과 일원성의 원리이다. 자신을 보편적 진리의 준거로 설정할 때, 서구는 불가피하게 중심부로 설정되며, 서구 근대 이외의 철학적 원리는 주변부로 설정되는 것이다. 이에 따라 파생하는 주변부의 소외와 왜곡 현상과 이에 대한 극복의 논의가 탈근대 사유의 실마리가 될 것이다.

(3) 우리 인문학의 근대와 탈근대

학문하는 지평은 학문 작업을 수행하는 시간과 공간, 바로 지금·여기에 대한 이해를 기초로 한다. 즉, 학문하는 시간과 공간의 성격이 미리 이해되고 해석되어야 한다. 근대성이 지니는 시간과 공간의 특성은 근대를 수용한 우리의 시간과 공간을 의미한다. 시간의 문제는 근대와 만나면서 던져 버린 지난 시기의 학문과 사유틀, 문화 전체에 관계된다. 공간의 문제는 근대성이 생겨난 유럽이란 공간과 이를 수용한 우리의 학문적 지형에 관계된다.

구한말 이래 오늘에 이르기까지 이 땅의 현재는 우리의 역사적 흐름에 서구의 근대가 강력한 힘을 지니고 침입하고 지배권을 행사함으로써 변화된 역사이다. 근대성의 시간은 지난 시간을 대신해 보편적 원리로 자리한 근대성의 현재를 말한다. 현재의 보편적 원리로서 자리한 근대성은 서구에서 생겨나 전 세계로 확산되고 오늘날 전 세계의 규범으로 작동하고 있다. 그것은 잃어버린 전통과 우리가 변용한 현재의 근대성에 의한 것이다. 근대성은 시간적 층위에서 역사와 현재의 문제로 드러난다.

근대성에 대한 공간적 층위에서의 질문은 근대성이 자리한 터전에 관한 것이다. 그것은 근대성이 태어난 터전으로서의 공간, 근대성의 삶의 자리(Sitz im Leben)인 유럽이란 공간과 시간을 거쳐 변용된 근대가 새롭게 자리한 이곳을 말한다. 근대성의 공간적 층위를 문제 삼는 것은 그 근대가 이식되고, 새롭게 변용되는 터전인 이 땅이 바로 우리가 학문하는 자리이기 때문이다. 근대성이 수용되고 변용된 이곳을 성찰하는 작업은 근대성에 대한 공간적 층위의 물음이다. 그 공간은 지리적 공간을 넘어 사유와 말, 경험을 공유하는 공동체의 터전이다. 학문의 공간은 민족 개념으로서의 대한민국이 아니라 언어와 사유, 역사를 공유한 공동체의 지형으로서 '이 땅'을 의미한다.

구한말 이후 오늘날까지 서구의 근대가 이 땅에 정초된 과정은 세 시기로 나누어 볼 수 있다. 시기별로 근대는 다른 모습으로 다가온다. 구한말에 근대화가 강요된 1876년의 강제적 개항과 이어 서구 근대의 동아시아적 변형인 일본 제국주의의 식민 시기, 마지막으로 개발독재 시대에서 탈근대를 말하는 지금까지의 시간이 그것이다. 먼저 개항 이래 식민 시대의 근대는 충격과 소외라는 이중의 형태로 작용한다. 이것은 일차적으로 정치·사회적인 측면의 근대화와 이차적으로 문화와 정신, 학문과 철학 영역에서의 사상적 근대 논의의 형태로 드러난다. 이때 우리 문화의 일상적인 것들은 자신의 고유한 삶의 자리를 상실한다. 그것은 소외되고 왜곡되었으며, 서양보다 열등한 것으로 여겨져 심지어 잊히기까지 했다. 기껏해야 한국이란 이름표를 달고 살아남은 경우에도 고치고 바꾸어야 할 것이 되었다. 우리 문화는 일상의 자리를 상실해 박물관에서나 찾아볼 수 있게 되고, 특별한 것으로 취급받게 되었다. 한복은 일상적 복장이 아니라 명절이나 혼례식장에서, 때로는 술집에서 보게 된다. 모든 한식(韓

式)은 자신의 삶의 자리를 상실하게 되었다. 음악 역시 서구의 음악이 일반화되면서 우리 민요는 촌스러운 것이 되어 버렸다. 서양과 구별해 미술은 동양 미술로, 철학은 동양철학이나 한국 철학으로 불리고, 이론은 당연히 서구의 것이 규준이 된다. 문화는 근본적으로 차이를 내포하는, 특수한 것임에도 근대의 보편성이란 잣대에 따라 우리 것은 소외되고 억압될 뿐이다. 하지만 보편이란 서구의 보편이지 우리의 보편이 아니다.

해방 이후 우리는 근대의 체계를 적극적으로 수용했으나 그것은 지극히 일면적이었다. 이때의 근대는 이념적인 색채를 띠고 다가왔으며, 계몽의 정신 대신 산업화와 경제적 근대로만 작동했다. 여기에는 정치·사회적으로 분단 체제라는 결정적 요인이 자리한다. 군사정권은 이런 요인을 적극 활용해 분단·반공 이데올로기라는 한 축과 경제성장과 근대화라는 또 다른 축으로 사회를 획일화하고 통제했다. 그래서 이때를 '개발독재' 시기라 하는 것이다. 이때의 근대는 정치·사회적인 억압과 금기의 시대로, 강요된 폭력이 일상화된 모습으로 드러났다. 그것은 우리의 정신세계, 예술과 학문, 사상과 문화 전반에 걸쳐 절대적으로 서구를 추종하며 그에 대한 성찰을 금지하는 모습으로 나타난다. 이런 사상적 지형은 현실에 대한 질문과 성찰을 금지하고, 학문성을 순수 학문으로의 도피로 이해하는 그릇된 결과를 낳았다. 이런 현실에서 순수문학은 현실을 무시하고 이루어지는, 현실 긍정의 문학을 일컫는 말이 되고, 그에 비해 참여문학은 민주화와 반독재로 이해되었다.

학문이란 언제나 자신의 삶의 자리에서 생겨나는, 인간 지성의 자기 성찰적 작업이다. 그럼에도 이 시기의 학문은 현실의 문제에서 벗어나 추상적이며 형이상학적, 또는 관념론적 '보편 철학'이란 땅으로 도피했다. 이를 위한 가장 이상적인 이론 체계는 현실과 구체성을 벗어난 구미의 이론이다. 데카르트와 칸트, 쇼펜하우어가 학문의 전거가 되었다. 그것도 그들의 땅에 자리한 철학으로서만 가능했다. 학문적 이론에서 우리 것을 문제 삼거나 그 예를 드는 것은 덜떨어진 이론이나 깊이 없는 잡설이 되며, 성역을 넘어서거나 깊이를 추구하는 성찰은 내부적 검열의 대상이 된다. 여기서 서구의 근대는 우리의 현재를 무시하게 만드는 지난 시대의 역기능과 시대를 성찰하고 금지된 질문을 제기하지 않는 데서 주어지는 안락함과 융합하면서 보편성이란 얼굴로 정당성과 필연성을 지니게 된다. 1980년대 이후 '우리 것', 국학을 회복시키려는 움직임이 일어났지만, 그 역시 학적 삶의 자리를 회복하지는 못했다.

현대에 서구의 근대는 구체적으로 세 가지 형태로 자신을 구현한다. 경제적 측면으로는 자본주의, 정치·사회적으로는 자유민주주의, 학문 체계에서는 과학·기술주의가 그것이다. 이런 체계는 오늘날 전 세계를 규정하는 강력한 힘을 지니고서 그 밖의 모든 것을 이단시하고 있다. 그것이 오늘날 우리의 모든 것, 삶과 역사, 문화와 사회, 학문까지 규정하고 있다. 문화와 학문의 영역에서 근대화는 이 시기에 이르러 미국화를 의미할 뿐이다. 미국은 우리의 규범이 되었다. 학문과 문화의 논의 역시 미국 사회를 따르면서, 이 땅은 지리적으로는 한반도이지만 공간적으로는 그들의 땅이 되었다. 미국적 자본주의와 과학·기술주의는 자신의 규범을 제외한 다른 모든 것을 폐기하고 있다.

이제 문제는 그 이후의 '현재'란 시간의 지형에서 이해되는 근대이다. 우리는 이미 수용한 근대를 이해해야 할 뿐만 아니라, 이런 근대를 변용하고 극복해야 할 과제를 안고 있다. 수용되고 변용된 근대와 초월적으로 극복해야 할 탈근대가 우리 학문과 삶의 시간적·공간적 지평으로 자리해야 하는 것이다. 여기에 인문학의 근대와 탈근대란 명제가 지니는 의미가 자리한다.

2. 근대성의 내용

(1) 근대의 개념

'근대'라는 개념은 일차적으로 시대 구분에 따른 것이다. 그럼에도 근대의 특성과 원리는 오늘날 우리들의 삶과 해석학적 지평을 앞서 규정하고 있기에 이를 철학적으로 '근대성'이라 한다. 근대(近代)란 말은 로마자 'modern'을 한자어로 옮긴 것이다. 그 말은 '새로운' 또는 '요즈음'이란 뜻의 라틴어 'modernus'에서 유래한 것으로, 근대란 '새로운 시대'를 의미한다. 근대란 말을 유럽에서 널리 사용한 것은 19세기에 이르러 옛 것과 새 것을 구분하면서부터이다. 일차적으로 문화사적 측면에서 르네상스를 거치면서 이루어진 문화적 전환을 그 이전 시대와 구분해 사용했다. 그래서 근대란 말은 매우 다의적으로 쓰였다. 역사학적 시대 구분에서 근대는 1453년 동로마제국이 멸망하고 중세 유럽의 사회 체계가 붕괴하면서 태어난 새로운 사회체제를 총체적으로 일컫는 말이다. 사실 고대와 중세, 근대라는 시대 구분은 상대적인 개념으로, 여기서 근대는 중세와 다른 시대의 모습을 기술하기 위해 처음으로 시도한 구분법에서 나온 것이다.

이 시대는 무엇보다 1492년 이래 유럽의 아메리카 대륙 침략, 십자군 전쟁과 오랜 농민전쟁 등으로 붕괴되기 시작한 봉건영주 체계, 16세기 이래의 종교개혁과 그에 따른 교황 체제의 붕괴 등 일련의 혁명적인 시대 변화에 의거한다. 또한 이 시대는 14세기 이래 르네상스 문화와 예술의 지속적인 변화, 스콜라철학의 붕괴에 따른 새로운 철학적 조류의 대두, 수학적 세계관에 따른 산업혁명과 과학·기술 혁명 등의 변화가 동시대적으로 일어나면서 초래된, 이제껏 보지 못했던 엄청난 변화를 포괄한다. 보편 질서의 해체는 언어의 측면에서 특히 분명하게 드러났다. 당시 유럽 사회가 공유하던 라틴어라는 공통

문어 체제를 벗어나 자국어로 학문과 저술 활동을 전개함으로써 문화적인 동일성과 보편성이 해체되기에 이른 것이다. 이것은 한편으로는 언어 혁명으로 이해할 수도 있지만, 다른 한편 로마 문화로 대변되는 중세 보편 질서에서의 탈피로 이해할 수 있다.

근대의 기획은 일차적으로 중세 체제의 해체와 이에 따른 전통 철학과의 대결에서 시작되었다. 종교개혁과 신세계와의 만남에 따른 정치·사회·경제적 변화에 대한 철학적 대응이 덧붙여져 이루어진 기획이 근대성을 이루는 주제가 된다. 이렇게 변화된 시대상에서 계몽의 원리는 이를 해석할 준거로, 나아가 이성의 원리를 소유한 모든 존재의 주인인 인간에 의한 기획과 진보의 원리로 설정되었다. 실로 계몽의 원리를 소유한 근대인은 자연과 존재의 주인으로 세계와 역사를 기획하고 실행할 존재로 화려하게 등장하게 된 것이다. 유럽에 의한 근대의 외적 성공은 이제 전 세계의 기준과 원형이 되었으며, 마침내 전 세계의 운명이 되었다. 이 시대는 인류가 이제껏 보지 못했던 엄청난 변화를 포괄하는 시간이다. 근대는 이렇게 이루어진 새로운 세계와 시대를 규정하는 개념이다. 이런 16세기 이래의 시대 변화를 철학적으로 성찰하고, 해체되는 보편성을 대체할 새로운 철학적 사유 체계를 제시하려는 노력들이 모여, 근대라는 새로운 시대정신을 형성하게 된 것이다. 따라서 새로운 시대의 특성과 내적 원리에 대한 성찰 없이 근대를 올바르게 이해할 수는 없다.

(2) 개체의 발견과 이성 이해의 전환

개체성

근대는 무엇보다 인간을 타자와 구별된 단독자, 나누어질 수 없는 개체(individual)

로 이해한 데서 시작되었다. 개체의 발견은 근대의 일차적 특성이며, 개체로서의 자의식은 근대의 체계를 형성하는 데 매우 중요한 토대로 작용한다. 전통적 가치 체계가 더 이상 통용되지 않는 시대에는 개별 인간의 확신과 삶의 성취를 가장 중요한 기준과 중심으로 설정한다. 근대의 인간이 자신을 독립된 개체로 인식하게 된 것은 그때까지의 공동사회가 붕괴하면서 생겨난 필연적 결과이다. 중세까지 인간은 자신을 타자와 전적으로 구별되는 단독자로 간주하지 못했다. 언제나 인간은 공동체의 관계항에 자리하고 있었으며, 공동체와 맺는 연관에 따라 자신을 이해했다.

인간이 자신을 공동체와 구별된 어떤 단독자, 나뉠 수 없는 개체(in-diviuum)로 이해할 때 문제가 되는 것은 자신만의 인식과 도덕적 판단 기준이다. 이것은 보편적이며 객관적으로 앞서 존재하는 원리와 권위, 공동체적 권위의 판단이 아닌 개별성의 문제이다. 그와 함께 그 개별성 안에서 보편성을 담지할 수 있는 어떤 원리를 필요로 하게 된다. 이것을 근대는 개체로서의 인간이 가진 고유한 권리와 보편적 이성에서 찾았다. 이에 따라 근대의 인간은 보편적 이성을 근거로 자신을 인식 주체이며 사유 주체, 행위의 주체로 설정하는 '개체 중심'의 인간으로 자리하게 되었다. 이것은 외적으로는 보편 이성을 추구하면서도, 내면적으로는 개체로 이해된 인간이 지닌 합리성을 보편성의 준거로 제시한 것이다. 이때의 인간은 이성을 지닌 주체로 자리한다. 자신을 주체로 이해함으로써 타자를 객체로 설정하는, 이른바 주체-객체 도식이 완성된 것이다.

이런 도식에 따라 인간을 주체 중심으로 이해한 것은 이성 개념을 변화시키는 원인이 되었다. 근대의 이성은 더 이상 신적 이성, 존재론적 이성이 아니라 인간의 이성으로, 나아가 주체가 지닌 이성으로 이해된다. 이성을 지닌 개체로서의 인간은 철학의 주체, 사유와 인식, 판단의 주체이다. 또한 그것에 근거해 행위의 주체로 자리하게 된다. 이제 주체인 인간에게 타자는 객체로 제시된다. 일차적으로 다른 사람이, 나아가 이성을 결여한 다른 민족이, 심지어 인간 일반에 대해 자연이 타자로 제시되기에 이른 것이다. 개체화와 이에 따른 타자화는 근대성의 중요한 결과였다.

이성 이해의 전환

근대는 이성에 대한 이해에 있어서 커다란 전환을 이룩했다. 서구 철학의 전통은 이성으로 설정된 '로고스'에 대한 이해와 변용의 역사로 이해할 수 있다. 이미 기원전 300년경 유럽에서 철학이 시작될 때 헤라클레이토스는 세계의 근원을 이 로고스로 설정했다. 이후 유럽 철학의 전형이 된 플라톤 역시 본질적 세계로서의 '이데아'(Idea)에 대한 이해와 회상의 행위를 로고스를 통해 설명했다. 문제는 이런 로고스 개념을 이해하는 패러다임이 근대에 이르러 인식하는 이성과 계산하는 이성으로 전환되면서 생겨난다. 서구의 전통을 로고스 중심의 사고로 정의할 수 있다면, 그 사고가 근대에 이르러 인간중심주의와 결합해 이성의 근거와 내적 원리를 새롭게 규정하게 된 것이다. 그래서 다양한 의미를 지닌 로고스가 일면적으로 이성으로만 이해되면서 이성 중심의 사고 체계로 귀결되었다. 이제 이성은 일차적으로 신적 본성, 또는 '자연의 빛'(lumen naturale)으로 이해되었던 전통을 넘어 인간의 이성(ratio humana)으로 규정된다.

근대 이전의 이성은 존재론적인 관점에서 이해되었다. 세계의 근거이면서 인간의 본성인 이성은, 이를 인식 행위의 수단으로 보는 도구적인 관점에서보다는 훨씬 더 존재론적인 특성으로 이해되었던 것이다. 그래서 근대의 이성 이해는 존재론적 이성을 넘어 인식론적 이성으로 전개되었다고 말할 수 있다. 이는 합리주의와 경험주의에서처럼 선험 이성이나 경험 이성으로 서로 다르게 이해되기도 했다. 그럼에도 이 두 철학의 조류는 여전히 이성에 대한 전환된 패러다임에 머물러 있는 것이 사실이다. 근대의 과학과 기술주의의 승리와 그에 따른 진보의 사고 체계는 물론, 자연을 비롯한 타자를 정복하고 장악하게 된 인간의 능력은 이성에 힘입은 것이다. 그래서 근대의 이성 이해는 대상으로 설정된 자연과 타자를 향한 도구적 이성으로 자리하게 된다. 인간중심주의와 인식 이성의 패러다임은 결국 자연과 타자를 대상으로 설정하는 도식에 머무르게 된 것이다. 이들은 이런 이성을 근대가 이룩한 업적이라고 생각했다. 그래서 그들은 심지어 유럽 이외의 지역, 식민지의 주민은 이성을 지니지 않은 존재로 형상화하기까지 했다. 계몽주의적 이성은 유럽 근대의 위대함이며, 심지어 유럽만의 것이기도 했다. 이런 의미에서 근대의 이성은 제국주의적이다.

도덕성 역시 이성의 원리를 행위로 실천할 때의 규준을 의미하게 되었다. 이런 이성의 원리는 인식론적으로 참과 거짓을 판단하는 기준, 진위 판단(眞僞判斷)으로 자리한다. 또한 그 원리가 인간 행위의 기준으로 작용할 때 그것은 윤리적 판단의 기준으로서 올바름과 거짓됨, 선악 판단(善惡判斷)의 규범이 된다. 이때의 이성은 인식 이성을 넘어 실천이성으로 작동한다. 이성의 원리에 합치하는 것을 합리성이라 한다면, 합리성은 인식론적이면서, 실천적인 것이기도 하다. 합리성은 서구 근대의 체계에 내재한 가장 기본적인 원리로 작동한다. 후기 근대에 이르러 이런 근대의 인간상은 절정에 이르게 된다. 과학·기술이 모든 진리의 준거점이 되고 자본주의적 세계관이 무한히 확대된 후기 근대라는 시대는 근대성이 그 어느 때보다 명확하게 실현된 시기이다. 이제 인간은 진리를 추구하는 인간이거나 완성을 향한 존재라기보다는 근대성에 의해 구현된 과학·기술과 자본주의의 원리를 실현하고, 그 혜택을 누리는 존재가 된다. 근대 제국주의 시대 유럽이 타자에게 주장했던 것은 이런 서구적 이성에 바탕한 체제 변화였다.

(3) 계몽주의 근대

근대의 정신은 마침내 18세기에 이르러 '계몽주의'(enlightenment) 시대를 열었다. 계몽주의는 말 그대로 '이성의 빛을 비추는 시대'이다. 그것은 이성이 모든 것의 중심에 자리하는 문화와 사회 체계를 의미한다. 여기서 이성은 인간이 지닌 인식 능력인 오성이며, 합리적 이성으로 규정된다. 이성의 보편성은 문화와 사회의 원리이며 토대로 작용한다. 또한 개인 사이의 관계는 이런 합리성에 의해 유지되며, 개인의 의지는 보편적 입법 원리에 종속된다. 근대에 이루어진 사유 구조의 변화는 구체적으로 1789년 프랑스혁명을 거치면서 계몽의 원리로 유럽에 퍼져 나가게 된다. 근대의 혁명은 계몽주의 시대에 이르러 새로운 전환과 완성에 이르게 된다. 사실 계몽주의 혁명은 16세기 이래 이루어진 근대정신을 전 유럽에 확산시키는 계기가 된 사건이다. 이로써 근대는 계몽주의 근대라 부를 수 있는 새로운 시대에 접어들게 되고, 근대의 정신이 전 세계를 장악하게 되는 사건의 터전이 마련되었다.

칸트는 『계몽이란 무엇인가』에서 계몽 정신을 "자신에서 비롯된 미성숙함을 벗어나는 것"이라고 정의한다.[6] 물론 그것은 이성의 원리를 내재화할 때 가능한 것이다. 근대성으로 불리는 이런 체계는 마침내 19세기 이래 제국주의적 과정을 거치면서 세계의 보편 기준으로 작동하기에 이르렀다. 다원성을 무시하며 개체를 억압하는 보편성은 전혀 보편적이지 않은 차별의 보편성으로 작동한다. 막스 베버가 주장했듯이 근대적 과학과 학문 체제는 물론이고 인쇄술과 법률제도, 자본주의와 관료제 등을 비롯한 모든 합리적이고 체계적이며 전문화된 문화는 오직 서구에만 존재하는 것들이다. 비록 많은 기술과 발명품이 중국과 인도를 비롯한 나라에서 유래되었을지라도 그것은 유럽만의 합리성의

---

6 Immanuel Kant(1974), "Beantwortung der Frage : Was ist Aufklärung?" in *Was ist Aufklärung?*, hrsg. E. Bahr, Stuttgart, Reclam, S. 9-22. S. 9.

문화를 거쳐야 비로소 올바른 의미를 지닐 수 있다. 그래서 유럽에서만 가능했던 이성의 원리와 합리성의 문화가 곧장 유럽적 보편주의와 유럽 우월적 사고로 확대된다. 유럽의 문화와 유럽의 철학, 이성의 문화만이 세계사적 보편성을 담지하는 것이다.

이것이 유럽적 보편성으로 세계사를 읽는 순간 발생하는 문제이다. 유럽적 기준과 담론이 보편성이라는 옷을 입고 세계화되는 과정에서 수많은 역기능들이 발생한다. 계몽의 원리는 진보와 해방, 개인의 인권과 자유에 기반을 둔 승리의 역사로 간주된다. 그것은 자연에 대한 인간의 승리이며 비이성적이며 비합리적인 모든 것에 대한 이성의 승리를 의미한다. 여기서 배제된 이성 이외의 것, 비합리적인 것들은 광기와 야만으로, 비계몽과 미개란 이름으로 단죄된다. 비유럽권의 비합리성은 궁극적으로 유럽에서만 예외적으로 꽃핀 이성의 원리를 내재화하지 못했기 때문이라는 것이다. 그것은 스피박(Gayatri Chakravorty Spivak)이 논증했듯이 분명 유럽의 계몽 정신에 내포된 중심주의적 사고이다.[7]

이처럼 근대적 중심주의는 타자를 소외시키고 억압함으로써 수많은 역기능을 초래한다. 그것은 끊임없는 타자화의 과정에 지나지 않는다. 예를 들어 폴란드 사회학자 바우만(Zygmunt Bauman)은 공포를 길들이고자 한 '근대의 기획'이 임시방편에 불과하다고 말한다.[8] 계몽의 기획은 자신의 원리를 합리성과 보편이란 이름으로 세계에 전파했지만, 결국 배제와 차별, 억압의 구도로 드러나게 되었다. 그것은 다만 차이를 배제한 차별, 서구의 특수한 입법 준칙을 억압과 강요를 통해 보편으로 거짓 정립한 것에 불과하다. 그래서 근대에서 비롯된 합리성의 문화는 비합리성, 광기, 마술, 신비, 신화를 억압했다.

---

7 가야트리 스피박(2005), 『포스트식민 이성 비판』(태혜숙·박미선 옮김, 갈무리), 제1부.
8 지그문트 바우만(2009), 『유동하는 공포』(함규진 옮김, 산책자).

그럼에도 이런 노력은 헛된 시도에 그치게 된 것이다.

이런 영역의 배제가 오히려 더 큰 광기와 폭력, 야만을 낳았음을 우리는 역사에서 수없이 목격하게 된다. 계몽의 기획을 통한 비합리성의 통제는 허구의 기획에 그치고 말았다. 이성에 대한 절대적 확신을 통해 문화에서 야만과 폭력을 배제하려 했던 근대의 기획은 역사에서 보듯이 역설적으로 타자에 대한 폭력으로 작동하기에 이른 것이다. 하버마스의 말처럼 근대의 기획은 "미완성의 기획"이 아니라[9] 결코 성공할 수 없는 기획이었다.

3. 유럽적 보편주의와 학문 제국주의

(1) 유럽적 보편주의

현대 세계의 체계

현대를 규정하는 가장 강력한 세 가지 사회 문화 체계는 근대성에 따라 형성되었다. 산업혁명과 자연과학 혁명의 결과로 산출된 과학·기술주의, 자유로운 도시인 계층에 의해 주도된 자본주의, 여기에 계몽주의적 이념이 결합해 탄생한 정치적인 민주주의는 근대정신이 구체화되고 현실에서 성취된 결과이다. 월러스틴은 유럽적 보편주의가 민주주의와 문명의 충돌 담론, 신자유주의적 경제 원리로 제시되고 있다고 말한다.[10] 그것은 민주주의가 인권을 옹호하고

---

9 Jürgen Habermas(1981), *Die Moderne : ein unvollendetes Projekt, Kleine Politische Schriften* I-IV, Frankfurt/M, S. 44-464.

10 이매뉴얼 월러스틴(2006), 『유럽적 보편주의 : 권력의 레토릭』(김재오 옮김, 창비), 8-10쪽.

이를 보증하는 유일한 체제라는 담론으로, 서구 문명이 보편적 가치와 진리에 기반해 있으며 그러기에 다른 문화보다 우월하다는 생각으로, 시장경제의 유일성과 보편성을 주장하는 신화로 작동하고 있다는 비판이다. 그것은 16세기 이래 근대 세계체제에 의해 성립된 보편주의 담론으로, 이에 기반한 제국주의 역사와 그에 대한 저항 및 투쟁이 현재 세계의 핵심적인 이데올로기 투쟁이라는 인식의 근거가 되고 있다. 이런 유럽 중심적 보편주의는 유럽의 성취와 유럽 중심의 담론이 "체계화하는 신화"로서 인간주의적인 보편주의와 인종차별주의를 만들어 냈다.[11] 그것은 "불평등하고 비민주적인 세계체제를 유지하고자 하는 유럽적 보편주의 세력에 [……] 굴복"하도록 요구하는 초특수주의적 입장으로 귀결된다.

그것은 "고대 그리스·로마 세계에 뿌리를 두고 있는 유럽 '문명'만이 자본주의 세계체제에서 흥성한 관습, 규범, 관행의 잡탕에 붙이는 포괄적인 용어인 '근대성'(modernity)을 산출"할 수 있었다는 인식이다. 근대성은 진정한 보편적 가치들, 즉 보편주의의 구현이며, 윤리적 선이면서 역사의 필연적 결과이다. 그러기에 비유럽의 문명은 근대성과 유럽적 보편주의를 향해 나아가야 하며, 유럽 이외의 지역은 "유럽 세력의 강요 없이는 근대적으로 변모할 수 없는" 것이다.[12]

월러스틴은 여기서 인권과 민주주의란 개념, 보편적 가치와 진리에 기초한 서구 문명의 우월성, 시장에 대한 복종의 불가피성을 자명한 관념으로 제시하는 것은 결코 자명하지 않다고 말한다. 그것은 반성과 성찰, 주의 깊은 분석과 해명을 요구하는 복합적인 관념이다. 제국주의와 식민주의는 "자본축적이나 자원 및 영토의 탈취에만 그치지 않고 그보다 훨씬 강대한 힘의 원천이 되는 담론 체계와 결부"되어 있다.[13] 그것은 문화적 헤게모니를 넘어 철학과 사유

---

11 Immanuel Wallerstein(1991), *Unthinking Social Science*, Cambridge, p. 51 참조.
12 이매뉴얼 월러스틴(2006), 『유럽적 보편주의 : 권력의 레토릭』(김재오 옮김, 창비), 64-65쪽.

일반에까지 지배적 담론으로 작용하는 것이다. 그러기에 중심주의를 극복하고자 하는 탈중심성의 담론은 정치·경제는 물론 철학의 영역까지 확대해 다루어야 할 것이다.

여기서 월러스틴은 "보편주의를 주장하는 것만큼 자민족 중심주의적이고 특수주의적인 것은 없다"는 역설적인 논제를 제시한다.[14] 왜냐하면 보편이란 주장이 언제나 문화의 특수성과 지역성에 근거해 정립된 것이기 때문이다. 유럽적 보편주의는 주체 중심, 이성 중심의 역사, 세계에 보편의 준거를 제시하려 했던 서구 근대의 기획이 빚어낸 결과일 뿐이다. 그들이 말하는 보편성은 결국 배제와 차별의 보편성으로 귀결되었다. 그러기에 사이드는 이런 보편주의를 '불쾌한 보편주의'라 부른다. 이것은 서구의 사유 구조, 서구의 근대가 이룩한 체계를 보편성이란 이름으로 전 세계에 강제한 어떤 원리, 주변부를 철저히 소외시키는 중심주의적 보편주의를 의미한다. 그것은 모든 실재의 중심을 설정하고, 그에 따라 그 밖의 '것들을' 주변부로 몰아가는 사고 체계이다. 이것은 배타적 인간중심주의이며, 이성 중심주의, 유럽 중심주의, 백인 중심주의 등의 형태로 나타난다.

보편주의의 옷을 입은 중심주의는 자신의 기준을 넘어서는 다른 세계, 다른 원리는 배제한다. 다른 세계의 존재 원리와 다원성을 동일성으로 대체하거나 심지어는 억압하는 중심주의로 작동하게 되는 것이다. 인간으로서 지니는 본질적 보편성 자체를 거부할 이유는 없다. 보편성에 대한 거부는 다원적 문화 사이의 소통과 만남을 가능하게 하는 근본 토대를 거부하는 행위로 오독될 가능성도 있다. 그러기에 우리는 보편과 특수의 문제, 인간의 보편성 주장이 지니는 형이상학적 지평을 제시할 때에는 진지한 해석학적 고찰을 거쳐야 할

---

13 강상중(2004), 『오리엔탈리즘을 넘어서』(이경덕, 임성모 옮김, 이산), 186쪽.
14 이매뉴얼 월러스틴(2006), 『유럽적 보편주의 : 권력의 레토릭』(김재오 옮김, 창비), 75쪽.

것이다. 그것은 결코 선험적 어떤 것, 자신의 종교나 신념, 또는 특정한 철학적 판단과 이념에 의해 주어지는 것이 아니다. 그럴 때 그것은 다시금 차별의 보편성으로 작용할 것이기 때문이다. 그러기에 다원성을 수용하는 보편성의 원리가 요구되는 것이다. 그것은 서구 근대성의 제국주의적 헛된 보편주의가 아닌, 모든 인간이 공유하는 올바른 원리와 성격에서 얻어 낸 진정한 보편성이며, 구체적 시간과 공간 안에서 드러나는 개체성과 차이성의 어우러짐을 올바르게 이끌어 가는 길이다. 이는 그런 과정에서 찾아낸 다원적 실재의 존재 원리와 정당성을 유지하면서도, 그 안에서 그 모두를 아우르는 원리를 포괄하는 그런 총체성을 의미한다.

자본주의 극복과 탈중심성의 원리

자본주의 세계경제는 오늘날 세계의 보편적 체제로 기능하고 있다. 그럼에도 자본주의는 그 형성 과정과 작동 기제에서 보듯이, 유럽의 역사적 경험의 결과이며, 인간의 경제적 욕구에 대한 가장 무이념적인 충족 기제로 작동하고 있다. 그것은 결코 보편적이지도 않고, 역사에서 오래된 어떤 체제도 아니며, 더욱이 미래에 부동적 위치를 점할 체제도 아니다. 다만 19세기 이래 유럽 자본주의 체제의 승리와 이어진 현대 세계의 체제가 자본주의의 보편성이란 환상을 초래하고 있을 뿐이다. 자본주의 경제체제는 군사적·기술적 역량을 통해 세계를 통합하고 19세기에 이르러 전 지구적 보편성을 증명하기에 이르렀다. 그럼에도 그것은 독창적인 인식론에 근거한 역사의 한편에서 드러난 특수한 체제이다. 그 특수한 지식 구조를 해명하고 이를 넘어설 지적 대안이 요구된다.

여기서 월러스틴은 자본주의 체제를 포함해 오리엔탈리즘을 극복하기 위해서는 보편화해야 할 인식과 분석이 필요하다고 주장한다. 이것은 개별적인 것의 특수성과 그 근거를 지켜야 할 필요 사이의 긴장을 초래한다. 그는 이 둘

사이의 "일종의 끊임없는 변증법적 교환 속에서 우리의 특수한 것을 보편화하면서 동시에 우리의 보편적인 것을 특수화할 필요가 있으며," 이를 통해서 새로운 종합으로 나아가야 할 것이라고 역설한다.[15] 그것은 일종의 지적 모험으로, 자본주의 체제에 의해 획일화된 세계, 자본의 이름으로 이루어지는 야만과 폭력에서 벗어나는 길이기도 하다.

지오바니 아리기는 근대 이래 두 차례에 걸친 세계 패권 이동을 분석하면서 유럽이 세계의 중심으로 자리한 배경을 해명하고 있다.[16] 이를 통해 우리는 현대 세계가 처한 체계에 대해 명확히 이해할 수 있으며, 나아가 유럽 중심주의와 근대성의 우위가 역사적 결과물, 그것도 식민지 지배를 통한 결과, '우연히 주운 황금 사과'임을 인식할 수 있다. 유럽의 근대가 주장하는 이성의 원리나 유럽 예외주의 또는 유럽 우월적 문화론은 역사적 결과에 지나지 않는다. 이성은 보편적인 것이지만 근대에 정초된 이성은 서구 철학의 역사를 떠나서는 생명을 지니지 못하며, 합리성의 문화는 이성 이해의 도식에 따라 달리 이해될 것이기 때문이다.

16세기 네덜란드에서 영국으로의 패권 이동과 영국에서 미국으로의 패권 이동 가운데 비유럽 세계는 커다란 제국주의적 폭력을 경험하게 된다. 이제 미국 패권과 자본주의 체제의 전환이란 이행의 시기에 필요한 것은 무엇일까? 그 이전의 패권 이동이 제국주의적 폭력으로 드러났다면, 지금은 그 자리에 계급과 소득 격차에서 주어지는 불평등의 문제가 자리하고 있다.[17] 이때 요구되는 사회경제적 원리에 대한 노력은 물론 필요하지만, 이를 넘어서는 사유의 틀과 해석학적 원리에 대한 성찰은 그 이상으로 중요한 문제이다. 현재의 학

---

15 같은 책, 90쪽.
16 지오바니 아리기 외(2008), 『체계론으로 보는 세계사』(최홍주 옮김, 모티브북).
17 이런 이행의 시기에 필요한 명제를 아리기는 다섯 가지로 제시하고 있다. 같은 책, 430-457쪽 참조.

문이 안고 있는 과제 가운데 하나는 지난 세기에 시작되어 신자유주의에 이르기까지 극단으로 치닫고 있는 물욕의 자본주의를 극복하고, 새로운 대안적 경제체제를 찾아내는 것이다. 역사에서 보듯이 그 대안이 인간에 대한 이해를 무시하고 이루어지는 이념적 체계일 수는 없다. 인문학은 이런 대안적 체제를 모색하는 데 중요한 해석학적 원리를 제시해야 한다.

그러기에 지금은 그 어느 때보다도 진정한 의미의 탈중심적 중심성의 원리와 이를 위한 철학적 원리의 정립을 필요로 한다. 이를 통해 역사와 세계에 대한 해석, 자연과 인간 이해의 근거를 마련하고, 이를 바탕으로 탈중심적이며 탈근대적 체제를 위한 원리를 제시해야 할 것이다. 그것은 탈근대의 인문학에 주어진 과제이다. 탈근대적 탈중심성 담론이 이런 한계를 벗어나지 못한다면 그것은 근대성의 이면이며 역전된 근대성에 지나지 않게 된다. 서구를 대신하는 또 다른 보편성이란 무의미한 논의이며, 중심성을 전제한다는 측면에서 근대의 또 다른 얼굴에 지나지 않을 것이기 때문이다. 그것은 서세동점 이후 동아시아의 역사에서 저질렀던 오류를 반복하는 것이다.

구한말 일본의 근대화 논의나 정한론에 담긴 사고는 물론이고, 제2차 세계대전 당시의 대동아공영론은 이런 사고를 잘 보여 준다. 이런 사고는 현재에도 동아시아적 가치, 동아시아 공동체 담론으로 새롭게 제기되고 있다. 이런 담론의 역사적 맥락을 이해하면서 그것이 현재의 지평에서 올바른 의미를 지니고 정착할 수 있도록 이끌어 가는 것이 인문학자들의 몫이다. 자칫 이런 논의가 또 다른 제국주의적 논리를 대변하는 오류를 되풀이해서는 안 될 것이다. 이런 맥락에서 강상중은 탈중심성 논의를 통해 서구 이외의 문화를 "보편주의의 문화가 몸담을 또 하나의 장으로 특권화함으로써 서구 중심주의를 해체하려는 시도"가 이루어져야 한다고 말한다.[18] 탈중심성 논의는 결코 지금의 중심을 대체

---

18 이에 대해서는 강상중(2004), 『오리엔탈리즘을 넘어서』(이경덕, 임성모 옮김, 이산), 180쪽 참조.

하는 다른 중심을 말하는 것이 아니라, 다원적 중심성이 타자를 수용하면서 이루어지는 다원성으로 정립될 수 있어야 한다. 이것이 바로 탈중심적 중심성 논의가 지향하는 목표이다.

(2) 근대적 학문 체계의 문제

근대성의 내면화와 오리엔탈리즘

서구 중심주의와 서구 문화에 의해 근대성이 획일적으로 적용됨으로써 수많은 역기능들이 생겨나게 된다. 교육에서, 학문에서, 나아가 사회와 문화 일반에서 근대성은 보편적 기준이며, 우월한 철학적 원리이며, 비유럽 세계를 근대화하고 계몽시키는 준거로 작동한다. 이런 근대성의 내면화가 우리에게는 오리엔탈리즘으로 작동하고 있다. 오리엔탈리즘이란 우선 "근본적으로 동양이 서양보다 약자라는 이유로 동양에 강요되는 정치적 원리"를 의미한다.[19] 나아가 그런 사고가 우리가 지닌 세계 해석의 잣대, 철학적 원리에 작용하면서 문화와 사회 체계 전체를 왜곡시키는 기제로 작동하기에 더 큰 문제를 야기한다. 우리는 오리엔탈리즘을 내면화함으로써 피해자인 동시에 타자에 대한 가해자가 되는 것이다. 문화적으로 우리가 지닌 우월감과 열등감은 이런 오리엔탈리즘의 이중성이며, 역기능일 뿐이다. 서구 세계에 대한 열등감과 비서구 세계에 대한 우월감은 한 몸의 두 얼굴이다.

이것은 다양성을 인정하지 않고, 소수를 차별하는 사고에서도 나타난다. 차이의 존재론은 다른 사람의 존재론적 지평을 그 자체로 인정하는 것이며,

---

19 Edward Said(2003), *Orientalism*, Vintage Books, p. 204.

다른 이데올로기, 신념 체계, 그의 존재론적 지평 전체를 허용하는 것이다. 지금 우리가 지닌 사회적 약자와 소외 계층, 노동자에 대한 배제와 억압은 물론이고, 순종(純種) 계층이 아닌 다른 계층에 대한 억압은, 차이를 인정하지 않는 중심주의의 산물이며 오리엔탈리즘이 내면화된 결과이다. 서구에 대한 턱없는 열정과 서구 문화의 우월성의 내면화가 그 이외의 타자에 대한 어처구니없는 우월 의식으로 드러나고 있다. 오늘날 거론되는 다문화 사회 논의는 바로 이런 현실이 엄연히 존재한다는 점을 보여 주는 것이다.

오늘날 거론되는 민족주의 담론은 오리엔탈리즘을 내면화한 데서 나오는 논의이기도 하다. 하지만 올바른 민족의식과 민족에 대한 긍지는 분명 필요한 것이며, 우리의 역사에서 보듯이 긍정적으로 작용한 것도 사실이다. 열린 민족주의는 차이를 인정하고 탈중심적 중심성의 원리에서 정립될 때 필요한 것이기도 하다. 오늘날 일부에서 거론되는 "민족주의는 반역이다"라는 명제, 탈민족주의 담론은 서구의 경험과 서구 근대의 역사에서 기인한 것이다. 민족이 근대에 와서 형성되었다고 외치는 그들의 담론은 우리의 역사적 경험을 반성하지 않는 또 다른 의미의 학문 제국주의적 사고에 지나지 않는다. 분명 민족주의가 타자에 대한 배제와 억압으로 작용할 때 그것은 위험하며, 민족주의와 국가주의가 빚어내는 역기능이 동아시아 사회만큼 극명하게 드러나는 곳도 존재하지 않을 것이다. 그럼에도 민족주의의 허구를 비판하고, 근대와 민족주의를 연결 지어 정의하는 작업은 서구의 경험이지 우리의 것이 아니다. 이런 역사적 경험과 우리의 현재를 무시한 탈민족 담론은 허상에 지나지 않는다.

오리엔탈리즘에 대한 반발이 옥시덴탈리즘으로 이어지는 것은 또 다른 오리엔탈리즘이 내재화된 결과일 뿐이기 때문이다.[20] 그래서 월러스틴은 옥시덴탈리즘을 "반유럽중심적 유럽 중심주의"라고 부른다.[21] 그것은 유럽 중심주의

---

20 *Ibid.*, p. 328 : "오리엔탈리즘에 대한 해답은 옥시덴탈리즘이 아니다".

대한 근거를 반성하는 대신 유럽인들이 근대 세계에 부과하는 지적인 틀의 □성을 전적으로 받아들이는 것이기 때문이다. 그래서 오늘날 오리엔탈리즘 □ 대항해 '우리 것이 좋은 것이여!'를 외치는 태도, 자문화 우월주의는 거울처 □ 내면화된 오리엔탈리즘을 극명하게 보여 주는 표징이라 할 수 있다. 근대 □복의 문제가 다시금 동아시아적 가치의 회복으로 귀결된다면, 그것은 헛된 □력에 지나지 않는다. 탈중심성 담론이 지역성에 대한 단순한 가치 회복으로 □원될 수는 없다. 그것은 또 다른 중심성이 될 것이기 때문이다. 그러기에 1830년 이래 세계 패권의 전환과 이런 원인에 대한 분석에 기대어 동아시아적 가치를 중심에 자리매김하는 또 다른 종류의 보편주의나 옥시덴탈리즘을 제 시하는 오류를 범해서는 안 될 것이다.

오리엔탈리즘은 "근대의 지배적·위압적 지식 체계"에서 생겨났다. 그러기 에 탈오리엔탈리즘은 그와 같은 지식 체계는 물론 정치와 경제, 문화 일반과 권력의 실천 사이의 상호작용을 해명하는 가운데 새롭게 구성되는 지적이며 정치적인 실천이라 할 수 있다.[22] 오리엔탈리즘은 초월적인 주체인 서구에 의 해 자의적으로 표상되고 창조된 문화적 장치와 담론 체계이다. 그러기에 서구 문화 일반에 특권적 지위를 보증하는 동시에 다른 담론의 가능성을 배제하고 은폐하는 문제를 야기한다. 우리가 문제 삼는 중심주의 담론은 오리엔탈리즘 을 넘어 근대의 지식과 철학 체계 일반은 물론 그에 근거한 정치·경제와 역사 의 경험 전체에 대한 해명으로 이어져야 한다. 이런 의미에서 18세기 이래 이 어져 온 이성 중심주의적 근대성과 유럽 우월주의, 이에 결부된 인간중심주의 전체에 대한 반성이 요구된다. 그것은 타자의 존재성을 수용하면서, 타자의 문화 일반과 체계 전체를 배제하거나 억압하지 않는 새로운 문화에 대한 논의

21 이매뉴얼 월러스틴(2006), 『유럽적 보편주의 : 권력의 레토릭』(김재오 옮김, 창비), 88쪽.
22 강상중(2004), 『오리엔탈리즘을 넘어서』(이경덕, 임성모 옮김, 이산), 187쪽.

로 확대되어야 한다. 문제는 이를 위한 철학적 원리를 제시하는 데 있을 것이다. 분명한 것은 그것이 또 다른 가치와 문화를 대안으로 제시하는 것이어서는 안 되며, 다원적 다원성의 것일 수도 없다는 사실이다. 다름과 같음을 함께 수용할 수 있는 원리가 필요하다.

학문 체계의 문제

월러스틴은 유럽적 보편주의의 또 다른 현상으로 과학적 보편주의를 들고 있다. 그것은 "과학적 보편주의와 매 순간 모든 현상을 지배하는 객관적 법칙에 관한 주장"이다. 제2차 세계대전 이후 과학적 보편주의는 "거의 상대가 없을 정도로 의심할 여지없는 서구 보편주의의 가장 유력한 형태"가 되었다.[23] 이것은 앞에서 보았듯이 유럽의 근대가 이룩한 세 가지 체제 가운데 하나인 과학·기술의 얼굴이다. 오늘날 근대의 학문은 과학으로 환원되고 있다. 19세기 이래의 과학은 유럽적 보편주의의 중대한 양식 가운데 하나로서 사회적으로 수용하기 쉽다는 커다란 장점을 지닌다. 그 원리는 지식 생산 체계에 그치는 것이 아니라, 지식의 내용은 물론 그에 따른 체제 전체와 관련된다. 과학은 대학과 교육, 그에 기반한 문화 체제 일반과 우리의 인식 구조와 세계 이해, 그것을 위한 해석학적 원리에까지 가장 광범위하고도 강력한 영향을 미치고 있는 것이다. 과학은 자연과 인간에 대한 이해는 물론 세계와 역사, 정치와 경제 체계에 자신의 원리를 보편적 진리란 이름으로 전파하고 있다. 우리는 과학으로 세계를 보며 과학의 원리에 따라 우리의 이해 체계 전체를 구성하고 있다. 오늘날 철학을 비롯한 학문 일반은 과학이 되고자 하는 열망에 사로잡혀 있으며, 그것이 이 시대 학문이 당면한 가장 큰 문제이기도 하다.

---

23 이매뉴얼 월러스틴(2006), 『유럽적 보편주의 : 권력의 레토릭』(김재오 옮김, 창비), 93-94쪽.

과연 근대의 학문은 서구에서만 가능한 것일까? 근대의 학문 체계가 보편적으로 작동할 때의 문제는 학문과 권력의 관계에 있다. 그것은 서구 중심의 이론이 얼마나 제국주의적이며 동아시아 전통과 역사철학적 성찰을 배제하고 억압하는지에서도 극명하게 드러난다. 근대 계몽주의적 학문이 초역사성과 세계 보편성에 기반한 서구 중심주의와 서구의 역사에서 이해된 이성에 바탕한 학문이라면, 이를 벗어나기 위해서는 학문의 해석학적 구성 원리가 요구된다. 근대 이후 우리 학문은 서구 학문을 수입하는 데 급급해 할 뿐이었으며, 그것은 지금도 진행 중에 있다. 서구의 충격과 우리의 반응은 실재를 이해하는 패러다임을 바꾸어 놓았다. 그것은 우리 역사와 현실, 삶의 자리에 근거한 학문이 아니라, 서구의 패러다임으로 이해하는 학적 체계를 성립시킨 것이다.

예를 들어 코헨(Paul Cohen)은 근대성 내지 근대화란 역사적 전제에 따라 중국사를 해석할 때 생기는 문제에 대해 심층적으로 분석하고 있다.[24] 중국을 포함한 동아시아의 역사를 유럽의 역사적 경험과 유럽 근대란 기준으로 해석할 때 그 문화는 결코 계몽의 역사나 근대적 이성의 원리를 드러내지 못하는 미숙한 역사에 지나지 않게 된다. 이 책은 오늘날 동아시아 역사를 근대화와 근대성의 관점에서 해석할 때 필연적으로 잘못된 해석, 폭력적 왜곡이 발생할 수밖에 없음을 잘 보여 주고 있다. 식민지 근대화론이나 자본주의 맹아론은 그런 의미에서 근대화의 패러다임에 갇힌, 서구 중심주의의 동아시아적 변형에 지나지 않는다. 그러기에 학문 제국주의적 관점을 벗어나 우리의 현재를 성찰하는 해석학적 작업은 탈중심성의 학문을 위해서는 무엇보다 필요한 일이다. 여기서 거론되는 학문 제국주의는 우리에게 여전히 커다란 문제로 남아 있는 것이 사실이다.

탈근대적 학문은 단순히 포스트모던적 학문을 의미하지 않는다. 그것은 단

---

24 폴 코헨(2003), 『학문의 제국주의』(이남희 옮김, 산해).

순히 보편적 진리의 가능성을 거부하거나 서구 본질주의 철학에 대한 해체를 지향하는 것이 아니다. 오히려 그것은 해석학적이며 역사철학적 관점에서 정립되는 학문 체계를 의미한다. 오늘날 이런 성찰 없이 거론되는 진화 생물학적 통섭 담론이나 학제 간 연구에 대한 일방적 추종은 또 다른 의미에서의 학문 제국주의적 사고에 지나지 않는다.

4. 근대성 극복과 탈중심성

(1) 탈중심성의 지평

플라톤 이래 서구 철학은 존재의 동일성과 일원성에 근거한 사유틀로 형성된다. 플라톤주의로 완성에 이른 서구 철학의 기획을 해체하려는 포스트모더니즘은 이런 일원성과 동일성에 대한 반발을 의미한다. 포스트모더니즘을 특징짓는 다원성과 탈중심성, 해체주의는 이런 철학적 역사에 기반하고 있다. 그럼에도 문예적이며 철학적 사조로 등장한 포스트모더니즘은 다원성과 탈중심성에 대한 대안 없는 해체에 머물고 말았다. 지금 포스트모더니즘이 아닌 탈근대를 기획하는 우리에게 필요한 것은 탈중심의 중심성, 탈영역성, 탈중심의 다원성이다. 그것은 다원적 실재가 소통하는 원리를 정립하는 것이자, 차이가 차이로 유지되면서 차이의 보편성을 정립하는 것이다.

근대의 기획을 완성하려는 하버마스의 철학은 서구 전통 철학의 기반 위에서있다. 그는 여전히 플라톤 이래의 로고스에서 유래한 이성의 보편성과 이성의 정합성을 확신한다. 다만 그 이성은 중세에서 보듯이 신적인 것도, 칸트에서처럼 형이상학의 근거가 되거나 선험적인 것도 아니며, 헤겔에서 보듯이 세계와 역사를 구현하는 절대정신의 이성도 아니다. 아도르노는 『계몽의 변증법』에서 신화를 벗어나기 위한 근대의 노력이 다시금 신화가 된 역설을 말하고 있다. "신화가 된 근대"는 계몽의 원리가 변증법적으로 작동한 결과이다. 근대는 자신의 모순과 한계를 극복하지 못함으로써 다시금 극복되어야 할 신화와 야만이 된 것이다. 그것은 근대의 원리인 이성 이해가 자연과 존재를 사물화함으로써 나타난 결과이다.[25] 이런 맥락에서 하버마스의 탈근대 담론은 근대 체계에 대한 수정과 보완을 의미한다. 그것은 미완성에 머물러 있는 근대의 기획을 완성하려는 시도이다. 우리가 말하는 탈근대의 기획은 이런 하버마스의 철학을 넘어 근대의 가치, 근대의 패러다임과 철학 전체를 문제시하면서 이루어지는 극복의 논의로 이어질 것이다.

근대는 인간의 보편성에 기초한 인권과 이성의 문제를 유럽적 경험과 역사를 통해 인식 이성과 계몽의 이성으로, 유럽 중심적 인간과 인권으로 환원했다. 그것은 보편의 특수화이며, 유럽의 역사와 철학을 통한 구체화에 지나지 않는다. 이성과 인권은 분명 보편적 원리임에도 서구의 근대에 의해 정형화되고 규범화되었다. 이를 새롭게 수용하면서 서구 근대 체계의 한계를 넘어서는 데서 탈근대의 해석학적 원리가 정립될 수 있을 것이다. 서구 근대에 이르러 형상화된 자본주의와 과학·기술주의는 물론 정치적 민주주의조차 우리의 역사적 경험과 철학적 원리에 의해 새롭게 해석되어야 할 것이다. 서구 근대의 내재화를 넘어 그 정당성을 수용하면서도 이를 극복하고 넘어서는 감내와 초월적 극복의 사유가 요구된다.

서구 철학을 이성 중심주의로 규정하고 이를 교정하고 넘어서려는 노력은 현대 철학의 특성 가운데 하나이다.[26] 이미 클라게(Ludwig Klage)가, 그리고 데

---

25 Theodor Adorno and Max Horkheimer(1981), *Dialektik der Aufklärung : Philosophische Fragmente*, Frankfurt/M.

26 만프레드 프랑크(2002), 『현대의 조건』(최신한 옮김, 책세상), 제2장 참조.

리다가 서구 철학을 '로고스 중심주의'(logocentrism)로 규정하고 비판했지만 이것은 이런 철학 조류를 명제화한 것에 지나지 않는다. 이성의 종말, 이성의 죽음은 이미 진부한 표현이 되어 버렸다. 문제는 이성 중심주의에 의해 소외된 인간의 다른 지성적 능력이다. 감성과 영성, 초월성은 근대의 이성 이해 도식에 의해 열등한 것이거나 심지어 반(反)진리의 영역으로 간주되어 배제되었다. 두 번째 문제는 이성이 자연을 비롯한 이성의 대상을 타자화한다는 데 있다. 이런 객체화와 타자화는 이성을 지닌 주체와 객체란 도식(subject-object-schema)을 설정하는 데서 문제를 야기한다. 타자는 자신의 존재론적 성격을 상실하고 다만 이성적 주체의 대상이 되어 마침내 객체화를 통해 사물화되기에 이른다. 이런 근대 이성은 수학적 세계관과 결합함으로써 세계를 기계론적이며 계량화하는 체계를 만들어 냈다.

이와 더불어 더 큰 문제는 근대의 일면적 인식 이성, 계산하는 이성은 이성 자체의 능력인 숙고하고 성찰하는 이성을 배제한다는 데 있다. 이와는 달리 동아시아 전통에서 지성은 인성론적 특성을 배제하고서는 이해되지 않는다. 동아시아 학문 이해에서 보았듯이 인간의 본성은 하늘에 그 근원을 두고 있다. 그에 바탕한 지성은 근대의 인식 이성과는 달리 천명과 인성의 본질적 특성과 연관되어 이해된다. 하지만 근대 이성 이해의 도식에서 이런 지성 이해는 어디에도 자리할 곳이 없다. 근대 이성은 다만 자연과 타자화된 사물에 대한 이성이며, 인간이 지닌 타자에 대한 지식과 지배의 힘을 제공하는 능력을 의미하기 때문이다.

근대의 이성 이해는 서구의 철학적 역사와 존재론적 역사를 거쳐 귀결된 필연적 결과이다.[27] 하이데거는 이런 존재의 역사는 서구 문화를 니힐리즘(Nihilism)으로 귀결시켰다고 말한다. 하이데거는 그의 철학을 존재론적으로

---

27 Martin Heidegger(1976), *Zur Sache des Denkens*, Tübingen.

전개하면서 근대의 문제에 대해 비판하고, 이에 대한 극복의 문제를 해명했다. 이런 근대성 비판과 그 존재론은 우리가 근대 극복의 문제를 사유할 때 중요한 단초로 작용할 수 있다. 그것은 현재는 유럽의 근대와 근대성에서 드러난 존재 역사의 귀결이며, 근대의 이성은 서구의 고유한 역사적 경험에 따른 결과라고 말한다. 인간이 지닌 지성적 특성으로서 이성은 분명 보편적이지만, 그것의 현상과 작동 기제는 역사적 경험과 과정을 떠나서 이해할 수 없다. 보편과 특수의 상관관계와 역사적 과정에 대한 성찰 없는 해석학적 정립과 이에 따라 보편적으로 설정된 근대 이성은 학문 제국주의와 문화 중심주의의 오류를 낳게 되는 것이다.

제2차 세계대전 이후 트루먼 대통령 시대에 이루어진 전후 복구 사업은 근대화를 산업화로만 이해하게 만드는 계기가 되었다. 유럽에 대한 지원은 물론 냉전 시대의 대립 구도에서 이른바 제3세계에 대한 지원이 '근대화'란 미명 아래 이루어졌다. 이때의 근대화는 우월한 서구의 과학 기술 문명을 전파하고 그것을 뿌리내리는 것이면서, 그 이면에 담겨 있는 근대의 철학적 원리를 보편의 이름으로 설정하는 것이다. 그것은 한편으로 유럽과 그 후예인 미국 문화의 우월성을 표현하는 것이기도 했다. 이런 승리는 정치·경제는 말할 것도 없이 문화 일반을 넘어 궁극적으로는 철학적 원리로까지 확대되었다. 이후의 탈식민화 노력에도 불구하고 문화적 영역에서는 여전히 유럽적 보편주의와 유럽 우월주의가 위세를 떨치고 있다.

유럽 우월주의는 다양한 경로를 통해 전파된다. 문화 결정론과 환경 결정론은 오히려 가볍게 볼 수 있을 정도이다. 정작 문제가 되는 것은 고대 그리스 문화의 우월성과 이성을 유럽에만 고유한 것으로 생각하는 유럽 예외주의의 신화에 있다. 이런 신화가 중심부로 설정된 유럽과 주변부인 비유럽 세계, 이성과 비이성, 문화와 야만, 계몽과 계몽의 대상이란 이분법을 공고화했으며, 역사에서 보듯이 보편성의 이름으로 오히려 야만과 폭력을 초래한 근거가 되었다.

(2) 탈중심성의 원리

중심주의 극복의 문제

진보의 관점에서 본다면 인간의 역사는 자신을 억압하고 소외시키는 모든 것에서 벗어나기 위한 투쟁과 해방의 과정이라 할 수 있다. 그 과정은 무지에서 벗어나기 위한 앎의 역사이며, 인간의 권리를 불가침의 어떤 것으로 설정하는 가치 정립의 역사이며, 다른 한편 타자의 생명과 권리를 인정하는 승인의 역사이기도 하다. 그래서 역사는 온갖 종류의 야만과 폭력, 억압과 무지를 벗어나고자 한 진보와 해방의 과정이라 할 수 있다. 그것이 오늘날에는 자본과 과학·기술에 대한 투쟁으로 드러나게 된 것이 역사의 역설이다. 자본주의와 과학·기술주의는 자연에 대한 이해의 변화에서 비롯되었다. 자연을 인간의 욕망과 풍요를 위한 대상으로 이해하고 자본으로 환원한 자본주의는 근대가 시작된 배경이며 근대 전체를 관통하는 가장 중요한 주제어일 것이다. 나아가 자연의 억압과 두려움을 벗어나고자 하며, 자연을 대상화하고 사물화해 이해하는 세계관이 성립된 17세기 이래의 근대성은 과학·기술주의를 성립시켰다. 그것은 자연에 대한 지식을 객체화해 이해함으로써 학문을 과학으로 환원시키며, 그 지식을 적용하는 기술 문명을 낳았다. 이런 과학·기술 문명과 그에 따른 산업화야말로 근대의 가장 두드러진 특징이라 할 수 있다.

철학을 포함한 모든 학문이 스스로 과학이 되고자 하는 것이 근대의 가장 큰 신화이다. 이런 근대의 일면성이 오늘날 또 다른 억압으로 작용하고 있다. 근대가 다시금 억압이 될 때 그 근대를 벗어나는 것은 인간의 역사에서 보듯이 이 시대 학문하는 이들의 가장 중요한 과제가 된다. 그 근대는 유럽의 역사에서 이해된 이성의 원리를 보편으로 제시하며, 세계사의 승리, 자연에 대한 인간의 우월함과 역사의 승리를 속단했다. 끝없이 펼쳐지는 역사의 개선 행진과 유럽 중심주의는 이제 다시금 폭력과 야만이 되어 우리에게 다가왔다. 제국주의 시대가 보여 주는 폭력은 근대 이성의 자기 전개가 지니는 한계와 역기능을 남김 없이 보여 주고 있다.

그러기에 근대성 극복의 문제는 이성 이해의 전환 없이는 불가능하다. 하 버마스는 그런 이성을 인간이 지닌 근본적인 의사소통성에서 찾는다. 이성의 합리성은 의사소통적이다. 이런 보편적이며 근본적인 이성의 원리에 근거해 공동체의 소통은 물론 주체와 타자의 소통이 가능해진다. 이제 주체와 타자의 존재론적 근거는 물론 공동체의 존재 역시 의사소통적 이성에 기반해 정립될 수 있게 된다. 그럼에도 하버마스의 기획은 근대의 우월함을 전제하며 근대 이성의 정합성을 부정하지 않는다. 또한 의사소통적 이성은 존재론적 지반을 지니고 있지 못하다는 데 치명적인 문제가 있다. 이성의 자명함과 보편성은 과연 어떤 원리에서 가능한지, 그 인간학적 전제와 존재론적 근거가 설명되고 있지 못한 것이다.

따라서 우리에게 필요한 것은 이성의 자명함과 보편성을 인간의 존재 전체, 생명체로서 인간이 지닌 원리, 생명성에 근거해 밝히는 작업이다. 이것을 생명 성과 존재성에 근거한 탈근대적 이성으로 정립할 수 있다. 탈근대적 이성의 해 석학적 지평을 잠정적으로 생명체로서 인간이 지니는 근원적 공통성인 생명성 의 원리에서 찾고자 한다. 생명성에 대한 해석학적 성찰은 이성을 다만 인식 이성과 도구적 이성으로 이해했던 서구 근대의 철학적 패러다임에 대한 극복 의 모색 가운데 하나로 작동할 수 있을 것이다. 생명철학의 원리를 원용할 때 탈근대성 내지 탈근대적 이성 이해의 지평을 논의할 수 있으리라 생각한다.

분명한 것은 우리가 지금 명확한 이행의 시기를 살고 있다는 점이다. 이 시 기에 이 자리의 인문학에는 우리의 현재를 해명하고 이해할 수 있는 학적 사 유틀을 창출해야 하는 과제가 주어져 있다. 그 현재는 역사의 경험에서 주어 진 것이며, 미래에 대한 결단이 현재화하는 자리일 것이다. 이를 위한 해석학 적 원리가 탈중심적이며, 근대 이후의 원리로 작동한다. 이런 해석학의 원리는 앞에서 언급한 생명성에 근거한 것인 동시에 그 존재성에 바탕한 것이다. 그래서 이를 존재론적 해석학으로 개념화할 것이다. 탈근대의 철학적 원리를 해명하는 작업은 이런 존재론적 해석학에서 주어질 것이다.

지금 우리는 근대성의 극복과 근대 이성의 중심성을 밝혀야 할 시대적 과제를 안고 있다. 다시 말해 우리는 유럽에서 거론되는 근대 이후의 사고, 즉 포스트모더니즘을 근대 이후나 반근대로 이해하지 않고, 근대의 정당함을 수용하고 근대의 모순을 감내하면서도 그것을 초월적으로 극복해야 한다. 그 작업은 근대의 정당함을 수용하면서도 그 모순을 넘어서는 것이며, 근대를 넘어 (trans-modern) 근대 이후의 시대를 사유하는 탈근대를 지향한다. 그 원리 가운데 하나를 여기서는 탈중심성, 다원적 중심성으로 제시해 보고자 한다.

탈근대의 탈중심성

탈중심성은 인간의 존재성에 대한 성찰에서 주어진다. 몸을 지닌 존재로서 인간은 자기중심성을 지니지만, 그런 몸적 조건을 넘어서고자 하는 인간은 이런 중심성에 매여 있을 수만은 없다. 인간의 중심성은 벗어날 수 없는 조건이면서 동시에 넘어야 할 한계이기도 하다. 인간은 생물학적 존재이기에, 그로 인한 조건과 한계, 그 매개를 통해 존재하는 것이 사실이다. 그럼에도 문화적이며 철학적 존재로서의 인간은 그런 모순과 한계를 넘어서는 층위를 지니며, 자신의 존재성에 따른 매개를 통해 이를 극복하고자 한다. 이런 관점에서 탈중심성은 이중적으로 이해된다. 인간은 생물학적 존재이기에 자신의 존재와 중심성에 자리할 수밖에 없지만, 그와 동시에 의미론적 존재이며 관계적 존재이기에 타자의 존재와 타자의 중심성을 받아들여야 하는 이중성을 지닌다. 그것은 자신에서 비롯되는 일원성의 원리를 유지하면서 다원성을 수용해야 하며, 나의 중심성을 보면서도 타자의 중심성을 수용하는 이중성이다.

이것은 탈중심적 현재와 자기중심적 현재가 상호작용하는 원리를 의미한다. 이것이 탈근대성의 중요한 원리로 기능할 수 있을 것이다. 탈중심성의 인문학은 이런 현재에 자리한다. 이런 이중적 의미의 중심성, 중심성과 탈중심성의 상호성을 전제하지 않는 학문의 현재는 의미가 없다. 그것은 다시금 이런 이중성을 해석하면서, 자신의 존재성과 타자성에 대해 성찰하는 가운데 주어진다. 또한 현재에 대한 성찰이 인문학이기에, 인문학의 자리인 '지금·여기'는 탈중심성의 성찰을 위한 중요한 터전임이 분명하다.

오늘날 중심주의의 문제와 그에 따른 오리엔탈리즘이나 문화·학문 제국주의적 관점의 핵심에는 근대성에 대한 이해와 정당성 주장이 자리하고 있다. 서구의 학문 체계와 문화가 지닌 근대성으로 나아가지 못하고, 그 문명에 담긴 이성의 원리와 합리성이 결여된 비서구 문명은 유럽 문화의 타자로서 끊임없이 소외되고 왜곡되며 자신의 존재론적 정당성과 타당성을 확증받지 못한다. 여기서 지식과 학문은 이것을 정당화하는 기제로 작동하고 있다. 유럽 근대의 보편성 주장은 문화적 제국주의로 작동할 뿐만 아니라, 비유럽 세계의 해석학적 원리를 지배함으로써 끊임없이 변형된 형태로 자신의 중심성을 확인하고 있다. 근대성을 넘어서는 우리의 학문은 서구의 학적 체계를 넘어서기 위해 근대성의 원리를 이런 관점에서 해석하고 해명하는 작업을 수행해야 하는 것이다. 근대를 넘어서는 탈중심성의 원리는 이런 관점에서 의미를 지닌다.

이에 대해 월러스틴은 유럽적 보편주의를 넘어서는 보편적 보편주의를 대안으로 제시한다. 그것은 "보편적인 것과 특수한 것을 모두 역사화하며, 이른바 과학적인 것과 인문학적인 것을 단일한 인식론으로 재통합"한다. 이로써 약자에 대해 강자가 '개입'하는 모든 행위를 정당화하는 근거를 "고도로 객관적이고 지극히 회의적인 시선으로 바라볼 수 있도록" 한다. 나아가 지식인들이 거짓된 가치중립성의 족쇄를 벗고, 이런 이행의 시기에 실제로 의미 있는 역할을 해야 함을 역설한다. 여기에 "모든 지식의 재통합에 대한 희망을 유지시켜 줄 유일한 인식론"으로 타자를 배제하지 않는 중도론이 요구된다. 그것은 새로운 종류의 위계적 불평등의 세계를 넘어 그 이행의 시기에 세계체제를 분석하려고 노력하면서 가능한 대안을 제시하는 역사적이며 윤리적 선택을 명확히 하는 것이다. 그런 가운데 우리가 선택할 수 있는 정치적 진로의 가능성을 조명하는 일을 지속해 가야 한다.[28] 이런 보편적 보편주의는 다수의 보편주의이며, 다원적 중심성을 의미하는 것이다.

이런 원리는 서구 근대의 거부나 근대성과는 다른 원리를 제시하는 것이 아니라, 근대화의 역사적 경험과 폭력성을 성찰하고 감내하는 초월적 극복을 의미한다. 이를 위해 존재론적 차이의 철학이 지닌 원리를 원용할 수 있을 것이다. 다양한 존재자의 드러남이 존재에 의한 것이기에 그것은 동일성과 차이를 지닌다. 동일성과 차이는 다만 같음과 다름이 아니라 같으면서 다르고 다르면서 같은, 존재 드러남의 특성으로 제시할 수 있다. 그것은 또한 우리의 현재, 인문학의 조건인 '지금 여기'의 현재성을 성찰하는 가운데 시작될 것이다. 그것을 위한 탈근대적 중심성의 원리는 다원적 실재들이 자신의 중심성을 유지하면서 서로가 중심이 되는 다원적 중심성이며, 다원적 탈중심성을 의미한다. 다원적 실재들의 중심성은 그 실재가 자리한 현재, 그 실재의 '지금 여기'에서 시작되며 그 현재가 중심이 되는 원리에 자리하기 때문이다. 탈근대의 논의는 이런 문제의식에 근거해 탈중심성의 원리와 함께 사유될 때 정당하게 드러날 수 있을 것이다.

---

28 이매뉴얼 월러스틴(2006), 『유럽적 보편주의 : 권력의 레토릭』(김재오 옮김, 창비), 138, 141, 146쪽.

(3) 탈근대의 인문학

탈근대의 동기

근대성에 대한 해석과 탈근대의 단초 안에서 우리의 근대와 탈근대 논의가 의미를 지니게 된다. 서구의 근대는 이른바 서세동점의 시기를 거치면서 동아시아 3국의 사회와 문화, 정치와 경제는 물론이고, 지식 체계와 학문 체계, 지식의 유형과 내용까지 전적으로 새롭게 규정하기에 이르렀다. 이로써 전통적인 규범과 패러다임은 붕괴되었지만, 새로운 규범과 학문 체계, 사유틀로서의 철학적 체계는 형성되지 않았다. 이를 '이미 벌써'와 '아직 아니'라는 이중의 부정성으로 규정해 보기로 하자. 깨진 규범과 아직 형성되지 않은 규범 사이의 갈등은 우리의 현실을 이중으로 중첩된 혼란으로 이끌어 간다. 고금의 갈등은 서구는 물론 우리에게도 언제나 문제였다. 그러나 서구에 비해 우리에게는 동서의 마찰에서 기인한 갈등이 추가로 존재한다. 이런 중첩된 이중의 갈등 때문에 우리 학문의 자리는 더욱 혼란스러워진다.

우리의 근대가 지니는 특징은 세 가지로 규정해 볼 수 있다. 그 근대는 무엇보다 먼저 '압축 근대'라 할 수 있다. 이는 선행하는 이해와 역사 없이 서구의 근대를 매우 축약적으로 수용했다는 뜻이다. 이런 근대는 우리의 전통과 사유 체계, 도덕과 윤리 규범, 행위 규범이 서구의 것과 뒤범벅된, 착종된 모습으로 나타난다. 더욱이 새롭게 형성해야 할 규범과 사유 체계가 존재하지 않는 상태에서 받아들인 근대이므로 그 착종된 모습은 증폭되어 드러난다. 자본주의와 공산주의의 대리 전쟁터가 되었던 이 땅에서 근대는 이 두 가지 형태의 사상으로 주어졌다. 자본주의와 과학·기술주의, 자유민주주의가 하나의 근대라면, 마르크스주의와 사회주의는 또 다른 근대의 모습이다. 동구권 몰락 이후 방향을 상실한 근대가 나아갈 길은 결국 신자유주의와 세계화의 옷을 입은 문화론 논의 정도이다. 이것은 착종되고 왜곡된 근대가 구체적으로 드러난 형태일 뿐이다. 마지막으로 우리의 근대는 근대성 자체로 보자면 지체되고 일면화된 근대로 드러난다. 그것은 압축 근대에서 나타나는 한 가지 형태이지만, 또한 근대성 자체를 올바르게 수용하지 못함으로써 나타나는 근대성 자체의 지체와 일면적 측면을 의미한다.

　문제는 지체된 근대를 그 자체의 정신에서 해석하고 이해하면서 근대의 착종된 형태를 극복하는, 근대성에 대한 이중의 성찰이 필요하다는 점이다. 근대가 극대화된 시대를 벗어난다는 말은 착종된 근대를 넘어서고, 서구 근대가 지니는 정당함을 수용하는, 지체된 역사의 완성을 의미한다. 그러나 그것은 결코 서구의 근대 기획을 따름으로써 가능한 것이 아니다. 우리는 우리 사회에 만연한 연고주의와 학벌주의, 천박한 결과 지상주의를 흔히 전근대적 요소라 비판한다. 그러나 그것은 그 자체로 우리가 지닌 전근대적 요소라기보다는 서구의 근대가 우리의 정신세계를 유린한 뒤에 나타난 규범의 상실과 정신적 공황 상태에서 의지하게 된 토대라 할 수 있다. 외적 체계란 언제나 그것을 탄생시킨 형이상학적 근거에서부터 이해해야 하며, 그 원리에 기반할 때만이 정당성을 지니게 된다. 그러나 우리의 근대는 이런 철학적 근거와 역사적 흐름이란 필연성을 상실하고 있다. 단지 서구의 근대가 이룩한 외적인 체계만을 단순 수입한 탈역사화, 탈맥락화한 일면적 근대일 뿐이다. 그래서 서구의 근대와 대결해야 했던 이전 시기에서는 미덕으로 작용할 수도 있었을 많은 원리와 철학들이, 충격으로 다가온 근대 체계와 만나면서, 착종되고 뒤섞여 역기능을 빚어내게 되었다. 근대 이전의 공동체적 덕목들이 많은 경우 근대의 계몽주의적 체계와 만나면서 전근대적이란 이름하에 그 고유한 가치를 박탈당하거나 심지어 시대에 역행한다는 오명을 뒤집어쓴 것은 이런 역기능의 한 모습일 것이다.

　우리의 근대는 서구의 기술과 우리의 정신적 배경이 해석학적 성찰을 거치지 않고 뒤엉키면서 착종된 근대로 나타났다. 따라서 탈근대에 대한 일반적 비판, 즉 근대조차 제대로 수용하지 못하면서 탈근대를 논한다는 비판은 깊이를 상실한 반성일 뿐이다. 그것은 우리가 수용한 근대와 이렇게 변화시켜 놓은 근대에 대한 성찰을 결여한 피상적인 지적에 불과하다. 근대를 벗어난다는 의미는 한편으로는 근대의 일면성을 극복하며, 다른 한편으로 착종되고 지체된 근대를 벗어나 새롭게 정립해야 할 근대로 나아감을 의미한다. 그것은 근대의 정당성과 원리를 폐기하는 것이 아니라 그것을 올바로 수용하고 이해함을 전제로 한다.

안타깝게도 대부분의 사람들은 물론 학계조차 여전히 학문 제국주의에 사로잡혀 있는 것이 사실이다. 몇 년 전 학계에 강력한 바람을 불러일으킨 포스트모더니즘과 문화 논의, 작금의 프랑스 철학 열풍이 이를 잘 보여 주고 있다. 오늘날 학계에서 이미 진부한 논의로 일축하고 있는 포스트모던 논쟁을 우리는 제대로 정리하거나 극복하지도 못한 채 또다시 다른 논의로 관심을 돌리고 있다. 포스트모더니즘을 탈근대성과 탈형이상학의 맥락에서 진지하게 사색하고 정리하며 극복하려는 노력은 이미 지나가 버린 노래가 되고 있다. 탈식민주의 논의 역시 이런 혐의에서 자유롭지 못하다. 탈식민주의가 서구 페미니즘 논쟁의 반성과 이른바 프랑스 68혁명 이래의 사상적 조류와 맥을 같이하고 있다면, 그것은 또 다른 의미에서 주변부에서 받아들인 중심부의 사상에 지나지 않을 것이다. 반드시 필요한 탈식민주의나 여성 해방론이 오히려 이런 껍데기 논의 때문에 가려지고 왜곡되는 것이다. 오늘날 우리 인문학에서 이런 논의는 흘러넘치고 있지만, 그것이 거짓 논의가 아닌가 진지하게 성찰하며 우리의 문제를 고뇌하는 작업은 찾아보기 힘들다.

서구의 근대라는 사유 체계는 중세의 사유 체계를 넘어서는 새로운 규범을 설정해 가는 과정에서 형성되었다. 따라서 근대는 중세라는 특정한 사유 체계와 비교해야만 그 의미를 정확히 이해할 수 있다. 이런 시대 구분은 그 자체로 서구의 역사 발전에 따른 것이다. 따라서 우리의 근대가 언제 시작된 것으로 보든, 그런 근대 이해는 서구의 철학적 흐름에 대한 성찰 없이 우리의 시대 변화를 억지로 끼워 맞춤으로써 혼란을 야기할 것이다. 우리에게 서구적 의미의 '근대'란 시대는 존재하지 않는다. 올바른 분석과 해명 없이 이루어지는 성급한 동일화는 오류를 낳을 뿐이다. 그럼에도 서구의 근대를 성찰해야 하는 이유는 이런 근대가 18세기 말 이른바 서세동점 이래 우리의 운명이 되었기 때문이다.

따라서 탈근대 담론은 시대 흐름을 인식하고 문제의 역사를 전개해 간다는 관점에서 의미를 지닌다. 그럼으로써 그 논의는 서구의 근대와 우리의 근대가 지니는 문제를 이중으로 극복하려는 성찰적 사유로 이어질 것이다. 서구의 근대가 자신의 문제를 교정하기 위해 '성찰적 근대'로 방향을 잡아 간다면, 우리에게 이 문제는 성찰적 탈근대로 드러나고 그것을 지향할 것이다. 그것은 동아시아 담론과 서구의 근대, 우리의 근대를 함께 성찰하는 과정을 의미한다.

탈근대의 학문

수용된 근대에 기반해 형성된 '우리 학문의 현재'는 개략적으로 다음의 세 가지 형태로 규정해 볼 수 있다. 먼저, 추상적 담론, 서양 이론 중심의 형이상학, 관념론적인 전통에 안주하는 형태이다. 둘째로, 민주화 과정 이후의 논의들과 동구권의 해체 이후 방향을 상실한 마르크스주의가 변형되어 새롭게 방향을 모색하는 과정에서 대두한 문화학이란 이름의 학문 방향이다. 한국에서 논의되는 문화론 담론은 대부분 이런 노선에 자리한다고 해도 지나친 말이 아니다. 물론 그것은 세계적 흐름인 문화학의 전환에서 일정 부분 영향을 받아 그것과 방향을 같이하고 있음도 사실이다. 셋째로, 자생 이론에 대한 논의이다. 이는 학문의 내적 원리에 따른 성찰적 학문으로 이해된다. 동시에 이 논의는 서구가 설정한 보편성과 일원성에 대한 비판과 극복의 노력을 담고 있다. 그럼에도 여기서는 보편 이론을 거부하고 민족주의적이며 국수주의적인 방향으로 논의를 전개하는 경향들도 다수 발견할 수 있다. 이는 명백히 방향을 잘못 잡은 것이다. 차이를 성찰하지만 보편성을 담지할 수 없는 논의는 결코 설득력 있는 학적 체계로 작동할 수 없을 것이다.

학문의 근대와 탈근대 논의는 궁극적으로 '지식'의 변화라는 문제를 안고 있다. 서구에서는 물론이고 이 땅에서도 근대성의 결과로 변화된 실재, 인간과 인간의 관계, 인간과 자연의 관계, 문화와 사회, 인간과 자연 이해의 변화를 수용할 지식 체계가 필요하다. 지식의 내용과 대상이 변화한 실재를 수용하거나 성찰하지 못할 때, 그런 지식 체계는 당연히 삶에서 멀어지고 현실을 해석할 사유틀을 제시하기에 역부족일 수밖에 없게 된다. 지식의 내용과 성격의 변화, 지식 형태의 변화는 물론, 그에 따른 학문 체계의 변화는 지적 작업의 결정적 관건이 된다. 이런 작업의 부족은 결국 다시금 현실에 대한 성찰 없이 주어지는 서구 이론과 보편 이론으로의 몰입으로 나타나게 된다. 근대 서구 학문 체계의 유입에 따라 전통적 학문 체계는 붕괴되었으나 그 자리를 대신한 근대 학문 체계 역시 후기 근대로 넘어가는 과정에서 새로운 학문 체계로 이어지는 작업을 수행하지 못한 것이다.

예를 들어 오늘날 큰 반향을 불러일으키고 있는 학제 간 연구나 통섭 논의, 학문 융합 논의는 큰 틀에서는 이런 실재를 담아내려는 정당한 측면을 지닌다. 그럼에도 학문 체계의 변화에 대한 성찰이 결여된 상태에서 이런 논의를 단편적으로 제도화하려 시도했던 것이 우리 사회의 교육, 특히 대학 정책이었다. 학문에 대한 깊은 이해를 지니지 못한 교육 관료와 교육 공학자들의 짧은 생각과 정치적 판단에 따라 이를 일면적으로 제도화함으로써 수많은 문제를 초래했다. 10년을 주기로 변하는 대학 입시 정책과 대학 정책은 이런 측면을 떠나 이해되지 않는다. 이런 논의가 학문 체계에 바탕해 이루어졌다는 소리는 어디서도 들리지 않는다.

차이를 도외시한 보편 이론이란 이념적 허구이며, 현실을 보지 못하고 변화한 실재를 성찰하지 못하는 학문은 맹목일 수밖에 없다. 따라서 이런 문제를 성찰하는 지식의 형태는 후기 근대는 물론이고 탈근대 시대에 필요한 지식 체계로 이루어져야 한다. 그것은 한편으로 학문 체계의 변화 가능성을 내포한다. 이런 변화에 따른 지식 체계와 학문 체계의 변화 담론은, 근대와 근대성의 성찰에 따른 철학적 논의에 바탕해 전개되어야 한다. 그럴 때 학문은 살아 있은 학문일 것이다. 이처럼 근대성에 대한 반성은 지식과 학문 체계를 근본적 관점에서 논의하도록 재촉하고 있다.

이처럼 "(우리의) 근대를 벗어나기" 위한 담론에 담긴 철학적 의미는, 우리가 수용한 근대의 극복과 변용한 근대의 초월, 새로운 사유 체계의 생성이란 관점에서 이루어진다. 즉, 근대에 대한 초월적 극복이란 터전에서 주어진다는 말이다. 이것을 서구에서 논의되는 포스트모더니즘의 대안 없는 해체론과 구별하기 위해 탈근대라는 이름으로 규정해야 한다. '탈'(脫)이란 'Post'(이후)의 번역어가 아닌 이중의 극복을 내포하는 의미로 사용된다. 이런 탈근대 논의 안에서라야 근대성의 문제가 올바르게 해명되고, 해석의 방향이 정당하게 제시될 것이다. 즉, 탈근대성이 근대성 해석의 앞선 이해(先理解)로 작용한다는 뜻이다. 이것은 이른바 해석을 위한 선이해를 의미한다. 근대에 대한 초월적 극복으로서 탈근대의 사유는 근본적으로 우리 학문의 자리에 대한 반성과 이 학문이 근거한 근대의 원리와 특성을 밝히는 작업에서 실마리를 찾아갈 것이다. 그것은 궁극적으로 모든 학문이 자리하는 학문성을 성찰하는 노력이며, 이를 위한 철학적 사유의 틀을 정초하는 작업을 의미한다.

6장
진화 생물학과
통합 학문의
꿈

1. 진화 생물학

(1) 진화 생물학의 학적 자리

인간을 비롯한 모든 생명체의 궁극적 원리가 진화의 과정에서 형성된 유전자
와 유전정보를 담고 있는 염색체에 있다는 진화 생물학의 선언은 엄청난 충격
으로 다가온다. 다윈의 진화론과 멘델의 유전법칙은 1953년 마침내 유전자 이
중나선 구조의 해명으로 새로운 발전을 맞게 되었다. 이에 따라 인간을 비롯한
생명체의 유래와 생성, 그 움직임에 대한 이해는 커다란 변화를 맞게 된다. 그
변화는 단순히 생명 이해의 패러다임에 국한되지 않고 우리가 지닌 실재에 대
한 이해 체계와 존재 이해의 변화까지도 수반하게 되었다. 이런 진화 생물학의
과학적 지식은 서구의 근대 이래 만연한 자본주의 문화와 물질주의, 그리고 인
간존재와 의미, 근원적 세계에 대한 관심을 왜곡시키는 과잉 근대의 문화에 접
목되면서 현대 문화의 중요한 몇 가지 문제 가운데 하나로 드러났다. 계몽주의
이래 현대 문화가 인간의 존재론적 지평과 초월적 의미를 왜곡해 생명과학의
연구 결과를 이런 방향으로 해석함으로써 문제를 초래한 것이다.

그럼에도 진화 생물학의 연구 결과를 도외시할 때, 인간에 대한 이해는 사실에 부응하지 않는 독단에 찬 이념적 선택이나 폐쇄된 선언의 차원에 머무르게 될 것이다. 올바른 인간 이해를 위해 필요한 것은 현대의 생명과학에 의해 밝혀진 학적 결과와 지식을 도외시하지 않으면서도, 그 지식이 지니는 존재론적 의미의 지평을 해명하는 해석학적 원리를 정립하는 작업이다. 자연과학의 지식을 떠난 독단론적 인식론은 진리의 터전에서는 타당성을 보증받지 못할 것이기 때문이다.

　진화 생물학의 연구 결과는 생물학적 층위나 과학의 범위에 머물지 않고 인간 이해와 사회정책은 물론, 인간의 존재론적 의미와 형이상학적 지평에 이르기까지 결코 무시할 수 없는 영향을 미치고 있다. 그것은 인간의 존재론적 정의에 이르기까지 그 진리 주장의 전권을 확대하고 있는 것이다. 예를 들어 케이(Howard Kaye)는 다윈주의의 주장과 특히 사회생물학의 주장을 현대의 사회학적 문제는 물론, 자연신학적 관점에까지 확대시켜, 그들이 어떻게 인간에 대한 이해를 규정하고 있는지 상세히 밝히고 있다.[1]

　오늘날 거론되는 진화 생물학의 철학, 특히 사회생물학과 진화 심리학, 진화론의 철학은 근대의 형이상학적 지평에 근거해 있는 것이 사실이다. 철학이 존재론적 진리 주장에 관계한다면, 이제 철학은 이런 경향에 대해 다만 윤리학이나 사회·문화적 관점에서 이를 해명하는 차원에 머물러 있을 수 없다. 이런 층위를 넘어 인간의 존재와 이해 일반에 있어서 진화 생물학이 행하는 진리 주장을 해명할 해석학적 작업이 요구된다. 그런 작업은 일차적으로 존재론적 의미를 배제하고 이루어지는 맹목적이며 일면적인 생물학주의(biologism)를 넘어 여기에 결여된 존재론적 해석학의 지평을 제시하는 사유의 과정에서 이루어질 것이다. 이를 개인적으로는 생명 형이상학 또는 생명의 존재론으로

---

1 하워드 케이(2008), 『현대 생물학의 사회적 의미』(생물학의 역사와 철학 연구 모임 옮김, 뿌리와이파리).

제시하고자 한다. 그것은 자신이 나아가야 할 곳이 어디인지도 모르고, 자신의 작업이 어떤 인간학적이며 존재론적 의미를 지니는지도 이해하지 못하는 "사유하지 않는 과학"이 전개하는 일면성을 극복하고, 정당하게 정립된 인간이해의 철학과 생명학을 전개하는 해석학적 작업을 의미한다.

(2) 진화 생물학적 학문

진화론의 철학

잘 알려져 있듯이 다윈은 갈라파고스 군도를 탐색하던 중 핀치 새의 부리가 매우 다양하다는 사실을 발견했다. 그 의미가 무엇인지 해명하면서 다윈은 생명의 종은 처음부터 지금의 모습을 지니고 있던 것이 아니라 자연의 시간 속에서 변화되어 왔음을 깨닫게 된다. 마침내 그 결과를 20여 년이 지난 뒤인 1859년 『종의 기원』을 통해 발표한다.[2] 이 책은 이후 진화론이란 이름으로 교회와 과학계뿐만 아니라 일반인들에게도 많은 논쟁과 오해를 불러일으켰다.

생명과 인간의 조건성에 대한 이해의 전환을 이룩한 진화론 이후 학문은 새롭게 규정되어야 할 것이다. 마치 다윈의 학설이 없는 듯이 학문할 수는 없다. 굴드의 지적처럼 우리는 '다윈 이후' 모든 학문과 종교, 윤리와 미학, 심지어 문화와 사회적인 것까지 새롭게 규정하고 정의해 가야 한다.[3] 진화는 사실 오늘날 생명을 이해하는 기초이며 근본이 되는 이론이다. 진화론을 떠나 현재의

---

2 이 책은 "자연선택에 의한 종의 기원, 혹은 생존경쟁에서 유리한 종족의 보존에 대해"(*On the Origin of Species by Means of Natural Selection, or the Preservation of Favoured Races in the Struggle for Life*)라는 긴 이름을 지니고 있다.

3 스티븐 굴드(1988), 『다윈 이후 : 생물학 사상의 현대적 해석』(홍동선 외 옮김, 범양사).

생명체를 이해할 수는 없다. 진화론적 발견과 생물학적 조건에 대한 지적인 발견을 배제한 채 인간에 대한 학문을 이루어 갈 수는 없다. 그럴 때 우리는 인간의 학문에 대해 어떤 정당한 진리 주장도 할 수 없으며, 그런 학문은 타당성을 보증받지 못할 것이다. 그러기에 유명한 진화 생물학자 도브잔스키(Theodosius Dobzansky)는 "생물학에서 진화라는 관점을 제외하면 그 어떤 것도 의미를 부여받지 못할 것"이라고 말한다.

학문이 과학의 발견과 지식에 기초해 그것을 원용할 수 있을 때 인간에 대한 이해는 물론 진리에 근접할 수 있다는 생각을 누가 부인할 수 있을까. 그럼에도 그것을 위해서는 인간의 지식 체계가 역사적이며 존재론적 맥락에서 방향이 결정된다는 사실을 명백히 해야 한다. 학문에서 존재와 역사적 맥락에 따른 성찰은 학문이 성립될 수 있는 근거이다. 우리가 문제 삼는 자연은 객체적 사실의 층위를 넘어 자연 이해의 역사에서 주어지는 것이며, 인간의 반성적 이성에 의해 성찰되는 자연임을 잊어서는 안 된다. 진화 생물학은 우리를 독단적 신념에 의한 무지와 이념의 폭력에서 벗어나게 해 줄 것이다. 역사에서 우리는 이런 폭력을 수없이 목격하지 않았던가. 그것은 또한 근대성을 극복할 형이상학적 사유에 필요한 지식으로 작용할 것이다.

그럼에도 진화 생물학은 존재론적으로 지향하는 학문에 따라 의미를 지니고 그런 해석에 근거해야 한다. 에른스트 마이어(Ernst Mayr)의 지적처럼 생물학은 기능적 생물학과 역사적 생물학으로 나눠 볼 수 있다.[4] 생물학이 생명의 철학으로 연결되는 지점은 생명의 역사적 과정을 올바르게 수용하고 그 의미를 이해할 때 시작된다. 생명현상을 다만 기능적으로 파악하는 물리학적 패러다임의 생명철학은 생명의 본질을 놓치게 될 것이다. 생명의 역사를 사유하지

---

4 에른스트 마이어(2005), 『생물학의 고유성은 어디에 있는가』(박정희 옮김, 철학과현실사), 46-47, 50-51쪽 참조.

못하는 생명학은 올바른 생명 이해의 학일 수 없다. 이런 관점에서 마이어는 생명현상은 법칙이 아니라 개념으로 이해해야 한다고 말한다. 개념의 학은 결국 생명에 대한 해석의 학문을 필요로 한다. 그러기에 생명학은 기능과 법칙에 대한 해명의 학문이 아닌 생명 이해의 해석학으로 자리 잡을 때 올바르게 정립될 것이다. 그것은 진화 생물학의 학적 발견을 수용하면서도 이를 존재론적으로 해명하는 존재 해석학의 생명학을 의미한다. 진화 생물학에 의한 학문을 주장하는 사람들은 데카르트 이래의 학문론을 원용해 자연과학의 학적 원리를 정립한다. 사회생물학과 진화 심리학을 비롯한 현대의 생명과학 패러다임은 근대 철학의 일반적 원리에 바탕한 것이다. 그러기에 이런 존재론적 생명학은 근대성 극복의 문제와 함께 이루어지게 되는 것이다.

현재의 탈형이상학적(postmetaphysical) 시도는 근대성의 철학을 극복하고 변형하려는 탈근대의 철학적 노력 가운데 하나이다. 탈형이상학의 사유 원리가 생명과 인간 이해를 새롭게 정립할 수 있는 해석학적 지평으로 작용할 것임은 의심의 여지가 없다. 이런 논의는 아직 시작 단계에 있으며, 그래서 논란의 여지가 있다. 그럼에도 이런 철학 패러다임의 전환 없이 생명과학 시대에 올바른 인간 이해는 불가능하다. 이것은 탈형이상학의 가장 명확한 명제 가운데 하나이다. 오늘날 철학을 비롯한 학문 일반이 당면한 가장 큰 과제가 근대의 극복에 있음은 이미 잘 알려진 바와 같다. 그러기에 개별 주제가 아니라 철학 자체에 요구되는 패러다임 전환, 또는 새로운 사유의 틀을 정립해야 한다는 요구에 응답하기 위해 생명 형이상학의 원리가 절실해지는 것이다.

수많은 이론 가운데 진화론만큼 오해받고 악용되었던 이론도 없었다. 그리고 그런 오해와 악용은 지금도 계속되고 있다. 올바른 생명 이해를 위해서는 진화론의 정당한 의미와 한계를 분명히 밝혀야 한다. 진화론은 결코 생명 창조에 대한 이론이 아니다. 그것은 다만 생명체로서의 종이 새롭게 변화하며, 이런 생성의 메커니즘은 계속되고 있다고 말할 뿐이다. 생명체의 진화란 여러 세대를 경과하는 사이 생물 집단의 특성에서 일어나는 변화이다. 즉, "진화란 개체군 내의 변화가 한 세대에서 다음 세대로 유전물질을 통해 전달"되는 것을 의미한다.[5] 진화론은 이런 원리를 밝히려는 학적 이론이다. 진화론은 생명의 의미나 생명의 탄생 등의 문제에 대해서는 말하지 않는다. 그것은 진화론의 범위를 벗어나 있다. 진화론과 창조론은 해석학적 지평이 같지 않다. 그러기에 이들을 같은 층위에 두고 학문적 대결을 벌이는 것은 옳지 않다. 과학은 사실의 법칙을 발견하는 학문이지만, 그에 대한 해석은 과학의 범위를 넘어서 있다. 다윈에 대한 오해와 악용을 넘어서는 것, 그것이 생명과 인간 이해의 중요한 한 축이 될 것이다. 인간의 존재를 다만 생물학적 지식에 근거해 이해하려는 시도는 존재론적 의미를 이해하지 못하며, 그 근본적 의미를 해석하지 못하고 다만 진화 생물학적 지식에만 근거해 현대의 지식 체계를 정초하려는 생물학주의에 빠지게 될 뿐이다.

존재론적 의미론과 해석학 없는 과학은 맹목적이다. 진화론은 결코 자신의 학적 근거를 자신에서부터 설정할 수 없음을 분명히 해야 한다. 이성의 자기 회귀적 성격에 근거해 학문을 위한 선험적 근거를 설정한 뒤, 그에 따라 진화론 내지 진화 생물학의 학적 토대가 구축될 수 있을 것이다. 인간은 사실에 근거해 사는 것이 아니라 사실의 의미에 따라 삶을 영위한다. 그러기에 생명에 대한 학문은 생명 해석학의 학문으로 이루어져야 할 것이다. 진화 생물학의 지식은 무지에 따른 맹목이나 독선적 신념으로 인한 오류로부터 벗어나게 할 것이다. 그것이야말로 지식의 실체적 통합이 아닌, 존재론적 층위에서 이루어지는 지식 이해의 다원적 동일성일 것이다. 앎의 통합성은 학문 체계의 제국주의적 통합이 아니라 오히려 다원적 동일성에서 가능할 것이다.

---

5 더글러스 푸투이마(2008), 『진화학』(김상태 옮김, 라이프사이언스), 1쪽. 진화는 개별 생명체의 발생이나 개체발생을 다루지는 않는다. 즉, 개체는 진화하지 않는다.

인간 본성에 대한 논의는 가장 오래된 인문학적이며 철학적 주제 가운데 하나였다. 이런 오랜 전통에 대해 진화 생물학은 새로운 이해를 표명하고 있다. 그것은 전통적으로 이해했던 인간의 정신이나 인격이란 주제를 벗어나 인간 본성을 다만 진화론적 결과물로만 이해하는 견해이다. 이것은 명백히 잘못된 주장이다. 인간이 지닌 실존적이며 존재론적인 측면은 물론, 인격적이고 형이상학적 층위를 무시할 때 일어나는 결과는 다만 인간의 사물화에 지나지 않기 때문이다. 오늘날 진화론적 학문은 인간의 본성을, 더 나은 짝을 찾기 위한 성 선택에 의해 형성되었거나[6] 자신의 유전자를 전달하기 위한 생존 게임에서 생겨난 특성으로 이해한다.[7] 예를 들어 인간의 본성은 유전자의 생존을 위해 이기적으로 행동한다거나 이를 위해 이타성을 지닌다는 상반된 주장, 나아가 유전자 전체 풀(pool)을 넓히기 위한 친족 선택설 등의 주장이 이런 이해의 전형이다.

생명과학에서 문제는 생명과학이 밝혀낸 과학적 사실에 있는 것이 아니라, 이에 대한 해석과 해명을 통해 자신의 선험적 이념을 정당화하려는 학적 경향에 있다. 오늘날의 진화 생물학을 비롯한 온갖 종류의 생명과학에 대한 정확한 이해와 함께 이를 올바르게 수용하는 일은 인간의 조건성을 이해하기 위해 반드시 필요하다. 그래서 이 지식을 악용하고 자신의 신념에 따라 해석하려는 경향에 대한 비판 작업이 중요해지는 것이다. 스스로가 생명체인 인간의 존재론적 의미를 밝히는 데 있어 진화 심리학을 비롯한 진화 생물학의 학적 업적은 중요한 의미를 지니는 것이 사실이다. 그럼에도 불구하고 급진적 다원주의자들인 도킨스(Richard Dawkins)나 윌슨을 비롯한 사회생물학의 한계와 오류, 지난 10여 년간 급속히 확대되고 있는 진화 심리학의 주장을 존재론적 관점에

---

6 도널드 시먼스(2007), 『섹슈얼리티의 진화』(김성한 옮김, 한길사).
7 리처드 도킨스(1993), 『이기적 유전자』(홍영남 옮김, 을유문화사).

서 해명하지 않고 수용할 때 왜곡된 이해와 착종된 존재론을 초래할 것이다. 현대 진화 생물학은 과학의 층위를 넘어 자연신학적인 층위로까지 확대되고 있는 것이 사실이다. 따라서 지금 요구되는 생명의 학문은 진화론에 대한 올바른 이해와 함께 그것에 정당한 의미를 보증하는 생명 해석학일 것이다. 진화 생물학의 지식은 우리 존재에서 정립된 해석학에 의해 타당하게 해명되어야 한다. 그것이 진화 생물학의 시대에 요구되는 존재론적 해석학의 과제이다.

다윈 이후의 생명과학에 대해서는 물론, 변하는 현재를 성찰하지 못하고 철학사에 대한 지식을 철학함으로 이해하는 철학은 종말을 맞이할지도 모른다. 그러기에 오늘날 거론되는 '철학의 종말' 담론은 진실의 일면을 말하고 있다. 이런 위기에서 요구되는 것은 철학을 유지하기 위한 몸부림이 아니라, 올바르게 설정되는 철학의 미래를 성찰하는 작업이다. 여기에 인간의 이해 체계 일반과 이해의 근본적인 특성에 대한 진화 생물학의 지식은 반드시 필요하다. 이를 통해 철학이 생명 해석학에 따라 새로운 사유의 체계로 성립될 가능성이 제시될 수 있을 것이다. 그러한 새로운 사유는 인간의 이해와 해석의 의미를 진지하게 수용함으로써 전통적 철학의 한계를 넘어서는 사유 체계를 의미한다. 그것은 철학의 종말 담론에 대한 나름대로의 대답일 것이다. 하이데거가 말했듯이 "다가올 사유는 더 이상 철학이 아닐" 것이기 때문이다. 여기서 말하는 철학은 철학의 내재성에 따른 것이 아니라, 전통적으로 전해 오던 철학이란 체계를 말한다. 전통적으로 사용해 오던 철학이란 말을 폐기할 때 비로소 철학의 사유와 철학의 진리는 살아날 수 있을 것이다. 철학의 사유는 본질적으로 자기 회귀적이며 자기 성찰적이기에 더욱 그러하다. 철학의 새로움은 학적 체계에서가 아니라, 철학 그 자체가 지닌 이런 특성에서 유래할 것이다.

사회생물학

사회생물학은 1975년 에드워드 윌슨을 통해 하나의 학문으로 체계화되었다.[8] 이 책에서 그는 인간의 본성 문제를 공격성과 '섹슈얼리티'(sexuality), 이타주의와 종교, 희망의 문제와 연결시키고, 문화적 진화란 맥락에서 이를 해명하고자 한다. 윌슨은 동물의 행동 생태학을 연구하면서 인간을 포함한 동물의 사회적 행동이란 결국 진화의 과정에서 생긴 결과물, 자연선택을 거쳐 종의 생존 과정에서 형성된 것으로 이해하게 되었다. 인간을 포함한 동물의 행동이란 결국 번식 성공률을 높이기 위한 것이며, 개체의 생존과 번식을 지배하는 기능을 보존하고 강화하기 위한 것이다. 인간의 본성은 이를 위해 사회 행동의 적응도를 높이고, 생존 전략과 개체의 번식을 위해 행동하는 가운데 형성된다는 것이다. 생명체는 생존하고 번식함으로써 진화하는 과정에 있으며, 그 과정에서 형성된 본성을 이해하는 작업은 진화론적 과정에 대한 지식 없이는 불가능하다. 사회적 행동은 물론 본성까지도 진화라는 생물학적 차원에서 작동하는 생존 전략과 번식 경쟁의 결과이기에 진화 생물학의 관점에서 이해해야 한다는 주장이다.

윌슨의 이런 관점은 하버드 대학의 동료인 굴드와 르원틴(Richard Lewontin)을 비롯한 진화 생물학자들의 격렬한 비판에 부딪힌다.[9] 이들은 인간의 자유를 옹호하면서 사회생물학에 담긴 유전자 환원주의와 결정론적 사고를 비판한다. 인간의 본성은 결코 유전자에 쓰여 있거나 그런 차원으로 환원될 수 없다는 것이 비판의 핵심이다. 초기의 생명과학은 유전자가 단백질을 만들고 단

---

8 『사회생물학 : 새로운 종합』(1978, 박시룡·이병훈 옮김, 사이언스북스)과 『인간 본성에 관하여』(2000, 이한음 옮김, 사이언스북스)가 대표적 저서이다.

9 리처드 르원틴(2009), 『우리 유전자 안에 없다』(이상원 옮김, 한울); 리처드 르원틴(2001), 『3중 나선』(김병수 옮김, 도서출판 잉걸); 스티븐 굴드(2003), 『인간에 대한 오해』(김동광 옮김, 사회평론) 등 참조.

백질이 인간의 몸을 만든다는 이른바 '중심 원리'에 근거한 결정론적 사고를 지니고 있었다.[10] 오늘날 이런 결정론을 그대로 주장하는 생명과학자는 거의 없다. 이제는 유전자의 발현은 환경에 따라 달라진다는 견해를 표명하고 있으며, 유전자의 발현을 조절하는 호메오 박스(Homeobox) 등의 발견으로 초기의 절대적 유전자 결정론은 사라졌다. 그럼에도 근본적으로는 이런 결정론과 그에 따른 환원주의적 사고가 변형된 형태로 남아 있다.

월슨은 근대 철학 이후 다양한 학문으로 분화된 학문 체계를 진화 생물학의 원리에 근거해 통합하고자 한다.[11] 그는 심지어 철학, 윤리학, 미학과 종교학조차도 진화 생물학적 원리에 따라 새롭게 정립되어야 한다고 주장한다. 그의 주장은 이런 패러다임 전환 요구에 응답하면서 근대 이래 파편화된 진리 주장을 통합해야 한다는 요구에 대한 하나의 대답이다. 하지만 진화 생물학은 유전자에 쓰여 있지 않은 인간의 본성과 유전자의 발현에 따른 본성의 문제를 구분하지 못한다는 문제가 있다. 예를 들어 진화 생물학에 바탕한 진화 윤리학에 의하면 우리의 윤리 의식이란 것도 결국 진화 과정에서 형성되었으며, 그래서 본성적인 측면을 지닌다. 생존 과정에서 형성된 도덕적 직관이 윤리로 도출되었다는 것이다. 그것은 문화적으로 형성된 것이라기보다 본성에 따라 직관적으로 도덕적인 것을 구별할 수 있는 능력이다.

이런 진화 심리학의 주장에도 불구하고 분명히 해야 할 것은 윤리는 진화의 과정에서 비롯되었다기보다, 인간 본성에 대한 존재론적 해석학의 지평에서 추론되었다는 사실이다. 진화의 과정에서 형성된 도덕적 직관은 존재론적 추론에 의해 윤리 규범으로 현재화된다. 도덕적 추론은 도덕적 직관을 필요로 하지만, 그것이 곧 직관의 결과물인 것은 아니다. 도덕적 직관이 도덕적 추론

10 제임스 왓슨(2006), 『이중나선』(최돈찬 옮김, 궁리); 제임스 왓슨·앤드루 베리, 2003, 『DNA : 생명의 비밀』(이한음 옮김, 까치글방) 참조.

11 에드워드 윌슨(2005), 『통섭』(최재천 옮김, 사이언스북스).

으로 정립되기 위해서는 존재론적 해석이 선행되어야 하며, 그렇지 않고서는 진화 과정에서 형성된 직관이 윤리 규범으로 자리 잡지 못한다. 이와는 별개로 더 직접적인 문제는 인간에 대한 생물학적 지식이 사회적으로 이용될 때 생겨난다. 그것은 사회윤리학적 측면과 밀접히 연관될 수밖에 없다. 예를 들어 생명과학의 연구 과정에서 대리모와 난자 이용 등이 문제가 될 때는 여성의 인권이란 주제가 윤리학적으로 추론되어야 한다. 또는 유전자 정보를 이용한 산업과 이를 사회적으로 이용할 때 생기는 문제, 보험 산업과 범죄에 관련된 유전정보 활용의 문제, 유전정보에 따른 차별의 문제 등은 진화 생물학의 발전으로 인해 대두된 윤리적 주제이다. 이런 윤리 문제들을 도덕적 직관으로 해결하기는 불가능하다. 게다가 생명과학은 생태계 파괴와 생태 집단의 혼란이란 문제에도 큰 영향을 미치고 있다. 이런 문제 역시 생명체의 생활 세계와 연관되기에 생명과 인간 이해란 주제와 밀접한 관련을 지닌다. 이를 위한 윤리학의 문제는 인간의 존재성에 대한 성찰에 기반하지 않을 때 올바르게 해명될 수 없을 것이다.

역사에서 보듯이 사회 이데올로기에 따라 해석된 생명과학의 지식은 치명적인 결과를 초래한다. 그 결과는 사회윤리학적 층위를 넘어 인간의 존재에까지 영향을 미치기 때문이다. 우생학(eugenics)이 인종주의적으로 해석됨으로써 나치에 의해 정치적으로 악용된 것, 미국의 우생학이 거세법과 인종차별적인 이민법에 악용된 사례가 대표적인 경우이다. 사회 다원주의(Social Darwinism)는 이민 제한법, 불임법과 흑인법(Black codes)을 정당화하는 철학적 근거로 악용된 바 있다. 2008년 5월 미국 하원을 통과한 '유전정보 차별 금지법'은 유전정보의 차이에 따른 취업, 해고, 보험 가입 거부 등을 금지하고 있다. 이 법은 역설적으로 유전정보를 사회적으로 악용할 수 있는 여지가 있다는 사실을 보여 준다. 미국에서 큰 파장을 불러일으켰던 의료 정보와 유전정보를 파악할 수 있게 만든 마이크로 칩 상용화 문제는 물론, 더 나은 인종을 위한 반인권적 사고, 유전자조작과 유전공학에 따른 사회적 차별과 역차별의 문제는 결코 간과할 수 없는 윤리적·인간학적 문제이며, 나아가 존재론적 층위로까지 확대될 수 있는 문제이다. 존재론에 의해 진화 생물학의 방향을 설정하는 작업이 선행되어야 한다. 학문의 특성에 따라 이해할 때 이러한 선행적 존재론의 결단이 개별 지식의 의미를 결정하기 때문이다.

진화 심리학

진화 심리학은 인간의 마음을 다윈주의의 관점에서 이해해야 한다고 주장한다. 인류학자 존 투비(John Tooby)와 심리학자 레다 코스미데스(Leda Cosmides)는 인간의 행동은 유전자와 직접 관련되는 것이 아니라 행동의 기초가 되는 심리적 메커니즘이 유전자와 관련을 맺는 가운데 표현된다고 주장한다.[12] 이들은 1992년 진화 심리학(evolutionary pscychology)이라 불리는 이론 체계를 정립했다. 이 이론은 두 가지 과학 이론에 기초한다. 이는 1950~60년대 인지 혁명으로 사고와 감정의 동역학을 정보와 연산 개념으로 설명하는 경향과 1970년대 이래 진화 생물학 분야에서 일어난 혁명, 즉 생물체의 복잡 적응 설계를 복제자들 사이의 생존을 위한 선택이란 개념으로 설명하는 이론을 결합시키면서 탄생했다. 인간의 행동에 유전자가 직접 관련되는 것이 아니라, 그런 행동이 근거한 "심리적 메커니즘이 유전자와 직접 관련"되는 것이다.[13] 예를 들어 이들은 전쟁 유전자란 것은 존재하지 않지만 전쟁이 본성과 무관한 환경의 산물, 빈 서판 위에 쓰인 문화적 산물이란 주장도 오류라고 말한다. 마음은 진화적

---

12 John Tooby and Leda Cosmides(1992), "The Psychological Foundation of Culture", in *The Adapted Mind*, J. H. Barkow ed., Oxford University Press.

13 매트 리들리(2004), 『본성과 양육』(김한영 옮김, 김영사), 342-3쪽.

메커니즘에 의해 형성된 것이며, 이것이 생존과 번식 전략에 따라 구체적으로 표현되는 것이다.

진화 심리학은 우리 마음을 진화의 결과로 해석한다. 마음이란 결국 뇌의 움직임에 의한 것, 뇌의 화학적 작용에 지나지 않는다. 마음은 "연산 기관들로 구성된 하나의 체계이며, 그 연산 기관들은 진화의 과정, 특히 식량 채집 단계에서 인류의 조상이 부딪혔던 문제들을 해결하기 위해 자연선택이 설계한 것"이다.[14] 그 기본 원리는 역설계(reverse-engineering)에 있다. 즉, 인간의 지각 기능들은 역공학을 통해 '잘못 설정된 문제'를 해결하는 과정에서 생긴 것이다. 몸이나 마음이란 결국 진화 과정에서 생존을 위해 역설계된 것이기에, 그 과정을 해명함으로써 몸과 마음의 구조와 기능을 밝힐 수 있다. 역설계의 원리는 생물체의 기관이 유기체의 번식과 생존에 도움이 되는 능력 때문에 존재한다는 진화 생물학의 관점에 근거해 있다. 진화 심리학은 계산주의와 적응주의적 마음 이론과 진화론적 유전학 이론에 따라 인간의 마음을 규정한다. 여기에는 마음에 대한 근본적인 물질주의적 관점이 담겨 있다.

인간의 마음이 물질적 요소를 떠나 어떤 초월적 실재에 의해 존재한다는 믿음만큼이나 사실이 아닌 것은 그것이 다만 뇌의 생화학적 수준에 의해 결정된다는 물질주의적 해석이다. 인간의 지능은 컴퓨터 연산 체계와 같지 않다는 것, 그래서 근본적으로 물질주의적 관점에서 가능하지 않다는 판단은 이미 인공지능을 다루는 학자들의 일반적 견해이다.[15] 진화 심리학적 마음 이론을 전개하는 핑커(Steven Pinker)는, 마음은 "뇌의 활동인데, 뇌는 정보를 처리하는

---

14 스티븐 핑커(2007), 『마음은 어떻게 작동 하는가』(김한영 옮김, 소소출판사), 23쪽; 안토니오 다마지오(2007), 『스피노자의 뇌』(임지원 옮김, 사이언스북스); 존 설(2007), 『마인드』(정승현 옮김, 까치) 등 참조.

15 로저 펜로즈(1996), 『황제의 새 마음 : 컴퓨터, 마음, 물리법칙에 관하여』, 상·하(박승수 옮김, 이화여자대학교 출판부).

기관이며 사고는 일종의 연산" 과정이라고 말한다. 마음이란 "여러 개의 모듈 (module), 즉 마음 기관들로 구성"되어 있으며, 이 마음의 모듈은 "세계와의 특정한 상호작용을 전담하도록 진화한 특별한 설계"를 지닌다. 그 기본 논리는 유전자 프로그램에 의해 지정된다. 이에 따르면, 마음이란 진화사의 대부분을 차지하는 수렵 채집 시기에 우리 조상들이 직면했던 문제를 해결하기 위해 자연선택에 의해 발전된 것이다. 그럼에도 이것이 곧 인간의 사고와 느낌, 생각과 행위 모두가 생물학적 적응성에 머물러 있다는 뜻은 아니다. 진화는 목표를 가진 지속적 경향을 의미하지 않기에, 마음 역시 특정한 목적을 향해 진화한 것이 아니다.[16]

분명 마음은 뇌의 작용이며, 그 움직임은 뇌의 화학적 작용에서 비롯되었다고 할 수 있다. 그러나 마음의 움직임이 모두 뇌의 화학적 작용에 따라 이루어지는 것은 아니다. 뇌의 화학적 작용은 마음을 보지 못한다. 진화 심리학은 마음이 움직이는 과정, 그 메커니즘은 설명할 수 있지만, 그 마음이 왜 그렇게 생겨나는지는 알지 못한다. 진화 심리학자들은 마음이 움직이는 과정과 목적을 곧 마음이 생겨나는 원인으로 바꾸어 이해하는 오류를 범하고 있다. 마음의 작용이 이루어지는 기제는 유전자와 뇌의 층위이지만, 그 방향과 목적, 결과와 의미는 그런 층위에 머물러 있지 않다.

지성적 사유만큼 중요한 것은 인간의 역사적·실존적 지평에서 이해되는 사유 체계이다. 그러기에 엄격한 이성만의 사유란 존재하지 않는다. 통합적 생물학을 통해 이런 층위를 향해 가는 과학적 노력이 반드시 필요하지만, 물리적인 영역을 넘어서는 층위가 다만 과학에 대한 낭만적 기대만으로 해명되지는 않는다. 존재론적 지평에 근거해 그 의미가 해명될 때 진화 심리학의 주장은 인간 이해를 위한 역할을 다할 수 있을 것이다.

---

16 스티븐 핑커(2007), 『마음은 어떻게 작동 하는가』(김한영 옮김, 소소출판사), 48-51쪽.

2. 통합 학문의 꿈

(1) 통섭 논의의 지평

통섭론의 자리

후기 근대를 사는 우리는 근대성의 시대가 바뀌고 있음을 목격하고 있기에 이에 상응하는 새로운 학문의 의미와 틀에 대해 반성하고 해명해야 할 것이다. 지난 세기 완성에 이른 근대성과 그 체계로서의 과학·기술 및 분과 학문 체계에 대한 반성과 해명은 그런 의미에서 현대 학문이 당면한 가장 중요한 과제일 것이다. 학문의 원리와 학적 근거를 비롯한 학문 이해의 새로운 정립이 시급한 이때 윌슨이 주장하는 통섭 개념은 중요한 의미를 지닌다. 지난 2005년 그의 저작 『통섭 : 지식의 대통합』이 우리말로 번역되었다. 이후 번역자인 최재천의 말처럼 이 용어는 학문 영역에서는 물론이고, 문화와 사회 영역, 심지어는 언론과 기업에 이르기까지 큰 유행을 낳았으며, 새로운 용어로 엄청난 주목을 받았다. 그와 함께 철학을 비롯한 여러 학문 분야에서 이에 대한 비판이 제기되었던 것도 사실이다. 그 가운데에는 감정적인 비난은 물론 영역 다툼이란 생각이 들 정도로 무분별한 비판도 상당히 많았다. 사실 무분별한 열광만큼이나 위험한 것은 깊이를 결여한 비판일 것이다. 통섭 개념을 둘러싼 문화 현상을 보면 우리 학계와 문화의 깊이가 매우 얕다는 것을 다시금 절감하게 되며, 서구 이론과 풍향에 흔들리는 조급한 태도에 마음이 쓰리기도 하다. 하지만 통섭 논의는 지식의 다양한 형태와 그에 따른 여러 분과 학문의 통합을 학문적 논의의 장으로 끌어들였다는 점에서 중요한 기여를 한 것이 사실이다.

서구의 근대를 극복하려는 시도를 담은 포스트모더니즘과 탈근대 논쟁에서 근대성 이후의 새로운 사유틀과 학문 체계에 대한 논의는 현재의 인문학이 마주한 시대적 사명이기도 하다. 그것은 이 땅의 인문학을 위해서도 절실히 필요한 사유 작업일 것이다. 철학은 학문의 외연과 내포는 물론, 학문의 맥락과 계보학, 학적 진리 주장의 타당성을 근거 지움으로써, 학문의 정당성을 결정하는 메타 학문의 특성을 지닌다. 이런 관점에서 학문론의 정립을 위한 논의는 철학적으로 매우 소중하며 결코 생략할 수 없는 과제이다. 그러기에 현대의 인문학을 위해 학문의 통합과 통섭 논의는 반드시 해명해야 할 주제이다.

전체적으로 윌슨이 지닌 문제의식과 진화 생물학이 인문학을 비롯한 거의 모든 학문의 기초가 되어야 한다는 생각은 정당하다. 그럼에도 그의 주장에는 학문의 원리와 근거를 위한 철학적 개념과 계보학적 지식이 결여되어 있다. 무엇보다 문제는 학문을 위한 학문론의 지평은 물론, 학문 이해와 정립을 위한 해석학적 원리가 결정적으로 빠져 있다는 데 있다. 이로 인해 그의 논의는 일면적일 수밖에 없으며, 학문론의 논의에서는 이미 지나간 시대의 논지를 소박하게 반복하고 있는 셈이 되었다. 그의 주장은 진화 생물학에 근거해 피상적으로 전개되면서 당위적 선언에 그치고, 딜타이(W. Dilthey) 이래의 분과 학문 체계에 대한 반성으로 제기된 학제 간 연구(interdiscipline) 논의에서 거론된 주장이 진화 생물학의 옷을 입고 다시금 드러난, 새로울 것이 없는 주장이 되고 말았다.

서구 근대의 학문틀을 해체하려는 일련의 노력들이, 문제의식은 정당하지만 어떤 설득력 있는 대안을 제시하지 못했던 것은 새로운 학문을 위한 존재론적 근거와 해석학적 원리를 정립하지 못했기 때문이었다. 그러기에 이 시대 우리에게 필요한 것은 변화된 실재를 읽어 낼 새로운 지식 체계와 그것에 기반한 학문틀을 위한 존재-해석학적 원리에 대해 성찰하는 작업일 것이다. 여기에는 당연히 윌슨의 주장처럼 진화 생물학의 연구 결과와 그것을 중심으로 한 노력들이 정당하게 수용되어야 한다. 그런 면에서 윌슨의 노력은 커다란 가치를 지닌다. 윌슨의 노력을 깎아 내리거나 무의미한 철학적 논쟁으로 그 의도를 무시할 것이 아니라, 그 문제의식을 공유하면서, 지식과 학문 이해, 인간의 이해 체계 전체를 해석학적으로 반성하는 계기로 삼아, 지금 여기에서 필요한 학문 이해와 사유틀에 대한 성찰로 발견시켜 가야 할 것이다.

통섭을 위한 학적 토대

학문의 통합에 대해 논의하기 위해서는 먼저 인간의 지식 체계, 학문의 내용과 정의에 대한 이해가 선행되어야 할 것이다. 학문은 일차적으로 자연 사물에 대한 지식에 관계하지만 여기에만 머무르는 것은 아니다. 인간과 역사에 대한 이해, 문화와 세계 해석 등의 학문 영역과 초월성에 대한 해석 없이 객체적 지식이란 의미를 지니지 못한다. 지식은 존재론적으로 해석되어야 한다. 개별 사물에서 받아들이는 지식은 그 지식을 받아들이는 인간의 존재론적 지평과의 연관에 따라 해석되고 그런 해석의 지평을 통해 수용되는 것이다. 따라서 학문 논의는 이런 제반 영역과 그 연관성, 나아가 학문 일반에 이르기까지 포괄적으로 이루어져야 할 것이다. 학문은 대상의 숨은 원리, 내재적 질서를 드러내어 보편화하고 체계화한다. 하지만 지식은 정해진 한계와 조건 안에서 실재의 어떤 부분에 관계한다. 그러기에 이런 학문의 내적 조건과 함께 학적 지식의 타당성, 학문의 범위와 조건, 진리 주장의 함의가 학문 정립을 위한 결정적인 근거와 원리로 작용한다. 자연과학을 위해서는 자연과학적 지식의 의미와 원인, 그에 따라 구성된 지식의 해석학적 작업과 함께 자연의 본질에 대한 선이해가 요구된다.

학문은 의미론적 존재로서의 인간의 지식 전체에 관계된다. 이를 위해서는 세계와 역사, 문화와 자연, 인간에 대한 인문학적 노력은 물론 실체론적으로 밝혀낼 수 없는 부분에 대한 논의의 학적 지평이 정립되어야 한다. 문제는 근대에 이르러 존재론, 실존적 이해, 초월성 따위는 망각된 영역, 학문 외적 요소로 간주하는 경향이 급격히 확대되었다는 데 있다. 이것은 근대 계몽 이성의 원리와 그 적용에 따른 결과이다. 오늘날 철학에서 근대 이성은 물론 '로고스'

와 인간 이성 일반을 문제시하는 이유도 여기에 있다. 근대의 이성 패러다임에 따르면 지식의 정합성을 입증할 수 없는 영역은 제외되고, 그런 영역의 의미는 학적 지위를 상실한다. 인식 이성에 의한 지식은 그 지식의 의미를 해명하는 선험적 지평에 근거하지 못할 때 인간존재에 의미를 지니지 못한다. 존재론적 지식과 의미를 위해서 근대 이성 이해의 원리에 대한 반성은 매우 중요한 선결 조건이다. 그렇지 못할 때 학문은 단지 자연에 대한 과학적 해명 체계에 지나지 않을 것이며, 해석학적으로 성찰되지 않은 진화 생물학과 그에 근거한 변형된 과학주의(scientism)에 의해 왜곡되거나 일면적 이해에 그치게 될 것이다. 19세기 과학 지식과 그 방법론을 진리 주장의 준거점으로 이해하던 과학주의는 후설의 현상학과 하이데거의 존재론에 의해 비판되고, 거부되었다. 과학주의의 주장과 그런 패러다임에 의한 지식이 존재론적 진리로 자리할 수 없음은 명백히 밝혀진 바와 같다. 그럼에도 그런 주장은 오늘날 과학 지식의 놀라운 발전에 힘입어 변형된 형태로 자리하면서, 끊임없이 자신의 학적 체계를 진리 주장의 전거로 제시하고 있는 것이다.

학문을 위한 선험적이며 형이상학적 근거가 설정되지 않은 상태에서 다만 분과 지식의 종합으로서 학문을 정의하고 수용한다면 존재와 실존, 형이상학적 영역 역시 다만 그런 지평에 머무르게 될 뿐이다. 그것은 객체적 지식을 종합해 놓았지만, 그 지식의 총체가 지니는 형이상학적 의미를 밝히지는 못한다. 이런 형이상학적 영역이 진화 생물학적 관점에서 실재하는 것은 아니다. 그렇다고 해서 그것이 곧 인간의 삶과 정신의 영역에서도 실재하지 않는다는 근거가 되는 것은 아니다. 인간의 감각 기관에 감지되지 않기에 실재하지 않는다고 주장하는 것은 참으로 맹목적이다. 진리는 감각을 통해서만 실재하는 것이 아니다. 지식은 지식을 말하는 인간의 존재론적 층위에서 의미를 지닌다. 그러기에 객체적 지식만을 인간의 지식이라 말하는 것은 그 이상의 지평, 지식의 존재론적 지평을 보지 못하는 일면적이며 맹목적인 주장에 지나지 않는다.

(2) 윌슨의 학문 이해

두 문화와 통합 학문의 꿈

18세기 유럽의 철학은 자연과학의 도전에 따라 학문을 정신의 학문과 자연과학으로 분류하고, 방법론은 물론 진리의 문제까지도 이 두 영역에 따라 이분법적으로 분리했다. 영국의 과학사가 스노우(Charles Percy Snow)는 1959년 강연을 통해 이 문제를 "두 문화"란 이름으로 비판했다. "두 문화"에 대한 논변은 인문학과 자연과학이라는 두 학문의 분화에 대한 비판이면서 다른 한편 통합 학문에 대한 요구를 담고 있다.[17] 통섭 논의는 같은 문제의식과 맥락에 근거한 학문 통합의 꿈을 담고 있다. 인간의 진리 이해가 근본적으로 유전자에 대한 진화 생물학과 문화에 대한 학문의 통합을 통해 가능하다고 보는 윌슨은 생명체의 유전자적 조건과 문화적 토양에 의해 형성된 후성 규칙(epigenetic rules)을 중심으로 이 두 영역이 공진화한다고 말한다.

후성 규칙은 진화 생물학에서 해부 구조, 생리 과정, 인지 과정, 그리고 행동의 발생 과정에서 대물림되는 모든 규칙성을 통칭하는 원리이다. 그 규칙은 "감각 체계와 뇌의 선천적 작용들의 집합체"이며, 환경에서 마주치게 되는 문제를 해결하기 위한 얼개이자, "인간 본성의 이해를 획기적으로 증진시키기 위한 최선의 수단"이다.[18] 그런 능력을 통해 인간은 "세상을 특정한 방식으로 보게끔 선천적으로 규정되어 있으며 자동적으로 특정한 선택을 하게" 된다. 후성 규칙은 생명체의 유전자적 조건과 함께 문화적 토양을 거쳐 형성된 것이다. 그 규칙은 유전자와 문화가 공진화(共進化)한다는 사실을 잘 보여 준다. 문화는 "공동의 마음에 의해 창조되지만 이때 개별 마음은 유전적으로 조성된

---

17 Charles Percy Snow(1993), *The Two Cultures*, Rede Lecture, Cambridge University Press.
18 에드워드 윌슨(2005), 『통섭』(최재천 옮김, 사이언스북스), 269-270쪽.

인간 두뇌의 산물"이다. 그래서 태어나서 무덤에 들어갈 때까지 성장하는 마음은 "자기 주변의 문화를 흡수하면서 성장한다. 하지만 그런 성장은 개체의 두뇌를 통해 유전된 후성 규칙들의 안내를 받아 이뤄"진다.[19]

진화 생물학을 원용한 통섭의 구체적 원리는 여기에 있다. 윌슨은 이 원리를 통해 마음 이론과 진화 심리학을, 유전자와 마음의 문제를, 나아가 사회과학과 예술, 윤리와 종교, 미래에 대한 결단을 통합하려 시도한다. 이런 원리에 근거해 지식을 도출할 때만이 이런 개별 학문의 지식은 타당성을 지니게 된다는 주장이다. 개별 지식과 학문은 당연히 이런 맥락에서 통합될 것이다. 생물 미학(bioaesthetics)은 이런 사실을 잘 볼 수 있는 범례이다. 생물 미학은 진화 생물학에 의한 미학적 통섭의 학문을 말한다. "가장 위대한 예술 작품들은 그것들을 이끌어 낸 후성 규칙들을 탐구함으로써 근본적으로 이해할 수 있을 것"이다. 진화의 과정에서 "생존과 번식의 동물적 본능은 인간 본성의 후성적 알고리듬으로 전환되어 갔기" 때문에 예술은 인간의 본성 가운데 정신 발달의 후성 규칙에 충실할 때 예술로 자리할 수 있다는 것이다.[20] 그는 진화 생물학에 의한 인문학과 자연과학의 통합은 물론이고 사회과학과 예술, 심지어 종교와 윤리까지도 이런 관점에서 재검토되고 통합되어야 한다고 주장한다.

오늘날 학문이 진화 생물학의 연구 업적에 근거해 정립되어야 한다는 데는 이론의 여지가 없을 것이다. 그럼에도 인간은 진화 생물학의 도식적 결과물에 머물러 있지 않다. 문제는 이런 그의 주장이 궁극적으로는 유전자 환원주의이며, 철학적으로도 실체론적 사물 이해에 사로잡혀 있다는 데 있다. 그래서 유전자의 상호작용에 의한 발현의 다양성 문제는 물론, 유전자의 총체성에 의한 인간존재의 도약이 설명되지 못한다. 윌슨의 노력은 총체적 지식에 대한 요구를

---

19 같은 책, 336, 232쪽.
20 같은 책, 369, 389쪽.

단지 생물학에 기초해 학문을 통합하고 정립할 수 있다는 자의적 판단에 맞춰 수정한 것에 지나지 않는다.

통섭 논의의 한계

월슨의 논지가 지니는 장점은 생명에 대한 자연과학적 지식과 발견을 무시하고 선험적 판단에 따라 이루어지는 당위적 철학의 모순과 한계를 지적한 데 있을 것이다. 그럼에도 그는 인간 사유의 역사에서 이루어진 철학적 논의의 지평과 그에 대한 이해가 부족한 탓에 반드시 필요한 지식의 존재론적 층위 자체를 배제했다. 나아가 논리적으로 모순적인 주장과 이미 폐기된 철학적 사조를 반복하고 있다. 인간의 사유 체계에 대한 이해의 부족은 결국 인간을 생물학적 차원으로 환원시키는 오류를 낳게 된다. 물론 이 말이 인간의 사유 체계와 실존적 차원이 과학과 무관하게 정신의 차원에서만 이루어진다는 식의 유심론적 주장을 의미하는 것은 아니다.

근대 이전의 유럽 철학이나 동아시아 철학에 비해 서구 근대의 이성 체계와 그에 따른 학문의 재편은 먼저 자연과 사물 존재자를 대상화하며 객체화한다. 그것은 존재자의 원리에 대한 합리성과 수학적 세계관에 의해 실체론적으로 정립된 체계이다. 인간은 도구적 이성과 합리성으로 규정된 이성의 원리, 또한 이 원리를 소유함으로써 모든 사물에 대한 실질적인 지식을 완성하리라는 희망을 품게 된다. 이에 따라 통일과학에 대한 염원과 언젠가는 세계의 모든 진리를 알게 되리라는 진보의 학문관이 가능해졌다. 그럼에도 이런 학문 체계는 통합의 해석학적 원리는 물론, 인간의 존재론적인 차원에 대한 이해를 도외시한 반쪽의 이해에 지나지 않는다.

통합 학문에 대한 노력은 과연 가능한 시도일까? 그 이상은 단지 대상에 의한 지식의 '메타 학문'적 관점이나 지식의 수용이란 관점에서는 가능할지 모르지만, 지식 체계의 통합적 이해라는 관점에서는 있을 수 없는 시도이다. 지식의 통합은 물화되고 객체화된 지식의 체계에 따라서는 가능하지 않다. 지식의 통합은 대상에 대한 지식과 그 체계에 있는 것이 아니라, 지식의 목적과 의미에 따라 논의될 것이기 때문이다. 지식은 그것이 지향하는 선험적 의미와 목적에서 초월적으로 통합될 수 있을 뿐, 지식을 얻는 체계의 통합이란 불가능한 시도에 지나지 않는다. 이 말은 지식이란 지식 체계에 의해 단순히 종합되는 것이라기보다는, 지식 내용을 수용하는 차원에서 주체에 의해서 전일적으로 통합된다는 의미이다. 지식을 받아들이는 주체의 총체적이며 형이상학적 지평에서의 메타 학문적 논의를 통합 학문으로 이해할 수는 없다. 즉, 지식의 문제에 대한 과학과 인문학의 관계 논의는 물론 그것들 사이의 소통이란 당위가 학문의 통합과 동일한 개념으로 이해될 수는 없는 것이다.

　분리되고 단절된 지식, 소통 없는 지식의 통합은 필요하다. 하지만 윌슨은 그 말의 학적 지평이나 해석학적 의미에 대해 이해하지 못한 탓에 자신의 논지를 소박한 차원에서 당위적으로 드러낼 뿐, 학적 근거로 작동시키지는 못한다. 예를 들어 공약 불가능한 담론 사이의 소통을 주장하는 로티의 경우, 이를 위한 대화의 해석학, 비통상적 담론에 대한 해석학을 정립하려 시도한다. 그의 관심은 객관적 지식 체계로서의 인식론을 넘어서 있다. 로티는 지식과 정신이 자연을 비추는 거울이라는 표상을 비판함으로써, 근본적으로 데카르트와 칸트적 철학에 의해 완성된 철학 체계를 문제 삼고 있다. 로티가 주목한 바와 같이, 비트겐슈타인과 하이데거에 의한 현대의 언어학적 전환은 결코 학문의 범위를 제한하는 것이 아니다. 이런 관점에서 볼 때 명백히 데카르트적이며 칸트적 인식론의 범주에 매여 있는 윌슨의 인식론은 지식의 소통과 대화의 해석학의 기초가 될 수 없는 것이다. 다만 윌슨은 객체적 지식에 대한 좁은 이해에 매여 그에 근거한 지식의 통합을 학문의 본래적 의미라 주장하고 있는 것이다.

　지식의 통합이란 말은 지식이 학적 주체인 인간존재에 의해 융합된다는 의미에서 타당성을 지닌다. 그러나 대상에 대한 지식의 총합이란 무의미한 명제이다. 이런 명제가 타당성을 지니기 위해서는 "사물 그 자체"란 말과 대상에 대한 객관적 지식이 논의될 수 있는 메타 학문적 지평이 먼저 논의되어야 한다. 그럼에도 현대의 해석학은 "사물 그 자체"란 말이 허상임을 밝히고 있다. 주어진 객체에 대한 인식 주체의 이해는 끊임없이 성숙하고 변화해 간다. 통합된 사물 이해를 위해 대상을 분화해서 보는 체계와 객관적 대상을 표상하는 지식 체계에 대한 논의는 이미 인식론의 역사에서 그 한계를 지적받았다.

(3) 생물학적 학문의 한계

통섭 논의는 진리 주장의 타당성에 대한 근거를 제시하고 있지 못하다. 후성규칙의 진리 주장은 그것이 어떤 학적 원리에 근거해 있는지를 밝히고 있지 않다. 다만 진화에 대한 관찰과 자연적 사실 및 거기서 도출된 진화 생물학적 지식을 인간의 삶과 지식 체계는 물론, 나아가 인간존재의 당위성으로까지 확대하는 전형적인 자연주의적 오류를 범하고 있을 뿐이다. 이런 오류를 넘어서기 위해서는 학적 타당성을 보증할 원리가 제시되어야 한다. 그렇지 않을 때 그런 주장은 이념적이며 선언적인 범주에 머무르게 된다. 통섭 이론의 학적 타당성과 그 존재론적 근거는 그 이론이 근거한 진화 생물학에서는 도출될 수 없다. 개체를 인식하고 이를 통해 지식을 산출하는 행위는 그것의 근거가 되는 지식 체계의 원리에서 타당성을 보증받기 때문이다.[21] 진리 주장의 타당성 결여와는 별개로 군데군데 보이는 철학사적 오류와 함께 『통섭』에 담긴 과학

---

21 Vittorio Hösle(1999), *Aufgabe der Naturphilosophie heute*, Frankfurt/M, S. 35-45.

주의와 유전자 결정론은 물론 환원주의의 문제도 해명되지 않고 있다.

분명 윌슨은 몸과 마음, 지성, 의지 등과 같은 인간의 조건과 더불어 역사와 미래, 초월의 관점에서 본 인간적 측면을 나름대로 언급하고 있다. 그가 말하는 후성 규칙은 일면 정당하고 철학적으로 유의미하지만, 일정 부분 진화 생물학적 통섭의 한계를 가진 것도 사실이다. 문화 규범을 인정하는 사고와 통섭을 통해 주장하는 진화 생물학적 관점은 어떻게 만나고 조화할 수 있을 것인가? 분명 철학적 해명이 필요한 논지임에는 틀림없다. 그가 말하는 문화와 유전적 요소의 상호작용은 진화 생물학의 차원을 넘어 생명 철학적 성찰을 요구하는 부분이다.

무엇보다도 윌슨은 인간의 사유와 정신에 간직된 자유로움과 초월적 측면을 거의 이해하지 못하고 있다. 그것은 단순히 비유적 표현도 아니고, 자연과학의 방법론과 진화 생물학적 지식의 지형을 거부하는 것이 아님에도 그렇다. 생물학적 조건에 의해 제한되어 있음에도 불구하고 인간의 정신적 활동, 사유, 실존적 상황, 심지어 초월적 지평의 작동 등이 총체적으로 상호작용하는 부분은 생물학적 조건성을 넘어서 있다.

윌슨은 이런 전반적으로 조건 지어진 비조건성에 대해 무지하다. 인간은 생물학적이면서 문화적인 존재이다. 그러기에 우리가 말하는 진리는 이중적이며 과정의 것이고, 역사적이다. 진리 문제를 진화 생물학적 지평으로 통합해 총체적으로 정립하려는 윌슨의 주장에는 이런 층위가 자리할 곳이 없다. 문화로 통칭되는 인간 사유의 역사와 그 성찰의 결과를 다만 생물학적 지평으로 융합하려는 시도는 진리 주장을 경험과학의 차원에 제한시킬 수밖에 없게 된다. 진리란 선험적으로 제시되는 것은 아니지만, 객관적 진리란 이름으로 자연에 던져져 있는 어떤 보물처럼 실재하는 것도 아니다. 진리는 객체적 차원을 수용하며, 이를 근거로 사유의 지평에서 그것을 해명하는 과정에서 나오는 것이기 때문이다. 진리는 인간의 존재론적 지평과 역사성의 과정에 근거해 이루어지는 해석 작업을 통해 인간의 진리로 자리하게 된다.

자연과 생명을 이해하기 위해서는 그 역사성의 지평을 해명해야 한다. 역사성을 해석할 수 있는 근거는 선험적으로 주어진 초월성이 아니라, 존재론적 해석학에 따라 내재적으로 해석되는 초월성에 있다. 물론 이런 관점에 대해서는 논쟁의 여지가 있다. 현대의 해석학적 철학은 인간의 존재 이해와 이를 위한 학적 체계가 역사성을 배제한 채 이루어질 수 없음을 이해하게 되었다. 이와 달리 역사성에 대한 존재론적 해명을 배제한 채 이루어지는 진화 생물학적 학문은 정당성을 지니지 못한다. 인간의 역사를 물리적 역사와 동일시하거나 최소한 동일한 지평에 놓는 것은 명백히 오류이다. 윌슨의 경우 진화의 역사를 말하면서 연대기적 역사의 과정에 대해서만 언급하고 있을 뿐, 역사가 아닌 역사성에 대한 해명은 어디에서도 찾아볼 수가 없다.

3. 진화 생물학적 학문의 문제

(1) 진화 생물학에 의한 학문론

철학을 비롯해 인간을 이해하는 인문학이 자연과학적 지식을 무시하거나 그와 반대되는 주장에 근거할 때에는 분명 오류로 판명될 것이다. 그런 의미에서 진화 생물학의 학적 원리와 지식의 결과는 제대로 수용되어야 한다. 또한 그럴 때만이 자연과학적 지식과 연구 결과를 무시하고 이념적 독단에 따라 저질러 왔던 오류, 당위에 의한 왜곡과 역기능을 극복할 수 있을 것이다. 이는 역사에서 수없이 반복해 저질러 왔던 잘못이었다. 이 점에서 진화 생물학의 학문이 펼치는 생명의 조건성에 대한 진리 주장은 정당하게 이해되어야 할 것이다. 그럼에도 불구하고 여기에는 인간의 학문이 지니는 실존적이며 존재론적 지평이 결여되어 있다. 인식론적 지식은 대상과 관점의 차이에 따라 분열될 때 그 지식을 수용하는 존재에게 타당성을 보증받지 못한다. 그러기에 그 지식은 이런 분열을 넘어 통합적으로 이해되어야 한다. 그와 함께 모든 인간의 지식은 실존적이며 존재론적 지평과 연관되어 이해된다. 지식은 감각 기관에 의해 주어지는 지각 기능에 기초하지만 그것을 넘어 인간의 존재론적 층위에서 해명되고 해석됨으로써 의미를 지니게 된다. 진화 생물학에 따른 학문은 지식의 해석학적 의미에 대해 무지하다. 그래서 학문의 통합을 주장하지만, 학적 타당성의 근거와 원리에 대한 정립 없이 다만 진화 생물학적 지식에 근거한 결집만을 내세우는 것이다. 그 학문이 학문 제국주의적이란 혐의를 받는 이유가 여기에 있다.

진화 생물학에 의한 학문은 자신의 근거를 어떤 원리에서 찾고 있는가? 고전적인 맥락에서 철학을 학문론의 학문, 또는 메타 학문으로 이해한다면, 이는 자신의 철학적 지평을 어디에 두고 있는가? 그런 학적 지평에 대한 논거가 제시되지 못할 때 진화 생물학은 다만 사실의 나열이나 관찰에 따른 선언적 차원에 그치게 된다. 더욱이 현재까지 이루어진 이들의 주장은 과학주의와 유전자 결정론, 환원주의의 문제를 극복하고 있지 못하다. 물론 윌슨의 말처럼 환원주의 자체가 잘못된 것은 아니다. 환원주의는 그의 말처럼 학문이 예술이 아니라 과학이 되는 근거이다. 복잡한 현상을 하나의 원리에 의해 파악할 수 있다면 그것은 훌륭한 일이다. 그럼에도 환원주의는 환원 불가능한 것을 환원하고, 이로 인해 본질적 부분을 상실하게 하며, 의미를 변화시킨다는 데 문제가 있다. 인간의 정신이 선험적인 세계에 의해 주어진 것이 아니라는 주장을 수용할 수 있을지라도, 정신의 작용과 의미를 다만 진화 생물학적 차원으로 환원시켜 해명하려는 것은 잘못된 생각이다. 이것은 우리의 정신, 인간의 사유 역사와 존재론적 층위에서 이루어지는 상호성과 관계성, 초월성을 이해하지 못하기 때문에 생기는 오류이다.

진화 생물학과 통섭 논의의 문제는 사실 주장에 있는 것이 아니라, 그에 대한 해석의 체계에 있다. 자연과 생명의 의미는 물론, 인간의 존재론적 충위와 그에 관계하는 학문은 진화 생물학적 충위로 환원될 수 없다. 과학적 사실은 언제나 그것이 어떤 맥락에서 어떤 의미를 지니는지 해석되어야 한다. 물론 월슨의 말처럼 이런 해석이 진화 생물학적 지식을 떠나 이루어질 수는 없다. 인간과 인간의 지식을 이해하기 위해 지금 필요한 것은 특정 학문 체계가 아니라, 진화 생물학의 정당한 지식과 이에 대한 존재성의 의미를 사유하는 해석학적 지평을 제시하는 작업이다. 그것이 진화 생물학의 지식을 필요로 한다는 것은 명백한 사실이다. 그럼에도 문제는 진화 생물학의 지식 체계가 그 자체로 이런 진리성을 담보하지 못한다는 데 있다. 이것은 철학자의 고집스러운 주장이 아니라 인간의 이해 구조와 학문의 타당성 논의에 대한 학문론이 예증하는 일이다.[22]

(2) 학문적 의미와 한계

현재의 철학이 "꼬여 있는 토론과 전문가적인 소심함 때문에 현대 문화의 의미를 파산시켰다"는 월슨의 주장은 철학자의 한 사람으로서 진지하고 겸허하게 경청할 만한 이야기이다. 그의 주장은 분명 일정 부분 현재의 철학이 당면한 사실을 지적하고 있다는 점에서 진실을 담고 있다. 그래서 월슨은 이런 철학의 한계를 넘어 진화 생물학적 지식의 타당성에 근거해 학문을 새롭게 정초하고자 한다. 그럼에도 철학이 당면한 현재의 한계가 곧 철학적 사유를 진화

---

22 비토리오 회슬레(2007), "진화론적 인식론의 의미와 한계,"『21세기의 객관적 관념론』(나종석 옮김, 에코리브르), 143-184쪽과 "형이상학으로서 다원주의," 185-221쪽.

생물학적 차원으로 환원시켜야 할 이유는 되지 못한다. 현재의 철학이 한계를 지니고 있다고 해서 철학적 사유의 역사에서 드러나는 존재 진리의 의미까지 내던져야 할 필요는 없는 것이다. 오히려 이때야말로 진화 생물학의 정당한 지식을 수용하면서 이들이 줄 수 없는 존재성의 의미를 사유하는 지난한 철학적 작업이 요구되는 것이다. 그런 작업은 철학의 현재에 자리한 위기를 극복하는 길이며, 철학이 자신의 논의 자체에 갇혀 현재를 보지 못하는 한계를 넘어서는 길이기도 하다.

현재의 학문을 위해서는 진화 생물학의 지식을 올바르게 수용하고, 그 학문의 정당한 문제의식을 수용하는 것, 다시 말해 진화 생물학의 학문이 지닌 정당성과 그 한계를 동시에 논의할 수 있는 작업이 필요하다. 그것이 굳이 철학적 차원에서 이루어져야 할 이유는 없다. 오히려 분과 학문이 된 현재의 강단 철학이 이런 작업을 수행할 수 있을지 지극히 의심스럽기조차 하다. 그럼에도 나는 윌슨의 주장, "인류가 원한다면 인간이라는 종의 해부학적 구조와 지능뿐만 아니라 인간 본성의 핵심을 구성하는 감정과 창조력도 변화시킬 수 있다"는 논지에는 동의할 수가 없다. 이런 주장에 과학의 옷을 입은 전체주의의 암울한 그림자가 숨어 있는 듯해 섬뜩함을 느끼게 된다.

인간의 이해와 그것에 근거한 지식 자체는 분명 통합적이며 총체적인 인간의 존재론적 차원에 근거해 있다. 근대가 수립한 분과 학문은 그 놀라운 성과에도 불구하고 분명 일시적이며, 그러기에 수많은 모순과 한계를 드러내고 있지 않은가. 이 점은 윌슨의 통섭 논의의 출발점이기도 하다. 그러나 인간의 이해와 지식이 총체적이며 통합적임에도 불구하고, 이를 찾아가는 과정과 지식의 체계는 결코 통합적 방법론으로 환원되지 않는다. 이를 통합하고 연결시킬 수 있는 지평은 존재론적이며 내재적 초월론의 층위에서 주어질 것이다. 조건성에 따른 지식은 인간이 지향하는 존재론적 초월을 내재화하는 지평에서 의미를 지니게 된다. 그런 지평은 결코 진화 생물학의 층위에서 주어질 수가 없다. 또한 과학주의나 환원주의적 관점에서 가능한 것도 아니다. 그것은 이루어질 수 없는 꿈일 뿐이다.

윌슨이 지식의 통일을 주장한 논의는 근대 이후 분열된 학문 체계와 분과 학문의 폐해를 생각하면 곧 그 정당성을 수긍하게 된다. 총체적이며 통합적 존재인 인간에 관한 이해가 분과 학문 체계에 따라 달리 이해된다면 그것은 분명 진리 주장과는 거리가 먼 것이거나 심지어 오류일 수 있다. 그런 측면에서 윌슨의 문제의식과 접근은 오늘날 한계에 이른 인문학 내지 철학의 자폐증을 자극하고 있다고 할 수 있다. 윌슨은 "통섭과 종합의 새 시대", "가장 위대한 지적 도전"을 말하면서 "모르는 것에 관한 숙고"인 "철학을 과학으로 최대한 빨리 전환시키는 것"이 통섭의 목표임을 분명히 하고 있다. 그래서 윌슨은 인간의 의미론적 삶을 위해 반드시 필요한 "통합적 형이상학"을 세우고자 한다.[23]

우리는 인간이 진화의 산물이며 유전자 층위에서 이루어지는, 철저히 몸의 조건을 지닌 존재임을 알고 있다. 그럼에도 불구하고 우리는 어느 순간 진화의 결과물이었던 두뇌와 마음에 새로운 도약이 일어나 그 새로움이 끊임없이 유전자와 진화 과정에서 비롯된 결과와 싸우고 있다는 사실을 알게 되었다. 이 삶의 역사에서 인간은 이런 싸움 가운데 있는 존재란 사실, 인간은 모순적 존재이며 몸과 마음 사이에 존재하는 중간자적 존재란 사실을 알게 되었다. 나아가 인간은 자신이 가야 하는 길, 자신이 설정한 그 어떤 세계성에 대한 생각으로 이 모든 생물학적·사회적 조건은 물론, 심지어 존재론적 조건까지 초월하기도 한다.

진화론적 지식에 의한 학문의 통섭을 주장하는 논의는 지식의 층위를 어떻게 이해하고 있을까? 그 주장은 유전적 층위에서 이루어졌는가 아니면 유전적 층위를 체계화한 그 이상의 층위를 지향하는가? 그 이상의 층위를 지향한다면

---

23 에드워드 윌슨(2005), 『통섭』(최재천 옮김, 사이언스북스), 44, 36쪽.

그것은 이미 진화 생물학의 범주를 벗어나 있는 것이다. 진화 생물학에 의한 학문은 자연철학이며 생물학적 자연신학으로 나아가고 있다.[24] 그럼에도 그 학적 지평은 진화 생물학적 지식에 있다는 강변은 진리 주장을 위해 요구되는 최소한의 학적 원리를 정립하지 못한 채 이루어지는 논변에 지나지 않는다. 진화 생물학적 학문은 무엇보다도 범주 오류에 빠져 있다. 지식의 방법론과 지식을 얻기 위한 학문 체계의 범주를 관찰적 지식 및 그에 근거한 타당성 주장과 같은 범주에서 이해하고 있는 것이다.

진화 생물학적 지식은 일면 정당성을 지니고 있고, 그것에 의한 학문을 주장하는 데 담긴 취지는 올바르지만, 이런 주장을 아무런 학적 성찰 없이 사용하는 학문과 문화의 반지성적 행태는 사라져야 할 것이다. 이와 같이 유행처럼 남용되는 논의는 진화 생물학의 학적 타당성을 소비하는 행태에 불과하다. 성찰하지 못하는 문화에 의해 학문이 소비되는 반지성적 태도는 극복되어야 할 것이다.

우리 문화에 널리 퍼진 유행처럼 번져 가는 통섭 논의와 진화 생물학에 대한 맹목적 추종은 명확히 거부되어야 한다. 이런 맹목성은 진화 생물학적 학문의 올바른 발전을 위해서도 도움이 되지 않는다. 몸에 대한 생물학적 지식이나 진화론의 정당한 주장이 마치 종교적 진리를 거스르고 대립되는 것처럼 몰아가는 독단적 신념이 위험한 것과 마찬가지로 진화 생물학에 대한 맹목적 추종 역시 위험하다. 독단적 신념에 가득 찬 이들이 진리를 전체주의적 폭력으로 몰아가듯이, 성찰하지 않는 과학주의의 얼굴은 존재론적 진리를 매몰시킨다. 나아가 통섭 논의가 학제 간 연구 운운하면서 이루어졌던 지난 시절 교육정책의 오류를 되풀이해서도 안 될 것이다. 사유의 성찰이 결여된 통합, 차이의 진리가 무시되는 종합은 진실을 담고 있지 않다는 경험의 목소리가 이런

---

24 하워드 케이(2008), 『현대 생물학의 사회적 의미』(생물학의 역사와 철학 연구 모임 옮김, 뿌리와이파리), 4장 참조.

생각을 더욱 재촉한다. 이 땅의 교육과 학문 정책은 수입된 유행을 딛고 정략적으로 활용된 예가 너무도 많았다. 학부제 논의가 그랬으며, 대학 평가와 국제화 논의는 물론 입학 사정관 제도를 비롯한 수많은 정책들이 한때의 유행을 타고 당위성을 주장했으나 곧 사라졌거나 잘못으로 판정된 예가 얼마나 많았던가. 그 가운데 학문이 죽고, 교육이 사라지면서 얼마나 많은 이들이 피해를 입었던가. 이런 논의들이 진정으로 반성되어야 할 학문의 현실을 은폐하고, 나아가야 할 길을 대신하는 단순함이 우리의 학문과 교육을 피폐하게 만드는 것이다. 통섭 논의의 정당함과 진정성이 이런 무사유의 가벼움에 가려져 남용되고 오용되는 현실은 극복되어야 할 것이다.

이 땅의 통섭 논의는 전혀 통섭적으로 이루어지고 있지 않다. 철학자를 비롯한 인문학자들의 비판에 진화 생물학자들은 귀 기울이지 않는다. 다만 그 자리에 지난 역사에서 너무도 익숙하게 보아 왔던 학문 제국주의적 흐름과 성찰하지 않는 반학문적 현란함만이 존재한다. 진화 생물학적 학문의 필요성과 정당함이 올바르게 수용되려면 그 학문적 주장이 메타 학문적 지평에 근거해야 한다. 통섭 논의를 비롯한 진화 생물학적 학문에 담긴 의도는 정당하므로 함께 이 논의를 발전시켜 근대성과 서구에서 수입한 학문의 한계를 극복해 가야 할 것이다. 현재의 학문은 이를 통해 현재의 진리를 위한 새로운 사유틀을 창출해야 할 과제를 안고 있다. 이런 학적 성찰과 고뇌는 어디로 갔을까? 그런 노력이 우리 학계에 없다고는 결코 생각하지 않는다. 신자유주의와 경제 만능주의, 그리고 "사유하지 않는 과학주의"적 경향에도 불구하고 고뇌에 찬 인문학의 철학적 사유는 결실을 맺어 가야 할 것이다. 지금이야말로 통섭 논의의 진정성과 진화 생물학의 학적인 정당성이 근거할 수 있는 존재론적 사유의 틀을 정립해야 할 때인 것이다. 그 자리를 다만 한때의 유행으로 대신하기에는 통섭 논의에 담긴 진정성의 무게가 가볍게 다루어지는 듯해 안타까운 마음을 금할 수가 없다.

7장
**인문학적
존재와
학문함**

1. 학문하는 존재

(1) 인문학적 존재의 자리

인문학의 존재

인문학이 성찰하는 현재와 존재의 의미는 매우 구체적인 것이며 '차이'란 맥락에서 드러난다. 이 차이와 구체성은 그것이 자리한 현재의 역사성에 근거해야 보편적 의미를 지닐 수 있다. 또한 인문학이 성찰하는 현재는 과거와 미래라는 시간의 총체적 지평에서 이해된다. 인문학은 현재의 삶과 존재에 대한 이해와 해석을 보편화하며 체계화하는 학문이다. 그러기에 인문학은 차이와 보편, 구체성과 총체성을 함께 담아낼 수 있어야 한다.

인문학이 현재성을 지녀야 한다는 것은 현재의 문제를 사유하되 그것을 넘어서는 보편의 지평을 포함해야 한다는 뜻이다. 인문학은 인문학적 존재인 우리 자신의 학문이기에 자신의 존재를 향한 특성과 차이의 다양성을 보편성 안에서 성찰해 낼 수 있어야 한다. 인문학이 이를 위한 사유의 깊이를 유지하지 못한다면 그때 인문학은 인간의 실존적 지평을 벗어나 이루어지는 공허한 학문에 지나지 않게 될 것이다. 그것은 인문학적 존재가 결여된 학문일 뿐이다. 인문학이 잊어서는 안 되는 것은 인문학적 존재로서의 인간이 지닌 특성일 것이다.

그것은 인문학적 존재인 인간의 특성을 지극히 실존적인 지평에서 이해하면서 동시에 인간으로서 지닌 공동체성을 바라보는 것이다. 이것을 차이와 보편, 구체성과 총체성이란 이름으로 규정할 수 있을 것이다. 그와 함께 학문하는 인간의 특성인 지성을 근대적 인식 이성을 넘어 인간이 지닌 존재성에서 이해하는 것이다. 즉, 지성은 다만 객체적 사물을 인식하는 이성이 아니라, 존재 자체에서 드러나는 특성을 의미한다.

이것은 인간을 인문학적 존재로 이해하기 위해 선행적으로 요구되는 것이며, 인문학적 존재로서 인간이 수행하는 학문함에 대한 해명의 작업이기도 하다. 이 질문은 학자에게만 유효한 것이거나 순수 학문적인 어떤 질문이 아니다. 인문학적 존재인 현재의 나와 우리에게 제기되어야 하는 그 질문은 최소한의 것이다. 우리의 삶과 존재, 사회와 문화, 역사와 자연을 성찰하되 이를 이해해 왔던 지적 역사의 계보를 고찰하고, 해석하면서 나아갈 방향을 제시하는 것이 인문학적 존재의 역할이다. 학문을 독점하는 전문가들이 이런 작업을 하는 것이 아니라, 이런 작업의 체계가 학문이다. 인문학적 존재는 사물적 지식을 추구하는 사람이 아니라 이런 작업을 실제로 수행하는 사람을 가리킨다. 인간이 인간일 수 있는 이유는 이런 이해와 해석의 존재이기 때문이다. 그러기에 인간은 인문학적 존재로 자리할 수밖에 없는 것이며, 이를 떠나서는 인간으로 자리하지 못한다. 그것은 인간의 실존적이며 존재론적 특성이다.

학문으로서 인문학이 당면한 과제는 인간의 이런 존재론적 특성을 이해하는 것이다. 이에 근거해 학문으로서의 인문학의 의미와 내용, 인문학을 수행하는 학문함에 대한 성찰과 해석이 이루어질 것이다. 그것은 인문학을 하는 인간존재에 대한 이해이다. 인간은 인문학적 존재이다. 그래서 인문학은 인문존재인 우리의 지평에서 그 의미와 내용을 규명하는 작업으로 이어진다. 그런 데 오늘날 지금 여기의 인문학적 존재가 문제시되고 있다. 이것은 요즈음의 학문적 논의들을 살펴보면 충분히 알 수 있는 사실이다.

이 땅의 인문학에서는 수많은 학적 논의에도 불구하고 이 모든 문제의 뿌리에 놓인 근본적인 학문과 학문함의 의미, 이에 대한 진지한 성찰을 찾아보기 힘들다. 그 까닭은 서구의 근대가 우리를 침탈한 이후 변화된 학문의 내용과 형식, 학문의 의미에 대한 반성 없이 서구 학문의 가치와 규준, 그 체계를 일방적으로 차용한 데 있다. 학문적 식민주의, 문화 제국주의에 빠져 스스로를 성찰하지 못하며 스스로 학문하지 못하는 지식인들, 단지 전문가 행세만 하면서 그것을 통해 특권적 위치만을 수호하는 지식 상인들은 인문학적 존재일 수 없다. 그들은 해석학적 성찰을 결여한 잉여 존재일 뿐이다. 인문학의 학문함은 문제의식의 진정성과 문제 해결의 철저함에 바탕을 두고 있으며, 학문함은 그런 행위를 수행하는 존재론적 투신을 의미한다. 인문학은 학문하는 존재의 실존적 결단을 요구한다.

인문학은 현재에 자리하면서 동시에 역사적 맥락과 학문적 지평에 근거해 이루어져야 한다. 역사와 계보학적 맥락에서 벗어난 학문은 학문일 수 없기 때문이다. 그것을 거부한 채 어떤 일면적 이론 체계를 만들어 내거나 근거 없이 자신의 신념을 학문인 양 떠받드는 노력은 다만 사이비 학문으로 드러날 뿐이다. 치열함과 지적 고뇌는 사라지고 각광받는 지적 유희와 현란한 말놀이에 매몰될 때 그런 학문에 기반한 인간의 자기 이해는 왜곡된 길로 흘러갈 것이다. 인문학적 존재는 자신과 시대의 문제의식에 따라 자신의 지적 노력으로 성찰의 작업을 한 매듭씩 풀어 가야 한다. 그는 이런 고뇌에 찬 작업을 수행하는 열정과 결단의 존재이다. 인문학의 학문함이란 인문학적 존재의 존재론적 결단이란 지평에서 정초된다.

인문학적 지성

인문학을 학문으로 이루어 가기 위해 필요한 것은 인문학적 원리를 학문하는 존재의 실존적 층위에 내재화하면서, 스스로의 성찰을 통해 이해하고 해석하는 작업이다. 이런 작업을 수행하는 인간의 지성적 특성을 이해하는 것은 학문함을 위해서는 매우 중요한 선행적 작업이다. 현재의 인문학을 수행하는 지성은 근대 철학에서 정형화된 이성과는 같지 않다. 오히려 서구 전통에 근거해 이해되는 이성의 범주를 넘어서는 어떤 존재성으로 이해되어야 할 것이다. 서구 근대의 이성은 흔히 인식 이성이나 도구적 합리성으로 불린다. 그것은 인문학의 존재를 객체적이며 사물적으로 이해하는 이성을 의미한다. 그래서 앞에서 살펴보았듯이 현재의 인문학을 위해서는 이성 이해의 새로움이 요구되는 것이다. 인문학적 작업은 인간의 존재성에서 기원하는 새로운 이성 이해에 근거해 전개되어야 할 것이다.

이런 작업의 과정과 결과로 인문학은 나의 실존적 층위에서 우리의 인문학으로 자리한다. 나아가 이를 통해 인문학적 존재는 현재에서 이해되는 총체적인 존재로 드러나게 된다. 그것은 인식 이성을 넘어 존재 전체에서 이루어지는 인간의 존재성을 의미한다. 인문학적 존재는 이런 이해를 통해 실존적인 층위에서 현재의 존재로 자리할 뿐 아니라 공동체적 층위에서 보편적 인간과 소통하며 타자와 만나게 된다. 인문학적 존재는 지극히 개인적이며 실존적인 동시에 그만큼 공동체적이다. 이것은 인문학이 개인적인 동시에 공동체적인 것과 같은 이유이다. 그러기에 현대의 실존주의 철학자들은 한결같이 인간을 실존적이면서 그런 만큼 공동체적 존재라고 말하고 있다. 예를 들어 인간의 실존성을 분석한 하이데거는 인간이 염려하는 존재이기에 이웃을 배려하는 존재이며, 그러기에 근본적으로 "공존재"(共存在)라고 말한다. 인문학과 인문학적 존재는 실존적이면서 공동체적인 이중적 특성을 지닌다.

이런 특성을 보지 못할 때 인문학은 잘못된 길로 접어들게 된다. 실존적 관점에서 인문학은 결코 인간의 보편적 특성으로 정의된 일면적 이성에 자리하지 않는다. 전통적으로 서구 철학은 인간을 '로고스를 지닌 존재'(zoon logon exon), 또는 '이성의 존재'(animal rationale)로 정의했다. 오늘날 합리주의와 이성 개념이 비난받고 거부되는 것은 근대 이성을 일면적으로 이해하기 때문이다. 그것은 이성의 인식론적 측면만을 강조함으로써 이성의 총체성과 실존적 특성을 보지 못하게 만든 데서 기인한다. 인간의 이성에는 실존적인 면과 합리적인 면이 함께 작용하고 있다. 인간이 이성의 존재란 말에서 이성은 인식론적인 것이 아니라 존재론적인 것이다. 인간의 존재성에 담긴 영성적이며 감성적 측면을 무시하고 이를 다만 인식 이성으로 이해하는 것은 일면적일 수밖에 없다. 그럴 때 인문학적 존재로서의 인간 이해는 왜곡되고, 그에 따라 인문학 역시 왜곡될 수밖에 없다.

인간을 인식 이성적으로만 이해한 결과가 현재의 위기이다. 근대 이래의 학문적 변화는 결국 오늘날 보듯이 학문을 과학으로, 우리의 문화를 기술 문명으로 만들었으며, 자연을 사물화함으로써 자본주의적 지식이 전부인 것처럼 취급되는 시대를 낳았다. 그러기에 탈근대의 인문학은 영성이 메마르고 이성이외의 모든 영역이 학문의 대상에서 제외되는 시대의 모순을 비판하는 것이다. 그것은 근대의 토대와 체계를 돌아보고, 그것을 넘어서는 이성에 대한 새로운 이해를 제시하고자 한다. 그 노력은 근대 이성의 폐기가 아니라, 인식 이성과 도구적 합리성으로만 제한된 이성 이해의 일면성을 넘어서려는 것이다. 오로지 근대의 이성에만 근거를 둔 학문은 일면적이다. 반쪽짜리 학문은 진리를 보지 못하는 반(反)학문이 될 뿐이다. 그럴 때 학문은 또 다른 의미의 이데올로기 생산자의 역할을 담당할 뿐이다. 인문학은 존재론적 의미를 보지 못함으로써 죽은 지식이 되며, 학문은 자본의 논리를 스스로 내재화할 것이다. 그럴 때 오늘날 보듯이 학문과 지식이, 나아가 예술과 존재가 자본과 시장에 의해 허덕이는 시대가 되는 것이다. 오늘날 학문은 쇠퇴하고, 스스로 자본주의와 시장

경제의 들러리 역할에 만족하게 된다. 그러기에 인문학적 존재인 인간에 대한 이해를 다시금 살펴보는 작업은 인문학을 위해 반드시 필요한 과제일 것이다.

(2) 학문함의 문제

학문함의 내적 문제

학문함으로서의 인문학은 지금 학문 내적으로 자신의 준거를 상실하고 자신의 땅에서 벗어나 나아갈 길을 찾지 못한 채 헤매고 있다. 근대의 과학 기술에 근거한 서구의 강력한 힘이 동아시아를 침탈한 이래 구한말의 지식인들은 물론이고 중국과 일본의 지식인들이 겪어야 했던 참담함은 생각 이상으로 심각했다. 절대적 진리로 받들어 모시던 성리학 체계가 무너지고, 서구의 과학과 기술, 학문이 자신이 자리한 지반을 뿌리째 흔들게 되었을 때 나타났던 지식인들의 수많은 착종된 반응을 생각해 보라. 그런 역사 이래 이 땅의 학문은 서구 학문에 대한 강박증으로 허덕이게 된다. 그리고 이는 인문학과 철학은 물론이고 일반인의 마음속에서도 강력한 힘을 발휘하고 있다. 서양 학문과 과학, 서양의 철학은 물론이고 심지어 서양의 학자들까지 모든 진리의 준거점이자 이상향이 되었다. 그들은 배우고 따라야 할 절대적 기준이며, 우리 문제의 해결 방향까지도 제시해 주는 해결사이자 학적 판단의 척도가 되었다. 이는 지금도 마찬가지다. 그들의 문제가 우리의 문제가 되며, 그들이 생산하는 담론은 곧장 우리의 담론으로 자리하게 된다. 우리는 우리의 규범을 잃어버렸다. 그럼에도 이를 대신할 새로운 규범은 아직도 생성되지 않고 있다. 이런 이중의 상실이 우리의 현재이다.

우리 인문학은 주변부로서의 문제와 슬픔을 지니고 있다. 서구가 중심부로 작동하는 한 주변부에서는 가치의 기준 또는 규준을 독자적으로 창출할 수가 없다. 그런 준거점과 기준은 중심부에 있다. 진리와 오류, 선과 악을 판단할 시금석은 물론이고 행위와 기호의 기준조차 중심부에 의해 결정된다. 그들 중심부에서는 학문의 다양한 차이를 수용하고, 새롭게 변화시켜 갈 폭넓은 영역을 받아들이지만, 주변부에는 그런 자유와 여백이 허용되지 않는다. 그들은 주류가 될 수 없다. 주변부는 자신의 기준을 설정하고 지키기 위해 중심부보다 더 엄격하고도 근본적으로 주류의 가치 규범을 유지하려 한다. 조선시대 성리학은 물론이고 이 땅에 유입된 종교와 이념 체계들도 본국보다 더 원칙에 충실하며, 놀라울 정도로 근본주의적이거나 타협을 거부하는 엄격함을 보이지 않았던가.

주변부는 중심부의 이론으로 자신이 성찰해야 할 문제의 자리를 대신한다. 그것을 학적 식민주의라고 말하는 것이다. 주변부의 비애는 스스로 불러온 것이다. 문제가 무엇인지 그들에게 물어봐야 하고, 올바르게 설정되었는지 그들이 검증해 주고 인정해 주어야 한다. 철학적 문제에서도 서구의 예가 중요하지 우리 것을 학문의 대상으로 삼으면 뭔가 엄숙하거나 가치 있어 보이지 않고, 옳은 것 같지도 않다. 이것은 분명 준거점을 자신에서 찾는 체계와 그것을 수입하는 학문 체계의 차이에서 생겨난 현상이다. 우리 문제를 성찰하는 데 두려움을 느껴 검증된 이론에 안주하며, 자생적 이론이나 독창적으로 제시되는 이론 체계에 부정적으로 반응한다. 대학은 한물간 학자를 세계적 석학으로 받들어 모시는 데 열중하고 있다. 그들은 우리 존재와 현재에 무슨 말을 할 것인가?

이런 학문함의 결여는 보편적 학문이란 관점에서 학문과 지식으로 하여금 변화된 실재와 세계를 성찰하고 담아내려는 노력을 소홀히 하게 만든다. 다른 이론에 안주하고 지적 노력과 치열한 성찰을 거부하는 학문은 궁극적으로 현실과 구체성, 우리의 문제에서 벗어나 이 세계와 이 땅의 사람들을 보지 못하는 공허한 울림에 그칠 뿐이다. 그 자리를 지적 유희나 학문을 위한 학문, 순수 학문이란 공허한 명분이 대신한다. 이 땅의 학문 담론이 언제나 서구의 이론을 얼마나 빨리 수입하고 감지해 의제로 설정하는가에 달려 있었던 이유가 바로 이것이다. 안테나가 고성능일수록 주변부에서는 우월한 지위를 차지할 수 있다. 그 학문은 다만 소비될 뿐이다. 유행처럼 스쳐 지나가는 서구 이론의 파장을 생각해 보라. 지금은 어떤 유행이 큰 소리를 내고 있는가? 그 가운데에서도 언론의 이런 편향은 참으로 민망할 정도이다. 외국의 한물간 학자를 불러 세계 석학이라 추켜세우거나 그들에게 "한국의 문제를 어떻게 생각하느냐"는 한심한 질문을 지금도 되풀이하는 언론의 행태는 성찰성이 결여된 학문 제국주의의 모습일 뿐이다.

물론 문제의 근원은 학자들이 그런 작업을 수행하지 못하고 지적 정직함과 치열함이 부족한 데 있다. 그래서 학자들이 서로에 대한 불신과 지적 정직함에 대한 존중이 결여된 상태로 다시금 서구 이론과 학자들에게 의지하는 악순환이 되풀이되고 있는 것이다. 그들을 인용하는 것은 독창성은 없을지언정 적어도 불안함과 두려움을 주지는 않는 것이다. 학계의 신망을 잃을 위험도 없다. 여기서 더욱 문제시되는 것은 지식의 내용과 의미가 변하고 그에 따라 지식인의 역할과 규범이 바뀌었는데도 이를 제대로 인식하거나 성찰하지 못하는 지식인의 행태 자체이다.

우리만의 인문학과 민족주의

그렇다고 해서 인문학이 말하는 현재가 결코 '우리만의 것'을 의미해서는 안 된다. 역사와 문화, 자연과 세계는 물론 존재와 현재조차 순수하게 우리의 것이라고 규정할 수 있는 것은 없다. 순수한 우리 것이란 말은 이념적 허구이며, 독단적인 폭력성을 안고 있다. 단일민족이란 말이 생물학적 허구이듯이, 순수 우리말이란 것이 허상이듯이, 보편성과 총체성을 지니지 못하는 학문은 껍데기이며 엉터리 학문일 뿐이다. 현재의 인문학을 이렇게 이해하는 것은 시대를 역행하는 것이고 비학문적이기까지 하다. 현재란 해석학적 지평에 대한 성찰이 필요한 만큼 존재의 자리를 해명하고 그 해명을 담아낼 보편적이며 총체적인 사유의 틀과 체계가 필요하다. 이처럼 차이와 보편, 구체성과 총체성을 동시에 담지하는 것이 현재의 인문학이란 말에 담긴 의미이다. 우리가 받아들인 학문과 이론들은 바로 이런 데서 의미를 지니게 된다. 즉, 외국에서 체계화된 이론은 우리의 존재와 현재를 해석하는 정당한 이론과 보편적 학문 체계로 발전시켜야 한다. 그럴 때 그 이론과 체계는 의미를 지니게 된다. 그렇지 못한 일면적 수용은 우리의 존재와 현재를 이론에 끼워 맞추는 전도된 모습으로 나타나게 될 것이다. 그럴 때 존재와 현재는 왜곡되고 진리는 은폐된다.

이런 예는 탈민족주의 담론에서 잘 드러난다. 탈민족주의 담론은 서구에서는 매우 유용한 이론틀이다. 베스트팔렌조약 이후 유럽에서는 근대적 의미에서 국민국가가 형성되었다. 이때 국민 내지 민족이 '상상의 공동체'임을 밝힌 앤더슨의 이론[1]은 물론, 영국 왕실이나 국가적 의례, 민족 개념이 '만들어진 전통'임을 다룬 홉스봄의 담론은 분명 그들의 역사적 경험에 대한 성찰에서 비롯되었다.[2] 그러나 이미 2천여 년 전부터 국가를 중심으로 살아왔으며, 서구의 중세 체계와 통일국가 개념을 지니지 않았던 동아시아의 역사적 경험은 근대의 유럽과는 결코 같지 않다. 이런 역사적 경험을 무시한 채 서구의 현실에서 생겨난 이론을 수입해 단순 반복하는 탈민족주의 담론은 무슨 의미를 지니는가. 탈민족주의 담론은 서구에서는 타당한 이론일지라도 오늘날 우리의 현실을 정확히 이해하고 역사적 배경에 따라 고찰할 때는 올바른 담론이라 말하기 힘들다.[3] 이처럼 하나의 이론을 정립할 때는 선행적으로 설정한 정당성 못지않게 구체적인 현실을 정확히 이해하고 해석하는 것이 중요하다.

---

1 베네딕트 앤더슨(2003), 『상상의 공동체 : 민족주의의 기원과 전파에 대한 성찰』(윤형숙 옮김, 나남출판사).

2 에릭 홉스봄 외(2004), 『만들어진 전통』(박지향 외 옮김, 휴머니스트).

3 임지현(1999), 『민족주의는 반역이다 : 신화와 허무의 민족주의 담론을 넘어서』(소나무).

현재 우리 사회의 민족주의는 외국인 노동자의 유입과 동남아 여성들과의 국제결혼이 증가하면서 점점 사회문제가 되고 있다. 분명 민족 중심적 사고와 가난한 나라에 대한 우월감이나 멸시는 사라져야 한다. 탈민족주의 주장의 정당한 측면을 수용하면서도 역사적 현실을 엄격히 해명하는 작업이 필요한 것이다. 우리의 국가는 서구의 민족국가와는 다른 과정을 거쳐 형성되었으며, 따라서 현재의 탈민족주의 역시 서구의 탈민족주의와는 다른 층위에서 이해되고 해명되어야 할 것이다. 탈민족주의 담론은 우리가 지향해야 할 미래의 목표이지만, 그렇다고 해서 그 지향점을 가지고 과거의 역사적 사실을 달리 해석할 수는 없다. 가야 할 내일을 위한 당위와 과거의 역사적 현실을 혼동해서는 안 된다. 이런 학적 고단함이 결여되어 있기에 중국의 동북공정과 역사 왜곡 문제에 대해 다분히 민족주의적으로 접근하거나 반대로 현재를 보지 못한 채 있지도 않은 보편 인류, 헛된 거대 담론에 매달리고 있는 것이다.

고구려사 왜곡이나 일본의 강제 병합 문제를 예로 든다면, 이 문제는 민족주의적 관점이 아니라 인문 존재의 현실성과 역사성에 대한 성찰, 인간의 권리와 실존성, 보편적 정의와 평화란 관점에서 접근해야 한다. 일본에 한민족의 주권을 빼앗겼다는 관점이 아니라, 보편적 정의와 인권의 관점에서 일본 제국주의의 만행을 드러내야 한다. 그런 성찰성이 결여될 때 다분히 배타적인 민족주의적 논쟁에 그치게 되거나 반대로 민족국가의 현실을 보지 못하는 잘못을 저지르게 된다. 그런 까닭에 탈민족주의 담론은 현재에 대한 성찰이 부족한 이론을 위한 이론에 그치고 마는 것이다. 이는 인문학의 학적 작업이 어떤 길 위에서 이루어져야 하는지를 보여 주는 범례라 할 수 있다. 인문학을 위한 선험적 지평 따위는 존재하지 않는다. 인문학은 당위적 선언이 아니라 이해와 해석에서 이루어진다. 인문학은 현실의 조건을 올바르게 성찰하고 가야 할 길에 대한 존재론적 결단을 내재화하는 과정에서 이루어진다. 이런 학문은 인문학적 존재의 결단에 따라 이루어지는 길 위의 학문, 즉 과정의 학문이기 때문이다.

학문함의 외적 문제

현재의 인문학은 학문 외적 조건에 흔들리면서 학문이 해야 할 역할을 다하지 못하고 있다. 학문하는 사람들 역시 한 사회의 구체적 조건의 제약을 받는다. 해방 이후 이 나라에서 통용되었던 가장 강력한 통제 수단은 분단 상황에서 비롯된 규율이다. '분단 규율'로 규정할 수 있는 이런 내·외적 통제와 사상 시비는 사실 사회적 현상에 대한 분석과 해석을 도외시하고 현실과 분리된 관념론과 추상적 담론에 빠져들게 만들었다. 한국 사회에서 소위 '빨갱이'로 낙인 찍힐 경우, 그의 학문적 주장이나 이론 체계는 아예 고려의 대상조차 되지 못한다. 또한 이른바 '레드 콤플렉스'가 학자 스스로를 통제하는 보이지 않는 사슬로 작용했다. 그리고 지금은 그 자리를 경제와 실용성이 대신하고 있다.

내적으로 통제된 인문학과 순응하는 인문학자의 문제는 심각한 위기 상황을 만들어 내고 있다. 금지된 질문과 침묵해야 할 논의는 학문 영역 전체를 축소시키고, 논의의 전개를 왜곡시킨다. 인문학의 내·외적 문제는 근대화와 개발독재 시대에 경제성장 신화에 빠져든 데서 시작되었다. 근대화 이후 경제성장은 신화가 되어 우리 모두를 경제란 무이념의 세계로 몰아가고 있다. 이런 문화의 가벼움이 지식을 재단하고 있으며, 이런 흐름에 인문학은 굴종적 태도를 보이고 있다. 인문학자들은 내적 준거를 상실한 채 허덕이고 있고, 인문학이 자리한 외적 세계는 경제성장을 향한 질주로 인해 무너지고 있다. 인문학의 안과 밖은 진리가 아니라 경제와 성공이란 미명 아래 망가지고 있다.

또 다른 문제는 성찰해야 할 현재 대신 인문학의 주제와 논의를 지나치게 시류와 대중의 기호, 매체에 따라 설정하기 때문에 생겨난다. 우리의 인문학은 현재란 지평과 직접 소통하지 못하고 있다. 인문학적 해석 작업을 수행하는 이들과 이를 받아들이는 이들 사이의 소통의 터전이 왜곡되어 있다. 이해와 해석의 인문학이 소통되는 과정에서 중간상들이 학문 생산자를 통제하고, 듣는 이들을 왜곡시키는 것이다. 그것은 언론일 수도 있고 자본일 수도 있으며, 시류에 영합하는 인문학자 자신일 수도 있다. 이와 더불어 자본과 경쟁 논리에 빠진 학문의 외적 자리와 학문이 무엇인지 이해하지 못하는 획일적인 교육 관료들의 정책, 학적 깊이와 무게, 진지함을 견디지 못하는 사회 내부의 천박함 또한 학문을 왜곡하는 중요한 외적 요인이다. 우리 학문 정책의 큰 문제 가운데 하나는 모든 것을 한 가지 논리로만 재단하고, 학문이 성숙해 가는 과정과 터전을 자신이 지닌 한줌의 이념과 독단적 신념으로 단정하려는 태도에 있다. 그래서 언론이나 매체, 대학 정책 등 학문 외적인 요인들이 학문 내적인 영역을 결정하는 의제 설정에서의 역전 현상이 벌어진다. 이런 까닭에 인문학이 행하는 해석의 작업이 그들만의 자리에 머물러 있고, 그들만의 놀이로 끝나 사회나 문화와 소통되지 않는 것이다.

철학을 비롯한 인문학의 이론과 해석 작업 역시 근본적으로 학문인만큼 일반인들이 즉시 이해할 수 있는 수준에서 이루어질 수 없다는 사실은 분명하다. 학문을 이해하기 위해서는 학문의 계보학과 학문 내에서 통용되는 개념에 대한 이해가 필요하다. 그럼에도 불구하고 인문학의 경우 그 내용과 대상, 문제 영역이 현재란 해석학적 지평에 자리하기 때문에 어떤 형식으로든 소통의 문제가 매우 중요해진다. 인문학의 문제의식과 그에 대한 해답으로서의 이론 체계는 현재란 지평에서 검증될 필요가 있다. 그럼에도 학문함의 터전이라 할 공론의 장은 학문 밖이 아니라 학문 자체에서부터 설정되어야 한다. 인문학이 가야 할 길은 인문학의 내부에서 주어진다.

인문학적 소통의 문제

학문 자체에 대해 논의할 때 경계해야 할 것 가운데 하나는 자본주의적 소비 심리에 영합하려는 태도이다. 인문학이 대중과 소통하지 못하고 상품화될 때 이는 학문에 대한 배반일 뿐 아니라, 인간성에 반하는 학문이 된다. 인문학의 상품화란 소비문화와 대중문화 안에서 임의로 설정된 대중의 기호에 영합해 다른 파생적 가치를 추종하는 경향을 가리키는 말이다. 그때 인문학은 시대의 소리를 듣고 그 시대 사람들의 근원적인 필요에 따르면서 나아갈 길을 말하지 못하는 왜곡된 언어에 갇히게 된다. 그것은 현재를 성찰하는 것이 아니라 현재에 영합하고 편승하는 행위에 지나지 않는다.

현재의 인문학이란 말은 이중적으로 이해되어야 한다. 현재의 근본적 문제와 필요, 현재의 아픔을 무시할 때 학문은 의미 없는 꾸밈에 지나지 않게 된다. 또한 현재의 일면적 요구를 추종하고, 그 모순과 틈새를 메우는 역할을 한다면, 그것 역시 학문을 포기하는 행동에 지나지 않을 것이다. 인문학은 대중문화의 필요에 영합하지 않고, 시대의 의미를 깨닫게 해줌으로써, 그래서 필요와 욕망이 나아가야 할 올바른 방향을 제시해 줌으로써 위안이 될 수 있다. 인문학은 역사의 경험과 상처를 잊게 하는 것이 아니라, 현재란 자리에서 그것을 기억하고 이해함으로써 치유하는 학문이다.

인문학을 대중의 수준에서 이해하도록 만들어야 한다는 강박증은 쉽게 열매를 따려는 조급증의 산물이다. 그런 주장은 정당하지만 자칫 학문을 함량 미달의 수필 한 편 정도로 만들어 버릴 위험이 있다. 인터넷에 떠도는 피상적 지식을 조합해 몇 가지 멋진 글놀이를 덧붙여 급조해 내는 현란한 인문 서적들이 오히려 인문학의 위기를 초래한다. 개념과 맥락, 학문의 역사를 배제하고 손쉽게 접근하고 이해할 수 있게 한다는 허상은 학문의 성숙과 발전을 위해서도 철저히 비판받아야 한다. 대중의 기호에 영합하는 번쩍이는 아이디어와 가슴에 호소하는 학문을 참된 학문인 양 여기는 것은 사이비 놀음일 뿐이다.

우리의 이해와 인식은 마음에서 이루어진 원초적 의미 결단과 동의, 존재론적 결단에 따라 달라진다. 그것은 근원적인 존재 이해와 함께한다. 개념 훈련이 부족해 이해하기 어려운 것과 문제의식을 공유하지 못하기 때문에 이해받지 못하는 것은 다른 문제이다. 우리 자신의 문제는 도외시한 채, 남들의 문제에서 나온 해답을 논의하는 학문 현실이 오늘날 학문을 대중의 관심 밖으로 내몰고 학문에 대한 대중의 이해를 어렵게 만든다. 자신의 '문제'에 기반하지 않은 이론 체계와 성찰하지 않는 현실에서 기인한 불신, 고뇌하지 않는 학문에 대한 절망이 지식에 대한 회의를 낳고 있는 것이다. 지식의 변화에 대처하지 못하는 지식인의 문제 역시 이런 문제 때문이다. 지적 성찰과 고뇌의 부족은 학문의 보편적이고도 오래된 문제이다. 자신의 지적 정직성과 성실성, 지금 여기의 문제를 고뇌하는 학문함이 결국 학문을 성숙시켜 갈 것이다.

독일의 사회학자 울리히 벡(Ulrich Beck)에 따르면 "위험의 원인은 이제 더 이상 무지가 아니라 오히려 앎"에 있다. 후기 산업사회에서 지식은 오히려 위험을 증대시킨다. 그것은 성찰적 지식이 사라진 이성의 독단적 기획이 빚어낸 실패이며, 자본에 종사하는 객체화된 지식의 위험이다. 의미의 지식이 결여된 체계와 그런 기획, 미래에 대한 결단과 의미를 상실한 세계는 위험하다. 그러기에 성찰적 지식의 해석 작업과 더불어 이를 지성적 대중과 소통하는 작업을 수행해야 하는 것이다. 이것이 대중 추수주의의 맹목성을 넘어서는 길이다. 독선과 독단을 막는 것, 전체주의적 기획의 폭력에 맞서는 것이 지성의 역할이기에 사회적 주류 집단을 정당화하고, 성장 신화와 경제 제일주의의 폭력을 이기지 못하는 인문학은 위험하다. 그런 현실에 봉사하는 인문학은 학문의 정신을 배반하는 학문일 것이다.

지식 엘리트가 대중과 다른 특별한 권한을 누리는 것은 분명 시대에 역행하는 것이며 있을 수 없는 일이다. 그러나 그 말이 지식인에 의한 지식 활동, 학문 활동조차 대중적이어야 한다는 의미는 아니다. 오늘날 지식인은 학문적 권위를 부정함으로써 역사와 세계를 성찰하는 학문 활동을 포기하고, 시대의 과제를 던져 버린 채 지식 전문가로만 활동하려 한다. 지식인이 지식을 배타적으로 독점하려 한다면 비난받아야겠지만, 고뇌에 찬 학문의 결과를 대중주의의 결과와 동일시하거나 그러한 지평으로 환원시켜서는 안 된다. 지식 엘리

트들의 특권에 대한 비판이 전문가들의 전문성 자체에 대한 거부로까지 이어져서는 안 된다. 엘리트주의는 비판받아야 하지만, 성찰적 지식인이 지닌 시대의 몫조차 거부하는 것은 반지성주의가 될 것이다.

오늘날 학문 공동체가 대중과 직접 만나 자신의 지식 체계와 성찰을 나눌 수 있는 터전과 수단은 거의 존재하지 않는다. 대중과 소통할 수단은 언론이 지니고 있으며, 그 역할은 언론이 대신하고 있다. 그럼에도 나는 그 어떤 언론이 자신의 관심사를 벗어나 성찰적 지식을 대중과 상호작용시켰다는 말을 듣지 못했다. 자본과 권력의 속박에 묶여 정치적·경제적 이해관계에 물들거나 대중주의에 빠진 언론은 성찰적 지식을 바라보려고도, 이해하려고도 하지 않는다. 그러기에 대중과의 관계가 왜곡되고 단절된 것이다. 대중의 존재론적 의미를 인정하면서 대중과 소통하는 지적 작업을 긍정하는 것은 지식인의 중요한 의무이다. 참된 인문학적 지성은 자신의 특권적 지위가 아니라, 고뇌에 찬 지적 작업의 특권을 주장해야 한다.

복잡하고 정교한 후기 산업사회에서 인간으로서 최소한의 품격을 지키기 위해서는 누구에게나 예외 없이 인문학적 지성이 요구된다. 이는 존재 양식을 지키고 자신의 선을 위하며, 존재에 대한 폭력과 야만에 맞서는 최소한의 인문 정신이다. 인문학이 지닌 자기 이해와 자기 성찰적 특성은 외적 학문 체계로부터가 아니라 인간성 자체로부터 나오는 내재적인 것이다. 자기 이해와 성찰을 위한 인문학의 정신은 인간을 위한 것이며, 그러기에 인간은 인문적 존재로 자리하는 것이다. 인간을 위한 자유와 자존, 지성의 독립성을 포기하고, 맞서야 할 전체주의적 흐름에 굴복하는 것은 인간에 대한 배반이다. 인문학적 지성이 이런 전체적 흐름에 종사할 때 그것은 자신에 대한 배반이며 나아가 인간에 대한 배반일 것이다. 스스로 소비적 지성이 되고, 모순의 틈새를 메우는 학문이 될 때 그 인문학은 죽은 것이다.

인문학은 학문 자체의 근거를 물어야 하며, 그것이 선행되지 않을 때 학문으로 자리할 수 없다. 근대의 학문은 '수월성'이란 이름으로 지극히 실용적이며 기능성과 효율성을 강조하는 도구적 지식 체계로 전환되었다. 하지만 수월성 개념은 오용되고 있다. 그것은 실용과 기능, 효율을 중시한다는 명분 아래 인문학의 자기 성찰적 기능을 무시하고, 근대성의 체계에 종속되었다. 오늘날 인문학의 위기는, 인간의 삶과 완성, 적어도 인간의 실존적 고뇌와 내적 의미에 관계되는 지식 체계 안에 자리하고 있었던 고·중세나 동아시아의 학문 전통을 벗어나, 실재에 대한 객체화되고 계량화된 지식을 추구하는 근대로의 전환 때문에 초래된 측면이 강하다. 따라서 이런 근대의 한계와 모순을 느끼고 죽음을 성찰할 수 있는 자만이 삶을 새롭게 해석할 수 있다. 인문학의 죽음을 성찰할 때, 우리는 죽어야 할 학문과 새롭게 태어날 인문학을 그려 볼 수 있을 것이며, 그 탄생을 도울 새로운 지식인의 모습을 보게 될 것이다. 그것은 야만과 폭력에 맞서는 인문학적 존재를 의미한다.

(3) 인문학적 존재의 몰락

성찰적 지성의 몰락

인문학자나 지성인이 세계의 변화를 주도하던 시절은 지나갔다. 지금은 지식이 자본을 산출하는 수단으로 간주되거나 그 자체로 상품으로 취급되는 시대이며 성찰적 지성이 전문적 지식으로 뒤바뀐 시대일 뿐이다. 지식과 지식인, 학문과 대학이 더 이상 지적 권위를 독점하는 시대가 아니다. 그것이 그 자체로 시대의 위기도 아니며, 이런 사실을 슬퍼해야 할 이유도 많지 않다. 시대의 변화를 되돌릴 수는 없다. 그럼에도 불구하고 인간의 실존적 상황과 존재론적 근거에 대한 지성의 역할이 사라졌을 때 이 문제에 대해 말할 사람은 누구일까? 현대사회를 주도하는 집단은 전문 지식인들, 과학·기술 전문가 집단과 자본주의 시장을 선도하는 기업과 금융 전문가들인 것 같다. 이들이 사회와 문화를 이끌어 가고 있다. 그런데 이들은 삶의 의미와 가야 할 곳, 존재의 의미에 대해서 어떤 말을 하고 있는가? 오히려 자본에 완전히 복속된 인간, 자본 이외엔 어떤 다른 의미도 알지 못하는 인간에게 지식은 그저 일시적인 기쁨과 위안을 주는 역할을 하고 있을 뿐이다. 이는 자유와 해방, 진실을 추구하는 인간의 지식에 대한 열망을 방해하고 뒤틀어 놓는 결과를 초래한다.

서구의 근대가 이룩한 혁명은 신앙을 비롯한 개인의 신념과 가치판단, 규범과 같은 문제를 실존적 영역으로 환원시켰다. 사회와 공동체는 개인의 신념과 가치 체계의 자유를 보증하며, 그런 영역에 관여하지 않는다. 이것은 근대가 이룩한 개인의 권리와 자유, 인권 혁명의 결과이다. 그럼에도 불구하고 그런 자유로움이 곧 신념 체계와 가치판단, 규범이 불필요하다는 뜻은 아니다. 오히려 실존적 차원에서 존재 의미의 문제는 더욱더 절실해지고 있다. 공동체가 대신해 주지 않기에 개인이 자신의 실존적인 영역에서 이를 기획하고 결단해야 하기 때문이다. 이런 지평에 관계하는 학문이 사라질 때 우리는 어떤 존재 의미를 바랄 수 있을까?

계몽주의 이래 지식인은 진보와 해방, 역사의 의미와 진리에 대한 책임, 시대의 의미를 밝히는 집단으로 이해되었다. 지식인을 단지 지식에 대한 전문가 집단 정도로 이해할 때, 사회를 비판하고 전망을 제시해야 할 지식인의 역할은 망각된다. 역사의 진보에 기여하지 못하는 지식인은 가공된 지식을 파는 지식 상인이 될 뿐이다. 특히 포스트모더니즘 이후 절대 진리에 대한 거부와 진리 추구 행위 자체를 권력과 관련짓는 풍조나 이데올로기가 과잉으로 작동함으로써 빚어지는 역기능으로 인해 이성의 파탄을 목격한 사람들은 지식인의 역할조차 조롱거리로 삼는다. 이데올로기의 폭력과 전체주의의 참상, 그것이 빚어낸 참혹한 결과를 너무도 잘 알고 있기에 이는 한편으로 이해가 되는 일이기도 하다.

성찰성을 상실한 지식은 파편화되고 객체화된 지식을 낳는다. 그것은 도구주의적이며 실용주의적 지식이다. 백과사전적 지식, 인터넷 포털사이트에 널려 있는 지식은 위험하다. 성리학이 학(學)을 '깨달음'(覺)으로 읽는다는 것은 이런 지식의 객체성을 경계한 말이다. 지적 성찰과 지적 고뇌를 상실한 학문은 인문학일 수 없다. 또한 지식이 개인의 깨달음과 성찰에만 한정되어서도 안 된다. 그것은 또 다른 의미의 반지성주의일 뿐이다. 지식과 학문은 결코 대중이 모여 만들어 낼 수 없다. 대중이 지식과 학문을 만든다면, 그것은 지식의 퇴행, 학문의 죽음을 의미할 뿐이다. 탈근대를 지향하는 인문학이 자리한 현재는 불편하고 힘들지만 지성적 고뇌의 과정을 거쳐 이루어 내는 성찰적 학문이 절실히 필요한 시간일 것이다.

지식인의 역할 변화

문화적 삶의 피상적 모습은 지식의 의미가 바뀌고 지식인의 역할이 변화한 데서 잘 드러난다. 지식인은 그들이 수행하는 지성적 직업에 따라서가 아니라 활동 방식, 스스로를 인식하는 태도, 그들이 지지하는 가치에 의해 규정되고 있다. 이 시대 지식인은 성찰해야 할 과제를 수행하는 것이 아니라, 그 지식을 이익 창출의 수단으로 활용하고 있다. 바우만이 말했듯이 "지식인이 된다는 것"이 의미하는 바는 각자의 직업이나 예술 장르라는 지엽적인 문제를 벗어나 진리, 가치판단, 시대정신 따위의 포괄적인 문제를 깊이 있게 사유하는 데 있다. 오늘날의 지식인 모델은 계몽주의 시대의 지식인상에서 비롯된 것이다. 중세에는 성직자, 수도사들이 지식인의 전형이었으나 중세 체제의 해체와 함께 독립적이며 종합적 지식을 갖추고, 사회의 전망과 역사의 의미, 시대의 정신에 대해 비판적으로 발언하는 지식인이 나타났다. 참여적 지식인을 지칭하는 '인텔리겐치아'(Intelligentsia) 개념은 계몽주의 혁명 이래 러시아를 중심으로 형성되었다. 중세와 달리 지성인을 참여적 지식인으로 이해하는 것은 근대의 특징 가운데 하나이다.

계몽주의 근대의 기획이 저지른 전체성의 폭력과 차별의 보편성, 제국주의와 이성의 폭력에 대한 근대 내부의 지적 비판이 사라졌을 때 지식인의 역할도 변하게 된다. 진보와 해방, 자유와 자율성은 오히려 근대의 지식인을 함몰시키는 말이 되었다. 계몽이 야만이 된 역사에서 성찰적 지식은 사라져 갔다. 퓨레디(Frank Furedi)의 말처럼 계몽주의의 결과물로 등장한 지식인은 전통적으로 보편주의를 대변하려 애써 온 존재들이다. 근대의 지식인은 보편주의를 수용하면서, 다시 말해 "개별주의를 거부함으로써 자신을 구축"해 왔다. "이성, 합리성, 과학, 자유와 같은 구체적인 경험을 뛰어넘는 가치를 옹호하는 과정에서 지식인은 계몽주의적 기획의 중요한 특징을 재확인"했다.[4] 지식인의 자기 성찰성이 사라지면서 지식인의 전통적 역할도 사라졌다.

지식인을 정의하는 수많은 말 가운데 무엇이 오늘날 이 땅의 학문하는 사람의 모습일까? 분명한 것은 그가 결코 현실을 유지하거나 더 나은 이익에 봉사하는 자가 아니라, 고전적 의미에서의 진리와 자유, 인간의 해방과 진보, 역사의 의미에 관계하는 자라는 사실이다. 그는 결코 현실을 유지하려는 이데올로기를 제시하는 자일 수는 없다. 지성인은 자신의 전문적 지식으로 사회에 봉사하는 전문가주의(professionalism)에 머물러서는 안 된다. 이 시대 지식인들이 직면한 가장 심각한 위협은 오히려 자신을 스스로 '전문가주의'에 한정시키는 태도이다. 전문가주의는 사이드가 말했듯이 "적당히 전문가적인 행동이라고 여겨지는 것을 하면서, 자신의 일을 생계를 위해서 하는 것쯤"으로 여기는 태도이다.[5]

---

4 프랭크 퓨레디 외(2005), 『그 많던 지식인들은 다 어디로 갔는가』(정병선 옮김, 청어람미디어).
5 에드워드 사이드(2008), 『저항의 인문학』(김정하 옮김, 마티).

그래서 지식인은 그 공동체에서 결코 "풍파를 일으키거나 암묵적으로 용인된 한계와 관례를 벗어나서도 안 되며, 시장에서 팔릴 수" 있어야 한다. 그런 지식인은 "논쟁을 불러일으켜서는 안 되며 비정치적이고 중립적이며 객관적"이어야 한다. 그는 자신의 전문적 지식으로 역사의 종말에 이른 후기 자본주의사회의 발전에 기여하면서, 사회 비평의 역할을 제도 내에 국한시켜 수행한다. 이제 지식인은 다만 텔레비전 토크쇼와 조금 더 진지한 신문들의 '문화면'에서 항구적인 지위를 누리면서 자신의 역할을 판매하는 존재가 된다. 그의 권위는 세계와 역사의 의미, 인간의 완성과 진리 따위의 말에 있는 것이 아니라 자신의 분야에서 지닌 전문적 지식에 따라 좌우된다. 비판적이면서 나아갈 길을 제시하는 작업은 제도권에서는 가능하지 않을 것이다. 변화는 중심부에서는 일어나지 않는다. 요동치는 변화의 가장자리에서 새로운 전환이 가능하다.

2. 인문학의 인간

(1) 인간 이해의 철학

철학적 인간학

인문학은 인간에 관한 학문이면서 인간에 의해 이루어지는 학문이다. 따라서 인문학은 연구의 주체가 객체인 동시에 객체가 또한 주체인 학문이다. 그러기에 이미 인문학은 자기를 지시하고 자기 자신에게로 돌아오는 자기 회귀적 학문이라고 했다. 인문학을 학문하는 현재의 인간은 누구인가? 전통적으로 철학적 인간학은 인간에 대해 연구해 온 분과였다. 인문학은 인간에 대한 학문이기에 사실 인문학의 역사가 인간 이해의 역사이며 인문학을 인간학의 다른 이름으로 이해할 수 있다. 앞에서 언급했듯이 칸트는 철학의 문제를 네 가지로 정의하면서, 그 모든 문제는 결국 '인간은 무엇인가'란 질문에 대한 해답의 시도이며, 그 질문의 다른 모습이라고 보았다.[6] 인문학과 철학의 주제는 결국 인간의 자기 이해에 대한 질문과 해답의 시도라고 말할 수 있다.

칸트 이후 형이상학적 범주를 넘어 인간의 본질을 이해하기 위한 철학적 노력들이 여러 방면에서 나타났다. 생물학적 지식을 근거로 하는 이른바 생물학적 인간학을 대변하는 플레스너(Helmuth Plessner), 겔렌(Anold Gehlen),[7] 문화철학적 관점에서 인간을 바라본 카시러(Ernst Cassirer) 등이 철학적 인간학의 시초라고 할 수 있다. 이처럼 근대에 이르러 인간이라는 주제에 한정해 명시적으로 전개된 철학을 인류학과 구별해 철학적 인간학이라 한다. 셸러(Max Scheler)의 저서 『우주에서 인간의 지위』를 흔히 명시적으로 철학적 인간학을 정립한 계기로 본다. 그것은 철학의 중심 문제를 인간이란 무엇인가, 그리고 인간은 존재·세계·신 전체에서 어떤 형이상학적 위치와 지위를 지니는지에 대한 물음으로 바꾸어 놓았기 때문이다.[8] 이를 계기로 철학은 명시적으로 인간에 대해 물을 수 있게 되었다.

오늘날과 같은 진화 생물학의 시대에 철학은 인간과 생명에 대한 자연과학의 지식에 근거해 인간을 이해해야 한다. 이것은 부인할 수 없는 학적 출발점이 된다. 하지만 그런 작업이 자연과학적 업적을 통해 인간의 존재 의미를 밝히는 데 그쳐서는 안 된다. 진화 생물학의 학문적 성과에서 더 나아가 그것에 대한 해석학적 해명을 통해 인간을 존재론적으로 이해해야 하는 것이다. 자연과학이 제공하는 객체적 지식은 생명체로서 인간의 조건을 이해하는 토

---

6 임마누엘 칸트, 『논리학 강의』 서문(WW. VIII, S. 343).

7 겔렌은 인간을 결핍된 존재로 이해하면서 철학적 인간 이해를 모색한다. 아르놀트 겔렌(2001), 『인간학적 탐구』(이을상 옮김, 이문출판사).

8 Max Scheler(1928), *Die Stellung des Menschen im Kosmos.*

대이다. 그런 객체적 지식에 근거하지 않을 때 인간에 대한 해석은 결국 이념적 선언이나 자신의 신념에 따른 독선적 판단에 그칠 수 있기 때문이다. 철학적 인간학을 정초한 겔렌이나 셸러는 생물학적 형이상학의 관점에서 인간학을 논의했으나 그런 철학은 곧 한계에 이르게 된다. 인간은 신적 존재와 동물 사이의 어떤 중간자가 아니라 '전체로서' 하나의 인간, 생물학적이면서도 존재론적이며, 의미의 세계를 지향하지만 생명체로서의 외적 조건에 매인 존재이다. 그러기에 생물학적 환원론의 태도는 물론이고, 정신과 육체를 구별하는 이원론적 관점에 기초해 형이상학으로만 인간을 이해하려는 태도도 인간을 정당하게 이해하지 못하는 것이다.

그러나 이런 관점이 플라톤과 데카르트, 가깝게는 후설 등에서 보듯이 분명히 철학사적인 근거를 지니고 있음에도 불구하고, 이를 넘어서는 어떤 근원적 개념을 정립하지 않고서는 인간을 전체적으로 이해할 수 없다. 이런 기존의 철학적 인간학이 가진 한계에 대한 대응으로 해프너(Gerd Haeffner)는 인간 이해의 출발점을 존재론적으로 정향된 주체 개념에서 찾는다.[9] 인간을 주체로 설정하는 것은 인간에 대한 질문이 존재론적 차원에서 이루어진 것이다. 그것은 인간 이해가 근본적으로 이런 진리론 내지 존재론이란 맥락에서 형성되기 때문이다. 인간은 다만 생물학적인 생명체에 불과한 존재가 아니다. 주체로서의 인간은 결코 근대 인식론적 관점에서 이해된 인식 주체도 아니며, 객체와 짝을 이루는 개념의 주체도 아니다. 주체성은 차라리 존재의 단일성이며, 자신의 존재를 이해하는 존재자란 관점에서 이해된다. 여기서의 단일성이란 주체가 스스로 수행하는 것이며, 나와 너, 자신과 타자가 지니는 차이와 동일성의 관점에서 이해해야 하는 말이다. 인간은 이런 동일성 안에서 타자, 즉 다른 생명체 및 다른 인간들과 차이를 지니며, 이런 같음과 다름, 동일성과 차이가

---

9 게르트 해프너(1996), 『철학적 인간학』(김의수 옮김, 서광사), 31-46쪽 참조.

어우러지는 것이 바로 인간의 존재론적 특성이기 때문이다.

　세계-내-존재인 인간의 고유한 주체성은 이 같은 존재론적 개념에 의해 해명된다. 그것은 인간을 이해하기 위한 근본적인 차원을 형성한다. 여기에 언어와 사회, 역사와 신체를 지닌 인간에 대해 분석하는 해석학적이며 존재론적 작업이 자리한다. 인간은 본질을 추구하지만 이는 필연적으로 역사와 사회, 언어와 문화 등 구체적인 것을 통해 실현되기에 자연과학의 지식은 여기에 객관적 지식을 제공한다. 인문학을 수행하는 지적 기초는 삶의 자연적 구조와 자연 세계란 조건에 대한 이해와 해명에 자리한다. 인문학을 위한 자연 사물의 이해와 해석은 존재론의 지평에서 정초된다. 그러기에 존재론적으로 해명된 인간 이해에 따라 진화 생물학을 비롯한 개별 학문의 인식론과 진리론이 연결되는 지점이 자리 잡을 수 있을 것이다.

　하버마스 역시 이런 관점에서 철학적 인간학을 개별 분과 학문으로 근거 지우려 하지 않고 오히려 분과 학문의 학문적 결과를 원용해 이를 해명하는 철학으로 정의한다. 그래서 철학적 인간학은 다른 "근본주의적 존재론(존재론, 실존철학)과 구분"된다.[10] 오늘날 인간의 생물학적 조건에 대한 과학의 연구 결과는 이런 원리의 정신적 요소를 뒷받침해 줄 생물학적 근거를 제공해 줄 수 있다. 다만 자연이 어떻게 존재하는지를 과학적으로 탐구하는 것만으로는 자연의 본질을 알 수 없듯이, 인간의 존재 역시 과학적 층위가 아니라 그 존재의 특성과 본질에 따라 이해해야 한다. 그래서 하버마스는 철학적 인간학은 개별 학문의 지식을 바탕으로 "의미 이해적으로 해석"해야 한다고 말한다.

---

10 위르겐 하버마스 외(1999), 『비판적 사회과학과 철학적 인간학』(이현아 옮김, 서광사), 19-20쪽.

인간에 대한 존재론적 이해

궁극적으로 인간학의 탐구 목적은 인간이란 어떤 존재인가를 이해하는 데 있다. 인간을 해석하는 주된 개념은 주체성과 자기 관계성이란 두 가지 원리가 단순히 결합되는 것이 아니라 상호작용하면서 만들어진다. 철학적 인간학은 이를 정신이나 영혼, 인격 개념 등 형이상학적 지평에서 추구한다. 그리스도교 전통에 근거한 철학은 인간이 신의 모습(Imago Dei)에 따라 창조되었다고 말한다. 그래서 이들은 인간 본성을 신의 위격성(persona)에 따라 영혼과 인격(personality), 정신 등으로 이해했다. 불교에서는 불성(佛性) 개념을, 유가에서는 천명(天命)과 성(性) 개념을 제시한다. 한 가지 분명한 것은 이 모든 전통이 인간에게는 생물학적 차원을 초월하는 어떤 다른 본성이 존재한다는 전제를 지니고 있었다는 사실이다.

인간이란 언제나 구체적인 이곳과 지금이라는 시간에 사는 존재이다. 따라서 인간을 올바로 이해하기 위해서는 이런 보편적이며 전통적인 원리와 함께 인간이 지니는 차이와 구체성을 올바르게 수용해야 할 것이다. 그럴 때 이러한 이해는 타당성을 지니게 된다. 즉, 인간의 보편성에 근거한 동일성과 역사성에 따른 차이를 아우를 때 비로소 자연과학을 넘어 인간을 그 본질에서부터 이해할 수 있는 것이다. 인간의 본질은 실존하며 존재하는 구체적 인간의 현재를 떠나 주어지지 않는다. 인간은 자신을 이러한 현재에서부터 사유하는 존재이다.[11]

해프너에 따르면 인간을 이해하기 위해서는 인간존재의 기초인 언어와 사회성, 역사성, 신체성과 정신적 요소인 의식과 의지의 자유, 인간존재의 통일성과 의미의 물음 등의 주제를 밝혀야 한다. 신학자인 심상태는 인간의 세계-내-존재 양식, 육신과 영혼성, 성의 문제, 인격성과 사회성, 역사성, 초월 체험, 자유와 사랑, 고통과 희망, 죽음 등의 주제를 제시한다. 한편 하이데거에 따르

---

11 심상태(1989), 『인간 : 신학적 인간학 입문』(서광사).

면, 인간은 세계-내-존재로서 세계에 던져져 있지만 자신의 세계를 기획하는 특성(기투성)을 지니고 있다. 인간은 존재의 의미가 드러나는 터전으로서 실존적 존재이기에 그가 지니는 실존 범주는 이해와 언어, 세계에 처해 있음, 죽음을 향한 존재로 해명된다.[12] 인간의 일상적 삶이 지니는 의미와 역사적 성격, 실존적 특성은 이런 관점에서 의미를 지닌다.

인간이 존재 의미가 드러나는 현존재로 존재하기 위해 가장 중요한 것은 진리와 연관된 자유로움일 것이다. 사실 진리란 어떤 의미에서는 자유의 또 다른 이름이다. 진리는 자유 없이 드러나지 않으며, 자유란 진리 안에서만이 올바른 자유로 제시된다. 인간을 인간학적으로 이해할 때 가장 중요한 특성은 진리와 자유이다. 자유는 사실적이라기보다는 훨씬 더 존재론적으로 이해된다. 인간을 생물학적으로 이해할 때 35억 년에 걸친 진화의 역사에서 의식의 탄생과 정신의 발생은 인간이 더 높은 세계로 나아갈 수 있는 역사적 근거가 된다. 인간은 생물학적 차원을 넘어 이런 의식과 정신이 있기에 초월의 존재로 자리할 수 있는 것이다. 여기에 인간의 생물학적 차원을 넘어서는 존재론적 특성이 자리하며, 이런 특성이 인간을 영적 존재로 이해하는 전통의 근거가 된다. 그럼에도 인간을 이해하는 현재적 특성, 생물학적 조건, 역사성 등이 부차적 의미만을 지니는 것은 옳지 않다.

사실 의식이 탄생한 이래 인간은 끊임없이 자신과 세계, 자신과 타자와의 관계, 존재의 의미에 대해 질문했다. 그 역사는 인간이 자신과 세계, 자신의 몸과 정신, 삶과 죽음에 대해 성찰한 과정이다. 이런 의미에서 인간이 이룩한 모든 업적을 문화란 이름으로 이해한다면, 이에 대한 해석과 의미 부여는 전적으로 인간의 근본적 의미 발견과 의미 구현이란 이름으로 주어지게 된다. 따라서 인문학은 물론 다른 학문과 문화, 예술까지도 이런 역사적 흐름과 의미

---

12 마르틴 하이데거(1998), 『존재와 시간』(이기상 옮김, 까치출판사), 25-44절 참조.

론에 따라 이해될 것이다. 인문학을 위한 인간 이해는 전통적인 철학적 인간학의 논의를 넘어서 있다. 이것은 생물학적 기본 요인과 문화적이며 학문적인 철학의 범위, 초월적인 층위까지를 포괄하는 이해이며, 또한 그런 과정일 것이다. 인간은 결국 존재론적 의미와 원리를 성찰함으로써 이해할 수 있다.

(2) 시대에 따른 인간 이해

모든 시대에는 그 시대에 고유한 인간 이해와 그에 따른 이상적 인간상이 있었다. 이 인간상은 그 시대의 정신을 가장 잘 재현하고 구현하는 인간의 모습을 표현한다. 나아가 이런 표상에는 그 시대정신을 성취해 가는 지향성이 담겨 있다. 따라서 우리가 지닌 인간에 대한 이해와 표상은 그 시대정신과의 관련에 따라 새롭게 해석되고, 그에 따라 새롭게 주어진다. 새로운 이해와 사유의 패러다임이 제시될 때 우리는 그에 상응하는 인간상을 표상하고, 그로써 그 시대정신을 재현하게 된다. 재현(representation)은 그 안에 담긴 원리와 이념, 이해가 드러나는 표상을 말한다. 재현 개념은 일차적으로 정치적 의미에서 이해할 수 있다. 왕의 권위를 대변하는 관리나 민주주의 체제에서 국민의 권리를 대표하는 의원들 등이 대표적인 경우이다. 또한 여기에는 신적인 현존을 재현하는 종교의식, 나아가 진·선·미나 성스러움을 재현하는 지식, 축제, 의식, 이미지 등의 의미가 포함되어 있다. 학문 체계 역시 자연과 대상에 대한 이해를 재현한 것이다.

　　과거와 미래라는 시간의 축은 '지금 여기'에 현존하는 인간에 의해 현재로 집약되기에, 따라서 우리는 시대에 대한 이해와 변화를 현존재로서의 인간에 대한 이해와 재현된 인간상을 중심으로 구분해 볼 수 있다. 인문학을 수행하는 주체는 구체적 인간인 동시에 보편적인 인간이다. 보편적 인간 이해가 시대정신과 시대의 얼굴로 드러나기에 그 흐름에 따라 각기 다르게 드러나는 인간의 모습은 그 시대에 대한 이해와 함께 그런 이해를 체계화하는 재현으로 이해된다. 인간 이해의 모습은 해석되고 재현된 시대정신이다.

고대와 중세의 인간 이해

고대 신화에서 전형적 인간은 자신을 초월하는 신적인 세계와의 관계에서 드러난다. 인간은 일차적으로는 그것을 초월하는 강력한 신적 세계에 숙명적으로 종속되어 있다. 그럼에도 이상적인 인간은 한편으로 신의 세계와 가장 잘 소통하는 인간이거나 그에 맞서 과감히 자신의 삶과 의지를 펼쳐 가는 영웅의 모습이다. 예를 들어 고대 민족의 신화나 설화에 나타나는 건국 시조, 영웅이나 전사들, 그리스신화와 호머의 서사시에 드러나는 영웅들의 신화적 모습이 이런 이해를 반영하고 있다. 이에 비해 인간의 힘을 절대적으로 초월해 존재하는 운명의 세계의 지배를 받는 나약한 인간은 일상적인 인간, 영웅과 대비되는 실제적인 인간의 모습으로 나타난다. 운명의 여신(Moira)의 지배를 받는 오이디푸스를 비롯해 소포클레스의 비극에 드러나는 인간상이 그런 인간에 해당한다. 그럼에도 인간은 플라톤의 '동굴의 비유'에서 보듯이, 이데아의 세계를 회상하고, 본질을 직관하는 능력을 지녔기에 동굴의 굴레를 벗어나며, 다른 인간을 위해 다시금 동굴로 돌아오는 지혜로운 존재이기도 하다.

이에 비해 성서적 인간관은 하느님의 형상(Imago Dei)에 따라 창조된 인간이라는 표상을 지닌다. 신에 의해 창조된 귀중한 존재인 인간은 그럼에도 흙에서 주어진 존재이다. 이렇게 이중적 모습을 지닌 인간은 영원한 고향을 찾아갈 때만이 존재의 의미와 충족을 얻을 수 있는 미완성품이며, 덧없는 지상을 벗어나야 하는 보잘 것 없는 존재이다. 지상의 나그네인 인간(Homo viator)

은 하느님의 말씀을 들어야만 자신을 일깨울 수 있는 존재, 즉 아브라함과 이삭과 야곱과 같은 인간이다. 그 인간은 신의 은총을 받으면서도 스스로의 나약함 때문에 쓰러지고 넘어질 수 있는 다윗과 솔로몬, 삼손과 같은 존재이다. 하느님을 따를 때 인간은 진리를 얻고 진실한 인간이 되며, 자신의 존재 의미를 전적으로 충족시킬 수 있다. 그러기에 인간은 그 말씀을 듣고 그것을 전하는 예언자, 이사야나 그 말씀으로 인해 고뇌하는 예레미야이기도 하며, 그 말씀을 피해 달아나지만 결국 다시 그 품으로 돌아가는 요나스이기도 하다.

헬레니즘 문화와 유대-그리스도교 전통이 만나면서 이런 고대의 인간관은 새롭게 변화한다. 유럽의 정신을 이루는 두 축인 헬레니즘 문화와 유대-그리스도교적 전통은 새로운 인간관에 충실히 반영되어 있다. 예를 들어, 그리스 교부 오리게네스(Origenes)는 양자를 종합해 하느님에 의해 영원히 교육받는 인간상을 제시한다. 인간이란 모든 진리와 선의 근원인 하느님을 찾아가는 영원한 교육의 과정에 놓여 있는 존재이다. 이를 통해 인간은 마침내 신적인 존재에 이르기까지 자신을 이끌어 가며, 그렇게 완성되어 가는 존재로 이해된다.

중세적 인간관에 따르면, 인간은 하느님의 말씀을 듣는 존재로 진리의 근원, 신의 존재 안에 머물 때까지 불안해하며 방황하지만, 그 안에서 참다운 삶의 근원을 찾는 존재이다. 아우구스티누스와 토마스 아퀴나스가 제시한 인간은 이런 모습을 잘 나타내고 있다. 또한 신의 창조물인 자연과의 연관 속에서 조화로운 삶을 영위해 가는 것 역시 인간의 참된 모습이다. 이것은 로고스 중심적인 플라톤적 인간과는 달리 존재의 진리를 몸으로 드러내는 또 다른 흐름의 인간관을 보여 주고 있다. 아시시의 프란체스코는 이를 잘 보여 주는 전형적인 인간이다. 그는 "평화의 기도"를 비롯한 다양한 기록들에서 자연의 다른 생명체들과 인격적 대화를 나누는 장면을 보여 주는데, 중세뿐 아니라 탈근대를 이야기하는 지금까지도 이보다 더 이성과 감성, 자연과 문명 세계의 조화와 일치를 잘 표현한 경우는 없었다.

근대의 인간 이해

고대 및 중세와 달리 근대에는 진보와 계몽의 인간, 지식인, 시민이란 새로운 인간 이해가 형성된다. 중세 세계의 해체 이후 그것을 대신한 근대 세계는 이성 중심주의와 인간중심주의, 진보와 계몽, 기계론적 세계관이란 특성을 지닌다. 세계와 역사, 인간을 비롯한 모든 존재는 이런 원리에 따라 해석되고 수용된다. 이 시대의 이상적 인간은 이성의 원리에 따라 살아가는 사람이며, 계몽의 정신을 실천하는 존재이다. 근대의 인간인 시민(citizen)은 고대처럼 운명에 의해 지배되는 인간도 아니고, 중세처럼 '하느님 나라의 백성'도 아닌, 자신의 이성으로 세계 안에서 홀로 자신을 이끌어 가는 계몽되고 문명화된(civilized) 존재로 나타난다.[13] 근대의 많은 선교사들과 탐험가들은 이런 이상을 "비계몽된 지역"에 전파하기 위해 기꺼이 자신을 희생하기도 했다. 그들은 자연을 정복하고 인간화하며, 무한한 진보의 이상과 인간 이성의 궁극적 승리를 한 치도 의심하지 않은, 근대의 정신으로 무장한 이들이었다.

여기에 뉴턴적 고전 과학과 다윈의 진화설, 프로이트의 심리적 구조에 따른 인간 이해와 진보주의(progressivism)가 서로 잘 맞아떨어지면서 근대의 전형적인 인간형을 창출했다. 자연의 힘 앞에서 존엄성과 위엄을 잃지 않으며 자신이 지닌 이성의 힘으로 새로운 세기를 열어 가는 위대한 인간이 불투명한 안개 속 저 너머의 세계를 응시하며 멋진 신세계를 향해 나아가는 모습이 근대의 이상적 인간형이었다. 이는 헤겔이 지적했듯이 존재의 주인으로서 세계와 자연, 다른 모든 생명체를 대상으로 다루면서, 모든 존재의 지배자로서 군림하는 인간중심주의를 반영하고 있다. 그뿐만 아니라 이것은 동아시아 세계에서는 문화 제국주의적 모습으로 드러나며, 근대 이후 우리에게 유럽 문화 우월주의로 일반화되어 나타났다. 지금도 이 땅의 학생들은 이런 인간상을 이

---

13 Immanuel Kant(1784), *Ideen zu einer allgemeinen Geschichte in weltbürgerlicher Absicht.*

상적 모습으로 배우고 있으며, 학교교육은 한 치의 의심도 없이 서구 근대의 인간상을 전파하고 있다.

이때쯤 해서 이런 이성과 사물에 대한 객관적 지식을 지닌 인간으로 '지성인'(Intelligentsia)이란 개념이 형성된다. 이는 유럽 내부의 문화적 환경에 대한 반성과 비판을 반영한 개념이다. 1800년대 중엽 러시아의 작가 투르게네프(Ivan Sergeevich Turgénev)에 의해 형성된 이 개념은 지식 계층을 뜻하는 말로 초기에는 회의적인 모습을 포함하는 부정적 의미를 지니고 있었으나 서구에 유입되면서 오늘날 우리가 이해하는 지성인 개념으로 수용되었다.

후기 근대에 이르러 이런 인간을 이해하는 근대의 정신은 절정에 이르게 된다. 과학·기술이 모든 진리의 준거점이 되고 자본주의적 세계관이 무한히 확대된 후기 근대는 이렇게 형성된 인간상이 좀 더 명확하게 구현된 시기이다. 따라서 이때의 이상적인 인간은 진리를 추구하는 인간이거나 완성을 향한 존재가 아닌, 계몽주의적 시민이 근대성에 의해 구현된 과학주의와 자본주의의 원리를 실현하는 존재이다. 자신이 지닌 기술을 이용해 자본을 창출하고 세계를 그 기술에 따라 이해하는 기술인(Technocrat), 자본주의의 이념에 가장 충실한 경영인(Businessmen), 디지털 시대와 정보화 시대에 정보를 소유하고 창출하는 정보인(Informacrat)[14]이 이 시대 이상적인 인간의 모습이다. 이는 바로 지금 우리가 보고 있는 이상적 인간의 모습이 아닌가. 경제와 과학·기술적 성취는 이 시대의 상징이자 시대정신의 재현이 되었다.

---

14 앨빈 토플러(1989), 『제3의 물결』(정해근 옮김, 서울경제신문) 참조.

(3) 보편적 인간 이해

인간이란 존재의 모습

인간은 일차적으로 중간자적 존재(中間子的 存在)이다. 파스칼이 잘 표현했듯이 인간은 신적인 존재는 아니지만 동물보다는 뛰어난 그 사이의 존재이다.『시편』 8장에서 보듯이 이런 이해는 무척 오래된 것이다. 그는 우주보다 위대하지만 한편으로 자신의 인간적 조건 때문에 몸부림치는 나약하기 그지없는 모순된 존재이다. 이런 이해는 사실 매우 일반화된 인간상이기도 하다. 인간은 시간적으로 시작과 끝 사이, 시작과 완성 사이, 하늘과 땅 사이, 육체적으로 욕망과 정신적 이상 사이, 감성과 이성 사이에 있는 존재이다. 그의 정신과 의식은 생명의 첫 시작에 근거해 시간적인 영역에 따라 형성되었지만, 신적인 영역을 향해 가려는, 그 사이에 머물러 있는 존재이다.

사이에 머물러 있기에 인간은 거기서 고뇌하며, 그 사이에서 허덕이는 모순된 존재로 드러난다. 모순성은 부인하고 싶지만 부인할 수 없는 인간의 본모습이다. 자신의 모순성을 받아들이지 못할 때 우리는 자신을 올바르게 이해하지 못한다. 자신의 모순성에도 불구하고 이를 넘어서고 그 틈새를 메우려는 모습이 바로 우리 자신이다. 자신의 모순성을 부정하는 인간에서는 결코 올바른 인간을 볼 수 없다. 도덕군자나 성인은 이상적 모습이거나 이데올로기적 편향성에 의한 것일 뿐이다. 모순된 존재이지만, 그 모순성에도 불구하고 그 안에 잠겨 있지 않는 것이 인간 본래의 모습이다. 그러기에 인간은 결국 길 위에 있는 존재, 과정 중에 있는 존재이기도 하다. 인간은 이미 완성된 존재가 아니라 끊임없이 걸어가는 존재이다. 그는 영원히 길 위에 자리한 존재이다. 그 길 위에서 존재의 정체성을 이해하고, 이를 위해 역사와 의미를 해석하며, 자신의 실존성에 아파하면서 이를 성찰하는 존재가 인간이다. 그는 끊임없이 자신의 한계와 모순을 넘어서려는 존재이다.

의미론적 존재

인간은 실존적으로 불안하고 허무한 존재이자 존재론적으로 의미를 찾아가며 이를 구현하려는 존재이다. 인간은 생물학적이거나 실존적인 층위를 넘어 의미와 완성을 필요로 한다. 인문학을 이해와 해석의 학문으로, 성찰과 예언의 학문으로 이해하고, 존재론적 참여가 필요하다고 정의한 이유는 인문학적 존재로서의 인간이 근본적으로 이런 의미론적 존재이기 때문이다. 그러기에 인문학은 물론, 인간이 수행하는 모든 학적 작업은 근본적으로 의미론적이며 존재론적인 것이다.

이런 의미론적 존재로서 인간의 본질은 형이상학적이다. 형이상학은 일차적으로 전통적이며 철학적 관점에서 이해되지만, 굳이 이런 관점에서만 이해되어야 할 까닭은 없다. 또한 의미론적 존재로서 인간을 이성적이며 합리적인 지평에 관계해서만 이해할 필요도 없다. 인간은 자신의 한계와 모순은 물론, 생명체로서의 특성과 실존적 특성을 지닌 존재이다. 몸을 지닌 존재인 인간은 그 안에서 이성과 감성은 물론, 생명체로서의 특성인 생명성과 함께, 그것을 넘어서 나아가려는 존재이다. 이런 넘어섬을 초월로 개념화한다면, 이것이 인간의 본래적 모습 가운데 하나인 것이 분명하다. 이런 모습을 초월성이라 정의한다면, 인간은 이 초월성을 떠나 이해되지 않는 존재이다. 이러한 초월성에 관계하는 학문이 바로 형이상학이다.

형이상학이란 말은 본래 주어진 조건을 넘어선 지평을 사유하려는 특성을 정의한 개념이다. 조건지어졌지만 그 조건성을 넘어서는 것, 한계에 직면해 있지만 그것을 넘어서려는 본성을 조건지어진 비조건성이란 말로 규정하기로 하자. 형이상학적 존재로서 인간의 본성은 바로 이러한 규정에 놓여 있다. 그것은 생명체의 조건과 실존적 한계를 넘어 의미를 만들어 가는 초월적 존재를 가리키는 말이다. 이런 특성을 떠나 인간의 학문인 인문학을 이해할 수는 없다.

그러기에 인간의 생활 세계에 관계하며 그 의미를 묻는 학문은 이런 초월성에 근거해 이루어진다는 사실을 명확히 해야 할 것이다. 사물에 대한 지식은 이런 의미론을 떠나 정당하게 이루어지지 않는다. 또한 세계는 의미를 추구하고 의미를 부여하는 인간이 있기에 이 우주 안에서 역사와 의미를 지니게 된다. 자연과 우주의 역사는 이런 형이상학적 존재인 인간 없이는 단순히 이곳에 놓여 있는, 현전하는 사물에 지나지 않게 된다. 우주와 자연, 세계와 역사, 인간과 모든 생명체가 나아갈 방향을 제시하는 것은 초월적 존재인 인간의 특권이자 숙명이기도 하다. 이런 존재성은 인간이 추구하는 의미 지평이란 근본 조건에 자리한다.

이런 보편적 인간 이해를 우리는 이 땅의 문화와 전통 안에서도 발견할 수 있다. 동아시아의 이상적 인간형으로 흔히 제시되는 군자(君子)는 유럽의 근대적 인간상과는 달리 근본적으로 진리 추구와 의미 구현의 존재로 정형화되어 있다. 동아시아의 이상적 인간은 안으로는 자신을 완성하고 밖으로는 천하를 평화롭게 만드는, 내성외왕(內聖外王)하는 선비와 군자이다. 그는 하늘의 소리(天命)를 듣는 사람이며, 성인의 도(道)를 구체적으로 드러내는 덕(德)을 실현하는 인간이다. 그는 자연을 거스르지 않으면서 밖으로는 사람을 평안하게 하고 안으로는 도를 닦는 사람이다. 동아시아의 인간 이해는 근본적으로 인문학적이며, 그러기에 의미론적이며 초월론적 지평에 자리한다. 인문학을 위한 존재, 인문학을 수행하는 존재가 이런 특성에 자리하기에 동아시아의 인간 이해는 현재의 인문학을 위한 중요한 전거가 될 것이다.

3. 인문학의 과제

(1) 인문학의 자리

인문학적 존재로서 우리는 인문학의 현재에서 제기되는 과제와 마주한다. 현재란 말이 '지금·여기'를 의미하기에, 현재는 시간과 공간에서 이해되는 중층적인 것이다. 그것은 앞에서 언급했듯이 어제와 오늘이란 시간의 날줄과 서구와 동아시아란 공간의 씨줄에서 주어진다. 우리의 현재는 이 두 축이 교차함으로써 갈등과 모순이 증폭되는 터전이다. 서구는 공간의 씨줄이란 문제를 지니지 않기에, 그들의 이론에는 여기서 생겨나는 갈등과 모순에 대한 성찰이 나타나지 않는다. 우리에게 인문학적 존재란 말은 이런 현재에서 주어지는 과제를 우리의 온 존재로 받아들여야 한다는 의미를 담고 있다. 그러기에 그것은 결코 체계와 제도로서가 아니라, 우리 존재에 관계되는 과제로 이해해야 할 것이다.

시간의 관점에서 주어지는 과제는 다가올 시간을 해명해야 하는 작업을 의미한다. 그것은 지나간 시간에 자리했던 세계를 넘어 나아갈 방향을 설정해야 하는 과제이다. 이것은 시간에서 나타나는 차이를 넘어 보편적 시간을 향한 과제인 것이다. 공간의 측면에서 유래하는 과제는 서구의 근대가 미친 영향을 벗어나며, 그 체제와 학문을 넘어 우리가 자리한 이곳을 해석할 학적 체제와 사유틀을 형성하는 작업이다. 그것은 이 땅에 사는 우리가 가진 정신적 전통, 정서, 가치관과 서구적 전통, 산업혁명으로 대표되는 과학·기술 문명에 뿌리를 둔 유럽 세계의 갈등에서 유래하는 과제이다.

오늘날 유럽과 미국의 문화와 물질문명이 세계를 주도하는 가장 중요한 세력임을 부인할 수는 없다. 동(東)으로 불리는 아시아 문화와 정신세계가 단절과 자기 부정의 시간을 거치는 동안 유럽의 문화와 학문, 과학·기술 문명은 상상 이상의 힘을 발휘하며 우리의 삶의 터전과 생활 세계를 침범하고 있다. 특별한 일이 없는 한 이 현상은 당분간 계속될 것이다. 비록 유럽과 미국의 몰락과 중국을 비롯한 동아시아가 헤게모니를 잡게 될 것이라는 예견은 심심찮게 제기되고 있지만, 현실은 결코 그렇게 간단하지 않다.[15] 예를 들어 오늘날 미국과 함께 헤게모니를 쥐고 있다고 하는 중국이 과연 경제력과 군사력에 상응하는 보편적 가치와 체계를 세울 수 있을지는 의문이다. 인권과 정의, 세계 평화와 보편적 철학이 중국 중심의 체제에서 과연 가능할까? 이에 대해서는 끊임없는 비판과 한계를 지적하는 말이 나오고 있지 않은가? 제2차 세계대전 이후 일본 역시 경제 대국으로 성장했지만 철학과 문화 영역에서 중심 세계에 들어서는 데 실패했다. 근대의 철학적 원리와 유럽적 세계체제 안에서 우리는 어떤 성격의 세계 문화와 학적 원리를 정립하는 데 기여할 수 있을까? 한 가지 분명한 것은 앞으로 인류가 이루어 나가야 할 문화 지평과 학적 체계는, 지난 세기와 같이 중심주의적 세계관이나 문화적 우월감에 가득 찬 개선주의적 세계관에서 이루어질 수 없다는 사실이다. 이런 맥락에서 시간적·공간적 차이를 넘어 보편성을 지닌 문화와 그에 따른 학문 체계에 대한 요구는 더욱 절실해질 것이다.

현대 세계를 주도하는 서구 문화, 그리스도교와 그리스 정신에 의한 유럽적 세계관의 성공은 그 자체의 보편성에 힘입은 바 크다. 근대 초부터 끊임없이 지속된 보편화와 세계화의 노력이 없었다면, 그리스도교 문화와 이에 바탕한 유럽 문화가 헤게모니를 쥐는 일은 상상조차 할 수 없었을 것이다. 그리스 철학 역시 같은 과정을 밟았다. 그에 비해 유교는 동아시아 문화가 정체된 주된 원인으로 간주되었으며, 이에 따라 혹독한 비판을 받고, 급격히 퇴조했다. 유가 철학뿐만 아니라 불교와 도교 등의 전통과 그 밖의 동아시아 학문과 문화, 예술 및 철학적 세계관도 보편성은커녕, 우리 세계를 새롭게 해명하는 데도 성공하지 못했다. 오히려 이 모든 체계는 시대에 역행하거나 전근대적이란

---

15 비버리 실버·지오바니 아리기(2008), 『체계론으로 보는 세계사』(최홍주 옮김, 모티브 북).

이름으로 혹은 근대화를 가로막는다는 혐의를 쓰고 부정되지 않았던가.

오늘날 우리가 세워 가야 할 보편 문화 지평이란 전 세계와 인류, 전 시대의 징표를 읽고 이를 터전으로 삼아, 그 삶의 자리를 담아내는 방향으로 이루어져야 할 것이다. 그것은 결코 서구 문화만의 것일 수도, 그에 대한 대안으로 제시되는 동아시아 문화만의 것일 수도 없다. 오히려 역사와 현재를 성찰하는 가운데 근대를 넘어서는 사유틀에서 주어질 것이다. 현재의 인문학의 과제는 이런 작업을 위한 해석학적 지평을 마련하는 데 있다. 그것이 오늘날 인문학적 존재인 우리에게 주어진, 탈근대를 위한 지성적 과제일 것이다.

(2) 인문학을 학문하는 존재

인문학의 존재는 어떤 얼굴로 다가올까? 계몽주의 이후의 인문학적 존재는 이성의 원리를 내면화한 지성인의 모습으로 나타났다. 그는 인식과 판단, 실천적 행위는 물론 심미적 판단까지도 합리성의 원리에 따라 만들어 가는 존재였다. 그 존재는 전문적 지식과 백과전서적 인문 교양을 소유한 참여하는 지성인으로 모습으로 재현된다. 그에 비해 동아시아 전통에서는 성학(聖學)의 정신에 근거한 지성인을 선비의 모습으로 정형화했다. 이런 지성인인 선비 계층이 그 시대에 가졌던 반사회적 역기능, 정쟁을 일삼으며 일반 민중 위에 군림한 행위, 변화하는 시대의 물결을 무시해 망국으로 치닫게 만든 반역사적 결과는 비판받아야 한다. 그럼에도 진리와 정의로움에 대한 순수한 열정과 지조, 높은 지적 수련과 수양의 전통, 공동체에 기여하려는 참여의 정신은 오늘날 우리들에게 정신적 삶의 지표가 될 수 있을 것이다. 근대 이전 시대에는 당연한 것으로 여겼던 진리와 정의에 대한 헌신, 인격의 완성을 위한 절제와 공동체에 대한 기여 등은 근대화가 과잉으로 치달으면서 점점 그 가치를 상실하게 되었다. 자본주의와 과학·기술의 시대로 대변되는 과잉 근대의 시대에 규범과 철학을 상실한 채 허둥대는 현대인에게는 충분히 가능한 일일지도 모른다.

유럽의 근대성이 이 땅에 밀려온 이래 우리는 이런 이상적 인간의 모습을 전근대적인 것으로 간주했다. 개항 이래 이 땅의 지성인은 선비와 군자의 모습 대신 서구적인 계몽된 '지성인'상을 이상적 인간형으로 받아들였다. 그럼에도 불구하고 전통적인 군자상, 선비 정신과 그 덕목에 대한 향수는 유럽에 대한 반발의 형태로든 복고의 형태로든 지속적으로 유지되어 왔다. 이런 모습은 우리 사회의 지식인에 대한 이중적 태도에서도 잘 나타난다. 학문과 대학에 세계화와 경쟁의 논리에 따라 자본주의사회에 기여하라고 요구하면서도 한편으로 이를 넘어설 성찰적 지성을 요구하는 분열된 모습이 그것이다. 이 시대를 감내하면서 이를 넘어설 지성의 존재는 어떻게 재현될 수 있을까?

과거의 지성인인 선비의 정신을 단순히 재현한다고 해서 이 시대의 인문학적 과제를 완수할 수 있는 것은 아니다. 선비 정신이 기반하고 있었던 삶의 자리(Sitz im Leben), 그 해석학적 지평은 오늘날 우리들의 그것과 같지 않다. 오늘날 우리에게 필요한 선비의 모습을 재현하기 위해서는 먼저 선비 정신이 싹트고 자랐던 지평에 대한 해석학적 성찰이 이루어져야 한다. 학문과 인성론이 함께하던 시대, 근대화의 체계가 현실화되기 이전의 삶의 지평에서 자라났던 선비 정신의 지평이 오늘날과 같을 수는 없는 것이다. 이런 차이를 해석학적으로 해명하지 못한 상태에서 선비 정신을 이야기하는 것은 의미가 없다. 퇴계나 남명의 사상, 다산의 방대한 저서와 선비로서의 모습, 실학의 전통 등이 과연 어떤 인문학적 지평에서 재현되고 의미를 지닐 수 있을까? 선비의 삶과 정신에 대한 이해는 오늘날 우리들에게 당면한 삶의 상황에 대한 성찰에 따라 해명될 때 올바르게 자리 잡을 수 있을 것이다.

오늘날 우리에게 재현되어야 하는 인문학적 존재는 근대에 의해 왜곡된 현재, 과잉으로 치닫는 현재를 읽고 그 모순을 감내하면서 그것을 극복하는 탈근대적 존재이다. 그 존재야말로 지금·여기에 자리한 우리가 지닌 본래의 존재론적 의미를 드러내고, 이를 통해 우리를 궁극의 완성으로 이끌어 갈 수 있을 것이다. 이는 현대사회의 자리를 해석하고 그 나아갈 길을 밝히면서도, 모든 것을 자신의 내적 성찰과 존재론적 결단에 따라 해명해 낼 수 있는 존재를 의미한다. 인문학의 궁극적 목적은 우리를 이러한 존재로 재현하는 데 있다.

오늘날 전형이 될 인문학적 존재의 부재, 따르고 추종할 큰 이상의 결핍은 이 시대를 사는 우리 모두의 불행이다. 이 안에서 하나의 이상적 모습, 개인을 넘어서 전체를 보는 넓은 마음, 한순간의 안녕이 아닌 미래와 역사를 현재란 지평에서 성찰하는 인문학적 존재는 시대의 요청인 듯하다. 이 결핍된 시대에 요청되는 인문학적 존재는 순간의 편익, 자신의 관심사와 이익에 매달려 있는 모습으로 재현될 수는 없다. 물질세계의 현란함과 욕망에 눈감은 이익사회에서 내적인 절제를 바탕으로 전 세계와 인류를 보는 큰 지성의 출현이 요구된다. 『대학』에서 말하듯이 전 세계를 움직이는 식견과 경륜을 지니기 위해서는 자신을 다스려야 하고, 이는 궁극의 이치를 깨치는 데서부터 시작된다. 그것은 개인의 욕심과 환상에서 벗어나 삶의 원리를 직관하며 자신을 다스려 가는 구도(求道)의 길에 서는 것이다.

이 결핍된 시대에 역사와 인류를, 그러면서도 개개인의 영적·실존적 문제를 바라볼 줄 아는 인문학적 존재는 자신이 바로 그 길을 걸을 때, 우리들 각자가 그것을 향한 도정에 서서 그 삶을 이루어 갈 때 가능할 것이다. 그것은 시대의 부름을 듣고 시대의 표징을 읽는 마음의 눈을 갖추고, 그 삶을 사는 인문 정신의 구현에 있다. 근대의 끝자락에 선 이 땅에서 자신의 지식을 이용해 자본과 사회적 지위를 창출하는 사람은 전문인으로 부러움의 대상이 될 수는 있지만, 지성의 측면에서는 일그러진 모습으로 드러날 것이다. 지식이 단지 풍요로운 삶을 위한 것이라면 그것은 지성에 대한 반역에 지나지 않는다.

이상적 지성인의 모습을 비판과 성찰, 한 시대와 공동체가 나아갈 방향을 제시하는 데서 찾는다면, 결코 근대성의 논리를 극대화시키려는 논의 안에서 지성의 올바른 의미를 이해할 수는 없다. 인문적 존재로서의 인간은 자신의 한계와 조건성, 자신의 이중성과 모순을 직시하면서도 그것을 넘어설 어떤 존재성을 찾아가는 존재이다. 인문학적 존재라면 누구도 이런 길에서 예외일 수는 없다. 존재의 의미를 알게 되고 존재의 탈바꿈이란 체험을 얻는 것은 우리가 그 길 위에 설 때 가능하다. 애벌레가 번데기가 되고, 그것이 껍질을 벗어 던지고 매미가 되어 푸른 하늘을 날아오르듯이, 인간의 존재론적 목표도 이런 탈바꿈(蟬脫)에 있다. 인문학적 존재는 안으로 이런 과제를 안고, 밖으로 시대 및 역사와 함께하는 길, 위로 진리를 찾으며(上求菩提) 아래로 사람을 구하는 길(下化衆生)을 걷는 자일 것이다. 그것은 시대정신이 부르는 소리를 듣고 그것을 따르는 길이기도 하다. 이것은 헛된 바람도 아니며 현실과 동떨어진 공허한 담론도 아니다. 과잉으로 작동하는 근대성에 취해 이런 삶의 꿈과 인문적 존재의 가능성을 잊고 살아가기에 감히 생각해 보지 못했을 뿐이다. 이런 삶은 원하고 결단할 때 시작되는 길이다. 그것이 특별할 까닭이 없는 것은, 인문학의 학문함이 결국 일상의 의미론적 성찰 행위에서 출발하며, 그렇게 도래하기 때문이다. 일상의 의미와 존재의 현재를 떠나 학문함으로서의 인문학은 존재하지 않는다. 인문학은 궁극적인 탈바꿈의 과제를 수행한다. 그것은 어느 한순간 변신하는 것이 아니라 일상의 행위를 통해 매 순간 변용되어 가는 것이다.

(3) 인문학적 존재의 과제

인간존재의 보편적 과제

인문학의 인간은 의미와 진리를 바라보며, 자신의 삶을 드높이는 초월적 존재이다. 인간에 대한 이런 이해는 근대에서는 소외되고 배제되었다. 이것을 그리워하는 내면의 소리가 오늘날 여러 곳에서 표출되는 영성적 삶에 대한 갈망으로 드러나고 있다. 인간은 영성의 존재이다. 이는 인간이 분열된 지성과 감성을 통합하는, 초월성에 대한 감수성에 따라 살아감을 의미한다. 이러한 초월성은 모든 있는 것이 자신의 존재 의미를 드러내고, 또한 그 드러냄 안에 머무르게 하는 근거가 된다.

인간은 차이와 동일성에 따라 모든 개체적 차이성을 하나로 엮어, 그 차이를 유지하면서도 드높여 가는 존재이다. 그는 물질적 요소와 정신적 요소가 서로 어우러지는 생명체이며, 이성과 감성, 우주와 생명의 역사를 통합적으로 해석해 가는 존재이다. 이런 해석학적 작업은 인간이 지닌 의미와 진리에 대한 근본적 결단에서 시작되어, 초월적 존재론에서 주어지는 의미, 초월성을 지향한다. 그래서 차이와 모순이 그 자체로 갈등과 대립을 빚는 것이 아니라 자신의 모든 존재의 정당성을 유지하면서 더 높은 단계에서 화합하고 일치하는 길로 나아가게 되는 것이다. 이것이 가능한 것은 인간이 본질적으로 한계와 모순을 지닌 존재이지만, 다른 한편 그 한계를 넘어서고 모순의 일치를 이루어 가는 존재이기 때문이다.

인간은 다른 생명체와 타자, 우주와 역사에 대한 책임을 지닌 존재이다. 그것은 근본적인 규범(Norm) 안에서 제시될 수 있다. 규범은 구체적 선(善)의 규칙이나 당위성을 말하는 것이 아니라, 타자에 대한 근본적인 책임을 의미한다. 오늘날 후기 자본주의사회에 팽배한 크나큰 잘못은 인간이 지닌 타자에 대한, 다른 생명체와 자연, 역사에 대한 책임과 도덕률을 진부한 것 내지는 가치 없는 것으로 치부하는 데 있다. 인간은 그 본질에서부터 윤리적 존재이며 자신의 존재를 실현해 가는 데서 의미를 발견한다. 윤리와 규범, 자유와 책임, 진리와 존재는 인간으로서 결코 포기할 수 없는 근본적 조건이다.

여기서 윤리란 결코 어떤 도덕 규칙을 말하는 것이 아니라, 인간이 타자와 맺는 존재론적 관계의 정당함을 의미한다. 이 윤리는 본질적으로 자신의 존재에 대한 이해와 함께 공동체와의 관계의 정당함에서 주어진다. 이런 맥락에서 근본적으로 문제가 되는 것은 초월적 선험적 세계에 대한 결단과 그에 따른 인간에 대한 신뢰와 투신에 있다. 윤리는 한 사회의 관례적 측면인 에토스(ethos)와 개인의 실존적 열정인 파토스(pathos)를 조화시키면서 나아갈 방향을 제시한다. 그것은 인간이 느끼는 근본적 아름다움과 충만함의 느낌 안에서 주어진다. 그것은 인간이 의미론적이며 심미적 존재(Homo aestheticus)이기 때문에 생겨나는 문제이다. 세계와 역사에 대한 성찰적 사유 작업이 마치 새로운 틀을 이끌어 내는 레고 놀이와 같다면, 여기에 의미를 부여하고 해석의 방향을 제시하는 일은 이런 충만함의 느낌을 배제하고서는 결코 가능하지 않을 것이다.

인문학적 존재는 새로운 규범을 창출하기 위해 고뇌에 찬 작업을 수행해야 한다. 이는, 유럽의 세력과 근대성이 밀려들면서 전통적 규범은 구시대의 유물로 내던져 버리고, 그것을 대신할 새로운 규범은 아직 형성되지 않은 상황에서 비롯된 시대적 소명이다. 이것은 유럽의 근대성에 의해 초래된 지식과 삶, 자연과 인간, 자연과학과 인문학의 분열과 균열을 넘어 이들이 새롭게 만나고 일치할 수 있는 새로운 사유의 틀을 이끌어 내야 하는 것이다. 이는 서구의 일면적인 합리적 이성 개념을 넘어서 새로운 이성 이해를 이끌어 내고, 다원적 실재의 정당성을 유지하면서도 그 모두를 함께 엮을 수 있는 통합의 존재론적 원리를 창출함으로써 이루어질 것이다. 근대를 벗어나는 탈근대의 시간은 근대의 연속이나 후기 근대가 아닌, 근대 이후의 새로운 시간을 의미한다. 그것은 지금·여기로 규정되는 현재에 대한 근본적 이해를 바탕으로 이루어진다. 인문학적 존재는 책임 있게 세계와 시대를 바라보고 이해하면서, 이를 해석하고 체계화하는 인간이다. 그 존재는 지금·여기에, 이 시대와 이 땅에 실존한다.

인문학적 존재의 학적 과제

후기 근대는 근대의 시대정신이 과잉으로 작동하는 시대이다. 이 시대는 과학·기술과 자본의 영역이 자연환경(ecology)과 인간의 경제(economy)에서 문제로 드러나는 역설적 시간이다. 이 두 단어가 모두 집안을 뜻하는 그리스어 'oikos'에서 유래했다는 사실은 이것이 근대의 시대정신에 의해 야기된 한 몸의 두 얼굴임을 잘 보여 준다. 그 문제는 모두 자연 일반을 객체화하고 사물화하는 근대의 도식에 의해 초래된 것이다. 이것이 자본주의에서는 물질 중심주의와 그칠 줄 모르는 성장 이념으로, 끝없는 소유의 욕망으로 나타나고 있다. 경제와 과학·기술의 시대는 생명을 포함한 자연에 대한 이해가 대상화됨으로써 인간중심주의에 의해 변형된 시대이다.

근대를 벗어난 새로운 시간을 위해서는 자연과 생명이 인간과 맺는 관계를 새롭게 설정해야 하며, 이들이 같은 존재론적 지평에서 만날 수 있어야 한다. 이것은 모든 존재자와 실재, 다른 생명체와 타자는 물론 그 문화와의 관계에 대한 틀을 바꾸고, 이를 위한 해석과 이해의 틀을 만들어 나감으로써 가능할 것이다. 그것은 궁극적으로 근대의 시대정신을 한편으로 감내하면서 한편으로 극복하는 사유틀을 의미한다. 탈근대의 사유는 여기에 자리한다.

이를 위한 원리는 인간의 궁극적 탈바꿈과 해방을 이야기하는 올바른 인문 정신으로 돌아감으로써 형성되는 학적 체계와 인간을 도약시켜 가는 문화에서 가능할 것이다. 우리가 이루어 가야 할 인문학은 이런 세계를 담아낼 수 있는 체계를 의미한다. 그것은 결코 역사와 단절된 것이거나 현재화를 제거한 채 현실적 관심에만 매몰된 것일 수 없다. 인간은 그 자신이 생명체의 일부로서 모든 생명체와 존재론적인 동일함을 지니고 있다. 그러한 동일성에도 불구하고 인간은 다른 생명과는 존재론적 차이를 지닌다. 그 차이는 인간에게 주어진 목자(牧者)로서의 존재 이유로부터 비롯된다. 즉, 인간은 자연과 생명에 의미를 부여하는 존재이며, 그 모두를 이끌어 존재의 도약을 이루어 내야 하는 목자로서의 사명을 지닌다.

이처럼 인간은 다른 생명과 한편으로 존재론적 동일성을 지니지만, 그 존재론적 사명에서 차이를 지닌다. 이런 동일함과 차이를 올바르게 어우러지게 함으로써 우리는 현재라는 지평에서 새로운 인문학적 정신을 이끌어 낼 수 있을 것이다. 그것은 서구의 이성 중심주의를 대신하는 생명성에 입각한 체계이다. 이런 체계에서 우리는 인식 이성과 도구적 합리성을 넘어 생명 이성과 삶의 감성을 유지할 수 있으며, 초월성을 내재화하는 가운데 새로운 존재로 드러날 수 있다.

인간은 그 본질에서부터 초월적 존재이기에 의미를 규정하는 올바른 초월론적인 지평에서야 삶의 행위와 일상의 모든 것들이 올바르게 규정될 수 있다. 인간은 해석학적 관점에서 미래와 초월을 현재화하는 존재이다. 이런 의미의 초월이란 다만 시간적인 미래라기보다 인간이란 존재가 지닌 나아갈 세계, 가야 할 지평을 의미한다. 초월성을 내재화한다는 말은 그런 지평을 현재에 가져와 지금 여기서 결단한다는 의미이다. 이것은 특정한 종교를 주장하는 것도 아니며, 어떤 구체적 이데올로기를 제창하는 것은 더더욱 아니다. 인간은 자신이 지닌 근본적인 이해 지평 안에서만 다른 일상의 행위에 의미를 부여하며, 그에 따라 구체적 삶을 이끌어 가게 된다. 잘못 이해된 신념에 희생되지 않으면서도, 근대성의 일면적 중심주의를 벗어나 소외된 실재와 억압된 생명체의 존재론적 특성을 유지하는 것이 이 시대에 요구되는 인문학에 의한 문화일 것이다. 그에 따라 주어지는 문화는 더 이상 경제 중심이나 과학·기술적 학적 체계에 의한 것이 아니다.

인간은 시간의 흐름 안에서 형성되고 자신을 이루어 가는 역사적 존재이기에 이런 인간의 관계성과 역사성에 의미를 부여하고 나아갈 방향, 지향성을 결정하는 존재이다. 시대의 표징을 읽고 그에 따라 이 시대의 나아갈 방향을 제시하는 것은 이런 인간의 고유한 과제이다. 그 과제는 이중으로 주어진다. 나와 이웃, 역사와 세계, 인간과 생명 모두를 바라보며 진지하게 인문적 존재로 자리하면서, 그와 함께 그렇게 행동하는 지성, 그 진리를 이겨 내는 예언자의 역할을 수행하는 것이다. 인간은 근본적으로 시대의 징표를 읽고 예언의 기능을 담당하는 의미 부여자이다. 따라서 세계와 우주, 인간의 역사와 미래는 인간의 의미 실현과 의미 구현의 노력에 따라 달라진다. 그것은 인문학을 수행하는 존재에 의해 구현되어 가는 것이다.

인문학적 존재로서 우리는 시대의 무게에 짓눌려 미쳐 버리지도 않고, 현란한 욕망의 문화에 현혹되어 시대의 부름에 무디어지지도 않는 고뇌하는 사유를 지녀야 할 것이다. 인간과 생명체가 처한 위기를 감추어 버리고 경제적 성공이란 현란한 희망으로만 포장하는 것은 후기 자본주의사회가 벌이는 욕망의 축제일 뿐이다. 축제가 지난 뒤의 허탈함에 몸서리치고 싶지 않다면 우리의 삶과 생각을 근본적으로 바꾸어야 한다.

이 시대의 과제를 어떻게 이해하든 그것은 거기에 의미를 부여하고 올바른 방향을 제시하는 인간의 근본적 의미 선택에 의해 좌우될 것이다. 따라서 인문학적 존재로서 우리는 실천적 삶의 원리에 덧붙여 또 하나의 책임을 진다. 그것은 바로 이런 실천을 위한 이론적이며 해석학적인 생각의 틀을 짜는 작업이다. 시대의 표징을 읽고 그에 따라 이 시대의 나아갈 바와 그 방향을 제시하는 것은 인문학적 존재의 고유한 과제이다. 우리 모두는 이런 근원적 부름에 마주해 있다. 그것을 듣지 못하는 까닭은 보이는 것만 보려는 마음 때문일 것이다. 현재의 미래는 이런 인문학적 존재의 마음에 달려 있다. 어디로 갈 것인가? 그에 따라 세계와 자연, 삶과 존재는 물론 시대의 방향도 달라질 것이다. 바람은 제가 불고 싶은 곳으로 분다.

인문학의 시간

시간으로서의 현재는 인위적 시대 구분이나 물리적 시간을 의미하지 않는다. 현재는 우리의 존재에 의해 결정되는 존재론적 시간이다. 지금 우리가 쓰는 시간 지침서는 유럽의 그레고리력에 의한 것이다. 그것은 태양의 움직임에 따른 시간표이며, 그들 신앙의 중심인 예수의 탄생을 기원으로 삼은 역법에 의한 것이다. '주님의 해'(Anno Domini)라 불리는 서력기원은 구체적 시간 안에 살았던 지상 '예수'의 사건이 신앙의 '그리스도'로 선포되면서 이루어진 시대 구분이다. 이것은 부처님의 탄생에 따른 구분도 아니며, 단군의 탄생에 의한 것도 아닌 그리스도교의 시간이자 유럽의 문화적 세례에 따라 이루어진 시대 구분이다. 우리나라는 구한말인 1896년에 이 서력기원의 역법을 채택했다. 그 이전 시대에 통용되던 제국의 역법은 폐기되었다. 세계 질서에서 역법을 장악한다는 말은 하늘의 명과 원리를 장악한다는 뜻이었다. 제국의 천자만이 달력을 만들 수 있었으며, 독자적 연호를 쓰는 것은 통치의 근본을 자신에서 찾는다는 의미를 지녔다. 그러니 서력기원을 받아들였다는 말은 우리 시대가 그리스도교에 의한 것이며, 유럽의 문화와 통치 이념, 나아가 그들의 학문적 체계를 우리 것으로 수용했다는 뜻이다. 유럽의 연대기적 시간(chronos)을 수용함으로써 우리는 중국 중심의 통치 원리와 체제가 아니라 유럽의 시대정신과 이념, 그들의 체계를 우리의 세계로 받아들이는 질적 시간(kairos)의 변화를 선택한 것이다.

그 유럽은 17세기 이래 인간의 이성을 중심으로 자연을 대상화하고 객체화하는 체계를 성립시켰다. 근대란 시대는 사회, 문화, 경제, 정치 체계, 학문 체계 등 모든 분야에 걸쳐 유럽의 정신과 이념을 기획하고 실현해 나간 시기이다. 그 시대는 과학·기술주의와 자본주의란 이름으로 규정된다. 그와 함께 계몽주의 이래의 민주주의 체제와 국민국가, 인간중심주의와 진보의 사상 등 현대사회를 형성하는 체계까지도 유럽의 근대성에서 시작되었고 그것에 기반해 이루어졌다. 근대의 세계는 유럽의 학문과 철학이 구현된 시대이다. 그런 체계와 원리가 19세기 말엽 근대화란 이름으로 이 땅에 밀려왔다. 이후 우리의 역사와 문화, 학문은 그들의 것으로 대치되었으며, 그 정신이 우리를 지배하게 된 것이 근대 이후의 모습이다. 우리의 현재는 근대의 정신이 삶과 사회, 학문과 예술, 경제와 문화 전반에 걸쳐 절대적 힘을 행사하는 제국주의의 시간이며, 우리가 그 안에서 반응하고 적응하던 식민의 시대였다. 이제 우리의 현재는 그런 시대를 극복해 나가는 탈근대의 세계와 체계를 기획하는 시간으로 자리한다.

현재를 말할 때 그것은 단순한 시간적 지금이 아니라 이런 역사와 현재를 보면서 나아갈 길을 생각하는 시간을 말한다. 구체적으로 근대의 영향과 체계, 그것을 수용하고 적용한 과정은 물론, 근대의 한계를 감내하며 그것을 벗어나기 위한 담론이 이루어지는 시간을 의미한다. 이 책에서는 그런 과제로서의 시간을 '탈근대'란 이름으로 개념화했다. 이제 현재의 문제는 근대와 탈근대의 논의가 이루어지는 시간에 있으며, 그런 논의의 터전으로서 지금·여기의 문제이다. 현재는 그에 대한 성찰과 극복의 시간이다. 그것은 근대와 탈근대의 공간이며, 그것과 만나고 대결을 벌이는 시간을 말한다. 거기에 우리의 존재가 자리한다.

우리는 삶의 새로움을 말하면서 기다림으로 시간을 맞이하지만, 그 새로움은 우리 삶을 변화시키지 못하고 있다. 우리의 존재를 바꾸지 않는다면 새로움은 결코 새로움으로 다가오지 못한다. 지난 세기는 유럽에서 시작되었던 300여 년 이래의 새로운 사유의 실험이 자신의 주장을 끊임없이 외치면서 세계적으로 승리를 외치던 시대였다. 우리는 존재의 새로움을 원하지만, 보이는 것은 아쉽게도 후기 자본주의사회와 과학·기술 시대가 펼쳐 가는 현란한 축제일 뿐이다. 이 시간에서 우리가 마주하는 것은 무엇인가.

진보와 성장, 지상낙원적 환상과 물질적 풍요를 이야기하지만 이런 환상의 세계만큼이나 많은 문제가 주어져 있는 것이 우리의 일상적 현실이다. 생태계 파괴와 양극화의 심화, 무한 자본주의적 경쟁 제일주의, 세계의 이분법적 분열과 인간성의 박탈 등이 나날이 더해 가는 광란의 질주만이 남아 있다. 그 뒤에는 자본의 논리와 존재의 세계를 객체로 환원하는 정신이 가득하다. 오늘날 세계는 이렇게 인간 해방과 진보를 주창하던 근대의 정신이 오히려 인간을 억압하고 소외시키는 어두운 그림자를 드리운 시간으로 드러나고 있다. 존재론적 변화 없이 이 시대의 변화란 가능하지 않다. 그러한 변화 없이 자본과 과학의 논리는 다만 존재의 왜곡과 소외를 초래하는 역기능을 낳을 것이기 때문이다. 지금 우리는 시대의 어두움에 덧붙여 사상사적으로는 근대를 벗어나기 위한 다양한 사유의 실험을 보고 있다.

지난 시간을 풍미했던 포스트모더니즘, 해체주의, 그리고 각종 중심주의적 사고에 대한 비판은 근대성에 대한 인간 사유의 반작용을 잘 보여 준다. 그럼에도 이런 탈근대의 몸부림은 아직 명시적으로 모습을 드러내고 있지 못하다. 그러기에 이 시대는 탈근대의 새로움을 보고 있지만 아직 그것을 위한 사유틀은 현재화하지 못한 갈등의 시간으로 자리한다. 인문학적 존재가 자리한 현재는 이런 이중의 시간이다. 그 시간은 우리에게 선택을 강요하고 있다. 그에 맞서 탈근대의 인문학은 이 시대가 필요로 하는 어떤 해답을 준비해야 할 것이다.

인문학의 학문함

인문학이 자기 성찰적이며 자기 이해적이란 말은 그 성찰과 이해가 외부에서가 아니라 자신에서부터 유래한다는 의미이다. 탈근대의 인문학은 후기 산업 사회에서 보듯이 실용적이며 기능성과 효율성을 강조하는 도구적 지식 체계로 자리해서는 안 된다. 또한 다만 사물적 세계에 대한 객체적 지식에만 머물러서도 안 될 것이다. 탈근대의 인문학을 학문한다는 말은 자기 성찰과 자기 이해의 행위를 통해 나의 존재와 공동체에 의미를 부여하면서, 나아가야 할 방향을 밝히는 학적 작업을 수행한다는 의미이다.

지금·여기의 인문학이 성찰해야 할 현재를 보지 못하고, 이를 위한 사유틀이나 학적 체계를 창출하지 못하는 까닭은 어디에 있을까? 삶의 자리를 성찰하는 학문인 인문학은 물론, 학문하는 우리들 역시 보편적 이론을 만들어 낼 수 있다는 생각을 상실한 채 문화 제국주의적 사고에 빠져 있는 이유는 무엇일까? 아주 간단한 이유 가운데 하나는 우리가 그것을 해야 한다는 절박함이 없다는 데 있다. 우리는 나와 우리를 중심으로 세상을 보는 천하관은커녕 그것에 근거해 학문한 적도 없었다.

지난 세기의 중국은 물론, 근대 이래의 유럽과 미국은 이런 관점에서 자신의 현존에 근거해 학문했으며, 자신의 세계를 성찰하는 학문관을 수립했다. 그러나 우리는 스스로 이런 학문관을 가져 본 적이 없다. 그래서 우리 문화 자체가 우리가 만든 이론과 학적 토대를 의심하고 있지 않은가. 보편적인 이론을 만들 수 없다는 생각은 언제까지나 우리의 학문을 수입 학문에 그치게 만든다. 턱없이 자만하는 것보다 더 나쁜 것은 이런 학문함을 실제로 하지 못하는 데 있다. 자신이 새로운 세계를 보고 세계의 질서를 만든다는 천하관은 새로운 이론틀과 독창적 학문의 틀을 만들어 낼 수밖에 없다.

지금 우리 인문학에 필요한 것은 우리의 현재를 읽어 내는 학적 체계일 것이다. 그러기에 학문으로서 인문학은 차이와 보편성을 동시에 담아내야 한다. 이는 유럽의 근대가 주장했듯이 차별의 보편성이 아닌, 차이를 담지하는 보편성이며, 보편성 안에서 차이를 드러낼 수 있는 체계여야 한다. 인문학의 체계는 이 모두를 함께 보면서, 그것을 담아낼 수 있는 지평에 자리한다. 그것은 결코 다른 세계에 대한 배타적 우월을 주장하는 것이거나 또 다른 중심을 설정하는 것일 수는 없다. 학문함으로서의 천하관은 다른 세계에 대한 우월함을 주장하거나, 보편성의 차이를 무시한 '나만의 것'을 주장하는 것일 수 없다. 오히려 존재의 현재를 자신만의 현존으로 성찰하고 해석함으로써 다름과 차이를 보편으로 드러내는 데 있다. 거기에는 항상 실존의 존재가 함께한다.

지금·여기의 인문학은 삶의 태도를 바꾸는 데서 시작해 존재론적 변화가 이루어지는 과정으로 나아갈 것이다. 진리와 정의, 평화를 원한다면 우리 자신을 변화시켜야 한다. 근대의 끝자락에 서서 근대의 논리를 더 구체적으로 달성하려는 성장주의와 경제 제일주의는 단연코 포기해야 한다. 잘못된 생각의 틀과 삶의 태도, 그런 체계를 바꾸지 않고서는 진리와 정의란 애당초 불가능하다. 진리와 정의가 사라진 곳에 평화란 존재하지 않는다. 올바른 인간 이해와 다른 사람의 존재를 수용하지 않는 진리와 평화란 허울 좋은 수사에 지나지 않는다. 지상의 평화는 관계의 정의에서 나오며, 진리는 현재를 떠나 드러나지 못하기 때문이다. 그런 길은 궁극적으로 존재론적 의미의 지평에 따라 주어지는 성찰적 사유 작업에 의해서만 가능하다. 인문학적 진리는 개인과 사회가 그런 삶과 존재에 이르는 길이며, 거기서 체험하는 의미론에 따라 모습을 드러낸다.

인문학을 위한 사유의 틀과 이론적 토대는 인문학적 마음을 가진 이들이 이루어 가는 학문 작업에 의해 가능할 것이다. 분명 쉽게 이루어지지는 않을 것이다. 또한 세계를 모르는 좁은 사고로 우리 안에 갇혀 있는 행동도 피해야 할 반학문적 행태이다. 그럼에도 아예 시도조차 하지 않는 것, 우리는 해서는 안 된다는 생각은 인문학의 적이며 인문 정신의 배반이다. 이제 우리의 존재와 현재를 사유하면서, 이 사유를 체계화할 수 있는 학적 작업을 시작해야 할 것이다. 보편적이면서도 차이를 수용할 수 있는 사유, 서구 형이상학 이후의 형이상학, 그럼에도 학문의 계보와 학적 체계를 딛고 나아가는 학문이 절실히 요구된다.

누가 그 작업을 수행할 것인가? "거기 누구인가?" 햄릿의 독백처럼 저기 바깥에 우리를 지켜보는 그 누가 있는 것일까? 그러나 거기에는 그 누구도 없다. 작업 감독관은 존재하지 않는다. 거기에는 해야 할 우리 외에는 아무도 없다. 아니 모른다, 혹시 어쩌면 누군가 있을지도. 그것은 열어 두기로 하자. 그런 불확실함에도 불구하고, 역사의 경험을 통해 분명히 알게 된 것은 밖에 있는 그 누구의 존재와 상관없이 이 안의 문제는 우리에게 달려 있다는 사실이다. 그래서 우리가 하는 만큼, 우리가 생각하고 학문하는 만큼 인문학은 가능하다. 분명한 것은 그렇게 이해하고 해석하는 그 크기가 우리의 존재이며, 어떻게 해석하는지에 따라 우리 존재가 결정된다는 사실이다. 인문학은 존재론적 변화를 만들어 낸다. 인문학의 학문함은 존재 변화와 함께한다. 지금은 야만과 폭력에 맞서 인문적 사유와 학적 작업을 펼쳐 가야 할 때이며, 그때는 여기서 시작된다. 지금·여기의 인문학은 우리 존재에 달려 있으며, 또한 그에 따라 우리 존재가 결정될 것이다. 그대는 무엇을 결단하는가?

참고문헌

가야트리 스피박. 2005. 『포스트 식민 이성 비판』. 태혜숙·박미선 옮김. 갈무리.

강상중. 2004. 『오리엔탈리즘을 넘어서』. 이경덕·임성모 옮김. 이산.

게르트 해프너. 1996. 『철학적 인간학』. 김의수 옮김. 서광사.

경향신문 특별취재팀. 2008. 『민주화 20년, 지식인의 죽음』. 후마니타스.

고사카 시로. 2007. 『근대라는 아포리아』. 야규 마코토·이광래·최재목 옮김. 이학사.

노사광. 1987. 『중국철학사 : 송명편』. 정인재 옮김. 탐구당.

더글러스 푸투이마. 2008. 『진화학』. 김상태 외 옮김. 라이프사이언스.

도널드 시먼스. 2007. 『섹슈얼리티의 진화』. 김성한 옮김. 한길사.

로저 펜로즈. 『황제의 새 마음 : 컴퓨터, 마음, 물리법칙에 관하여』 상·하. 박승수 옮김. 이
　　　화여자대학교출판부.

리처드 도킨스. 1993. 『이기적 유전자』. 홍영남 옮김. 을유문화사.

리처드 로티. 1998. 『철학 그리고 자연의 거울』. 김동식 옮김. 까치출판사.

리처드 르원틴. 2001. 『3중 나선 : 유전자, 생명체 그리고 환경』. 김병수 옮김. 도서출판 잉걸.

_____. 2009. 『우리 유전자 안에 없다』. 이상원 옮김. 한울.

마르틴 하이데거. 1994. 『형이상학 입문』. 박휘근 옮김. 문예출판사.

_____. 2006. 『철학입문』. 이기상·김재철 옮김. 까치출판사.

마이클 폴라니. 2001. 『개인적 지식 : 후기 비판적 철학을 향하여』. 표재명·김봉미 옮김.
　　　아카넷.

막스 셸러. 2001. 『우주에서 인간의 지위』. 진교훈 옮김. 아카넷.

만프레드 프랑크. 2002. 『현대의 조건』. 최신한 옮김. 책세상.

매트 리들리. 2004. 『본성과 양육』. 김한영 옮김. 김영사.

미셸 푸코. 2000. 『지식의 고고학』. 이정우 옮김. 민음사.

베네딕트 앤더슨. 2003. 『상상의 공동체 : 민족주의의 기원과 전파에 대한 성찰』. 윤형숙
　　　옮김. 나남출판사.

비토리오 회슬레. 2007. 『21세기의 객관적 관념론』. 이신철 옮김. 에코리브르.

스티븐 굴드. 1988. 『다윈 이후』. 홍동선·홍욱희 옮김. 범양사.

_____. 2003. 『인간에 대한 오해』. 김동광 옮김. 사회평론.

스티븐 핑커. 2007. 『마음은 어떻게 작동 하는가』. 김한영 옮김. 소소출판사.

신승환. 2000. "새로운 시간을 맞이하는 인간," 『사목』 한국천주교중앙협의회 수록 252 권.

_____. 2002. "과학과 인간," 『사람과 사람』. 가톨릭대학교 인간학교육원 편.

_____. 2002. "우리 학문과 학문함의 문제," 『사이』 창간호. 지식산업사.

_____. 2003. 『포스트모더니즘에 대한 성찰』. 살림.

_____. 2006. "학문 이해의 역사와 존재해석학적 학문론," 『인간연구』 11호.

_____. 2007. "통합 학문의 꿈 : 통섭의 의미와 한계," 『비평』 17호. 생각의나무.

_____. 2008. "인문학의 현재와 새로움을 위하여," 『신학과철학』 제13호. 서강대학교 신학
연구소.

_____. 2009. "탈중심성 논의의 철학적 지평," 『로칼리티 인문학』 창간호. 부산대학교 한
국민족문화연구소.

심상태. 1989. 『인간 : 신학적 인간학 입문』. 서광사.

아르놀트 겔렌. 2001. 『인간학적 탐구』. 이을상 옮김. 이문출판사.

안토니오 다마지오. 1999. 『데카르트의 오류』. 김린 옮김. 중앙문화사.

_____. 2007. 『스피노자의 뇌』. 임지원 옮김. 사이언스북스.

앨빈 토플러. 1989. 『제3의 물결』. 정해근 옮김. 서울경제신문.

야마다 케이지. 1991. 『주자의 자연학』. 김석근 옮김. 통나무.

에드워드 사이드. 2008. 『저항의 인문학 : 인문주의와 민주적 비판』. 김정하 옮김. 마티.

에드워드 윌슨. 1978. 『사회생물학 : 새로운 종합』. 박시룡·이병훈 옮김. 사이언스북스.

_____. 2005. 『통섭』. 최재천 옮김. 사이언스북스.

에른스트 마이어. 2005. 『생물학의 고유성은 어디에 있는가』. 박정희 옮김. 철학과현실사.

에릭 홉스봄 외. 2004. 『만들어진 전통』. 박지향 외 옮김. 휴머니스트.

에릭 홉스봄. 1998. 『자본의 시대』. 정도영 옮김. 한길사.

_____. 1998. 『제국의 시대』. 김동택 옮김. 한길사.

_____. 1998. 『혁명의 시대』. 정도영·차명수 옮김. 한길사.

왕후이. 2005. 『죽은 불 다시 살아나 : 현대성에 저항하는 현대성』. 김택규 옮김. 삼인.

요한 고틀리프 피히테. 1996. 『전체 지식론의 기초』. 한자경 옮김. 서광사.

_____. 2005. 『학문론 또는 이른바 철학의 개념에 관하여』. 이신철 옮김. 철학과현실사.

위르겐 하버마스 외. 1999.『비판적 사회과학과 철학적 인간학』. 이현아 옮김. 서광사.

위르겐 하버마스. 1994.『현대성의 철학적 담론』. 이진우 옮김. 문예출판사.

_____. 2000.『탈형이상학적 사유』. 이진우 옮김. 문예출판사.

윤건차. 2000.『현대 한국의 사상 흐름 : 지식인과 그 사상 1980~90년대』. 장화경 옮김. 당대.

이기백. 1986.『한국사신론』 개정판. 일조각.

이매뉴얼 월러스틴. 2005.『세계체제 분석』. 이광근 옮김. 당대.

_____. 2006.『유럽적 보편주의 : 권력의 레토릭』. 김재오 옮김. 창비.

임마누엘 칸트. 2006.『순수이성비판』. 백종현 옮김. 아카넷.

임지현. 1999.『민족주의는 반역이다 : 신화와 허무의 민족주의 담론을 넘어서』. 소나무.

잠바티스타 비코. 1997.『새로운 학문』. 이원두 옮김. 동문선.

장 마리 장브. 2004.『학문의 정신 아리스토텔레스』. 김임구 옮김. 한길사.

제임스 러브록. 2004.『가이아 : 살아 있는 생명체로서의 지구』. 홍욱희 옮김. 갈라파고스.

제임스 왓슨앤드루 베리. 2003.『DNA : 생명의 비밀』. 이한음 옮김. 까치글방.

제임스 왓슨. 2006.『이중나선』. 최돈찬 옮김. 궁리.

조현범. 2006.『문명과 야만, 타자의 시선으로 본 19세기 조선』. 책세상.

존 설. 2007.『마인드』. 정승현 옮김. 까치.

지그문트 바우만. 2009.『유동하는 공포』. 함규진 옮김. 산책자.

지오바니 아리기 외. 2008.『체계론으로 보는 세계사』. 최홍주 옮김. 모티브북.

최종욱. 2002.『이 땅에서 철학하는 자의 변명』. 사회평론.

커트 스펠마이어. 2008.『인문학의 즐거움 : 21세기 인문학의 재창조를 위하여』. 정연희 옮김. 휴먼 앤 북스.

토머스 쿤. 1999.『과학혁명의 구조』. 김명자 옮김. 까치글방.

폴 코헨. 2003.『학문의 제국주의 : 오리엔탈리즘과 중국사』. 이남희 옮김. 산해.

프랜시스 베이컨. 2001.『신기관 : 자연의 해석과 인간의 자연 지배에 관한 잠언』. 진석용 옮김. 한길사.

프랭크 퓨레디. 외. 2005.『그 많던 지식인들은 다 어디로 갔는가』. 정병선 옮김. 청어람미디어.

하워드 케이. 2008.『현대 생물학의 사회적 의미』. 생물학의 역사와 철학연구모임 옮김. 뿌리와이파리.

휴 실버만. 2009.『텍스트성·철학·예술 : 해석학과 해체주의 사이』. 윤호병 옮김. 소명출판사.

姜在彦. 1984. 『近代朝鮮の思想』. 未來社.

朱熹. 1189. 『四書集註 : 大學章句集註』.

＿＿＿. 1189. 『四書集註 : 中庸章句』.

竹內好. 1983. 『近代の超克』.

Aristoteles. *Fragmentum.*

＿＿＿. *Metaphysika.*

Charles Percy Snow. 1993. *The Two Cultu*res. Cambridge University Press(『두 문화 : 과학과 인문학의 조화로운 만남을 위하여』, 2001, 오영환 옮김, 사이언스북스).

Georg Wilhelm Friedrich Hegel. 1978. *Wissenschaft der Logik* I. Akad.-Ausg. II. Hamburg(『대논리학』, 1982~1983, 임석진 옮김, 지학사).

＿＿＿. 1992. *Enzyklopädia der philosophischen Wissenschaft.* Vorrede. Akad.-Ausg. 20. Hamburg(『철학백과 서론』, 2002, 김소영 옮김, 책세상).

Hans Michael Baumgarten. 1974. u.a. (hrsg.). 'Wissen' in *Handbuch philosophischer Grundbegriffe.* Bd. 6 Kösel S. 1723-1739.

Immanuel Kant. 1784. "Ideen zu einer allgemeinen Geschichte in weltbürgerlicher Absicht."

＿＿＿. 1794. *Über den Begriff der Wissenschaftslehre.* Akad.-Ausgabe I/2.

＿＿＿. 1974. "Beantwortung der Frage : Was ist Aufklärung?" in *Was ist Aufklärung?* hrsg. E. Bahr, Stuttgart, Reclam.

Immanuel Wallerstein. 1991. *Unthinking Social Science.* Cambridge(『사회과학으로부터의 탈피 : 19세기 패러다임의 한계』, 1998, 성백용 옮김, 창작과비평사).

Johann Gottlieb Fichte. 1794. *Über den Begriff der Wissenschaftslehre.* Berlin.

＿＿＿. 1971. *Einige Vorlesungen über die Bestimmung des Gelehrten.* Berlin

John Tooby and Leda Cosmides. 1992. "The Psychological Foundation of Culture," in J. H. Barkow ed., *The Adapted Mind.* Oxford University Press.

Joseph Needham. 1954. *Science and Civilization in China,* Vol. 1-7. Cambridge University Press(『중국의 과학과 문명』, 1989, 임정대 옮김, 을유문화사).

Jürgen Habermas. 1981. *Die Moderne : ein unvollendetes Projekt. Kleine Politische Schriften I-IV.* Frankfurt/M.

Karen Gloy. 2004. (hrsg.) *Unser Zeitalter : ein postmetaphysisches?* Würzburg.

Karl Otto Apel. 1976. *Transformation der Philosophie.* Frankfurt/M. Bd. II.

Karl Popper. 1968. *Logic of Scientific Discovery.* Routledge(『과학적 발견의 논리』, 1994, 박우석 옮김, 고려원).

Kenneth Baynes ed. 1986. *After Philosophy : End or Transformation?,* MIT University Press.

Ludwig Wittgenstein. 1963. *Tractatus logico-philosophicus.* Frankfurt/M(『논리철학논 고』, 2006, 이영철 옮김, 책세상).

Manfred Frank. 1994. *Einführung in die frühromantische Ästhetik.* Frankfurt/M.

Martin Heidegger. 1927. *Sein und Zeit,* Tübingen(『존재와 시간』, 1999, 이기상 옮김, 까치).

_____. 1950. "Die Zeit des Weltbildes" in *Holzwege.* Frankfurt/M(『숲길』, 2008, 신상 희 옮김, 나남출판).

_____. 1957. *Identität und Differenz,* Pfullingen(『동일성과 차이』, 2000, 신상희 옮김, 민음사).

_____. 1976. "Brief über den Humanismus" in *Wegmarken.* Frankfurt/M(『이정표』 1· 2, 2005, 신상희 옮김, 한길사).

_____. 1976. *Zur Sache des Denkens,* Tübingen(『사유의 사태로』, 2008, 문동규·신상희 옮김, 길).

_____. 1978. 'Einleitung zu 〈Was ist die Metaphysik〉' in *Wegmarken.* Frankfurt/M. 2. Aufl.(『이정표』 1·2, 2005, 신상희 옮김, 한길사).

_____. 1980. 'Die Zeit des Weltbildes' in *Holzwege.* Frankfurt/M. 6. Aufl.(『숲길』, 2008, 신상희 옮김, 나남출판).

_____. 2008. *Was ist das : die Philosophie?.* 12. Aufl. Stuttgart(『사유란 무엇인가』, 2005, 권순홍 옮김, 길).

Max Weber. 1995. *Wissenschaft als Beruf.* Reclam, Stuttgart(『직업으로서의 학문』, 2006, 전성우 옮김, 나남출판).

_____. 2002. *The Protestant Ethic and the "Spirit of Capitalism",* translated by Peter Baehr and Gordon C. Wells. Penguin Books(『프로테스탄티즘 윤리와 자본주 의 정신』, 1996, 박성수 옮김, 문예출판사).

René Descartes. 1637. *Discours de la methode*(『방법서설·정신지도를 위한 규칙들』, 1997, 이현복 옮김, 문예출판사).

_____. 1701. *Regulae ad directionem ingenii*(『방법서설·정신지도를 위한 규칙들』, 1997, 이현복 옮김, 문예출판사).

Theodor Adorno and Max Horkheimer. 1981. *Dialektik der Aufklärung : Philosophische Fragmente*. Frankfurt/M(『계몽의 변증법』, 2001, 김유동 옮김, 문학과 지성사).

Vittorio Hösle. 1999. *Aufgabe der Naturphilosophie heute*. Frankfurt/M.

Wolfgang Welsch. 1996. *Vernunft*. Frankfurt/M.

찾아보기

기타